関西の
沢登り

吉岡 章＝写真

スダレ状の美しい滝［大峰／下多古川本谷］

JN096182

緑色の淵を越えて［大峰／川迫川神童子谷］

長淵の岩棚を伝う［大峰／芦廼瀬川本流］

豪快に落ちる大滝(奥の滝)［台高／古川岩屋谷］
上仲昭子＝写真

多段滝のクライミング［台高／銚子川光谷］

延々と続くナメの散歩　[南紀　小口川滝本北谷]
佐々木高弘＝写真

一気に落下する直瀑　[奥高野　川原樋川大江谷]
亀井紀尋＝写真

赤い岩のゴルジュ［奥美濃／川浦谷海ノ溝洞］　亀井紀尋＝写真

緑蔭のなかを遡る〔四国／名野川本流〕

ブルーグリーンの美しい流れ〔四国／仁淀川安居渓谷〕

亀井紀尋＝写真

深山にたたずむ秘瀑［四国／谷川主谷・伊予富士谷］

沢登りルート100

関西起点

増補改訂

100

吉岡 章

山と溪谷社

はじめに

『関西起点 沢登りルート100』の出版から10年。今回、増補改訂版として出版することとなりました。

本書では、紀伊半島の大峰、台高、奥高野、南紀、比良、鈴鹿の谷を中心に、四国の谷と、前本では紙面の都合で紹介できなかった奥美濃の谷を加え、100選という形で取り扱った。内容としては、前本で取り上げた谷で、台風や集中豪雨などにより状況が著しく変わった谷や、林道の崩壊などにより入渓が困難になったところは省き、新しいルートを9本追加した。ほかにも追加したい谷があったが、1年という短い準備期間に加えコロナ等の問題もあり、調査が思うように進まず、それらを紹介できなかったのが残念だが、それは後世の者たちに任せることになるだろう。

執筆にあたっては、遡行図の情報を増やし、ビバーク適地、現在位置確認にも有効な標高などを要所に表示した。しかし、ガイドブックはあくまで書き手が遡行したときの記録であり、天候や水量、遡行時期やメンバーによって難易度や遡行時間が変わり、登り方も違うので、実際の沢登りにおいては遡行図のみに頼らず、地形図と現地・現物で判断しながら自分たちのオリジナルルートを見出してもらいたい。

また、沢での事故を起こさないためには、ポピュラーな沢といえども、単独や初心者だけでは行かずに経験者に連れていってもらうこと。滝の直登やゴルジュの突破においてはパーティの技量に応じて高巻くもよし、登攀するもよし、決して無理をしないことが大切である。

私自身、沢登りを始めてすでに45年になる。その間、大阪わらじの会、遡行同人「渓游会」で心血を注いだ。おかげで私も70歳を越し、渓谷登攀や厳冬期の沢など厳しい沢登りには体がついていかなくなった。しかし、よくしたもので、沢登りというのは年齢的にいってかなりの幅があり、歳をとっても年齢なりの沢登りができるので、もうしばらくは楽しみたいと思う。

緑・岩・水の3つの要素が絶妙の調和を保ち、光の明暗も相まって、遡行する者を飽かすことなく迎えてくれる渓谷たち。深く刻まれたゴルジュの谷を抜けきったあとの陽光の明るさと安堵感。轟々と流れる水流の中を泳ぎきったときの爽快感や、滝を登りきったときの達成感。静かな空間での仲間たちとの焚き火の語らいの夜。本書を通じ、多くの方が沢登りの楽しさ、おもしろさを経験し、新しい山の世界を広げていってもらえれば幸いです。

2021年6月　吉岡　章

目　次

はじめに ---------------------------- 002
掲載ルート一覧 -------------------- 004
グレードについて ---------------- 007
グレード順ルート一覧 --------- 008
凡　例 ---------------------------- 010
情報問合せ先一覧 -------------- 244
著者紹介 ------------------------- 247

大峰の谷 ------------------------------------ 012

台高の谷 ------------------------------------ 074

南紀の谷 ------------------------------------ 138

奥高野の谷 -------------------------------- 168

奥美濃の谷 -------------------------------- 178

鈴鹿の谷 ------------------------------------ 184

比良の谷 ------------------------------------ 196

中国・四国の谷 ------------------------- 212

本文、カバー・本文写真
　　　　　：吉岡 章、佐々木尚弘、
　　　　　：亀井紀尋、上仲昭子
カバー・表紙・本扉デザイン
　　　　　：尾崎行欧、宮岡瑞樹（oi-gd-s）
DTP・図版作成：編集室アルム
編集　　　：野村 仁（編集室アルム）
　　　　　：松本理恵（山と溪谷社）
校正　　　：戸羽一郎

掲載ルート一覧

水系（第2水系）	谷ルート名	日程①	総合グレード	遡行グレード	ピッチグレード	ページ
大峰						
吉野川	下多古川本谷	2日	初級	1級上	Ⅱ	016
吉野川	上多古川本谷（竹林院谷）	2日	初級	2級下	Ⅲ	018
吉野川（上多古川）	上谷（地蔵谷）	1日	初級	1級上	Ⅱ	020
吉野川（上多古川）	矢納谷	1日	初級	1級上	Ⅱ	022
北山川	小谷川	1日	初級	2級下	Ⅱ+	024
北山川	白川又川本谷（奥剣又谷）	2日	上級	3級下	Ⅳ	026
北山川（白川又川）	岩屋谷	2日	中級	2級上	Ⅲ+	028
北山川（白川又川）	茗荷谷	2日	中・上級	3級下	Ⅲ+	030
北山川（白川又川）	火吹谷	2日	中級	2級上	Ⅲ+	032
北山川	前鬼川本谷（孔雀又谷）	2日	中級	2級下	Ⅱ+	034
北山川	池郷川本谷②	2日	初級	1級上	Ⅱ	036
北山川（池郷川）	小又谷	1日	中・上級	3級	Ⅳ	038
北山川（池郷川）	冬小屋谷③	2日	中・上級	3級	Ⅲ+	040
北山川（北山峡）	田岡谷	1日	中・上級	2級上	Ⅳ	042
北山川（北山峡）	立合川本流	2日	上級	3級上	Ⅳ	044
北山川（北山峡）	葛川本流	1日	中級	2級	Ⅲ	048
十津川（川迫川）	神童子谷（ノウナシ谷）	2日	初級	1級上	Ⅱ	050
十津川（川迫川）	モジキ谷	1日	初級	1級上	Ⅱ	052
十津川（舟ノ川）	入谷 ナメラ谷	1日	中級	2級上	Ⅲ	054
十津川（舟ノ川）	イブキ嵓谷	2日	上級	4級	Ⅳ+	056
十津川（舟ノ川）	三ツ嵓谷	2日	上級	3級上	Ⅳ	060
十津川（旭ノ川）	中ノ川	2日	上級	3級	Ⅲ+	062
十津川	滝川本谷（赤井谷）	2日	初級	1級上	Ⅱ	064
十津川（滝川）	大谷	1日	初級	2級	Ⅲ	066
十津川（滝川）	刈安谷	2日	中級	2級上	Ⅲ+	068
十津川	芦廼瀬川本流	2日	上級	3級	Ⅳ+	070
台高						
宮川（大杉谷）	堂倉谷本谷	2日	中級	2級上	Ⅲ	078
宮川（大杉谷）	堂倉谷奥ノ右俣	1日	初級	2級	Ⅱ+	080
宮川（大熊谷）	東俣谷	1日	初・中級	2級	Ⅱ	082
宮川	大和谷本谷（川上谷）	2日	初級	2級	Ⅲ	084
宮川	父ヶ谷本谷	1日	初級	2級	Ⅲ	086
櫛田川（名倉谷川）	中ノ谷	1日	初級	1級上	Ⅱ	088
櫛田川（蓮川）	唐谷川	1日	中級	2級上	Ⅲ	090
櫛田川（蓮川）	絵馬小屋谷	1日	上級	3級	Ⅳ	092

（注）①原則としてマイカーを利用して入渓したときの日程で、入山口での前泊日数は含まない。交通事情がよくないため、公共交通機関利用だと1～2日余分に必要になることが多くなっている。②本谷ゴルジュをパスしてその上流から遡行する。③下山口に車を回送しておけば2日行程。

水系（第2水系）	谷ルート名	日程	総合グレード	遡行グレード	ピッチグレード	ページ
櫛田川（蓮川）	ヌタハラ谷	1日	初級	2級上	Ⅲ	094
櫛田川（蓮川）	奥ノ平谷	2日	上級	3級	Ⅲ+	096
吉野川（本沢川）	黒石谷	2日	中級	2級上	Ⅲ	098
吉野川（本沢川）	白倉又谷（馬ノ鞍谷）④	1日	中級	2級	Ⅲ+	100
吉野川（本沢川）	黒倉又谷	1日	初級	1級上	Ⅱ	102
吉野川（本沢川）	釜ノ公谷	2日	中級	2級上	Ⅳ	104
吉野川（三之公川）	明神谷（馬ノ鞍谷）	1日	初級	1級上	Ⅱ	106
吉野川（北股川）	不動谷・南股谷⑤	2日	初級	2級	Ⅱ+	108
吉野川（神之谷川）	大栃谷	1日	中級	2級上	Ⅲ	110
吉野川（中奥川）	戸倉谷	1日	中級	2級上	Ⅲ+	112
北山川（小橡川）	又剣谷	1日	中級	2級上	Ⅲ+	114
北山川	東ノ川本流	2日	中級	2級上	Ⅲ	116
北山川（古川）	岩屋谷	1日	中級	2級上	Ⅲ+	118
北山川（古川）	ゴミキ谷・滝谷⑥	1日	中級	2級上	Ⅲ+	120
北山川（備後川）	ナル谷	1日	上級	3級	Ⅳ+	122
北山川（大又川）	西ノ谷	1日	中級	2級	Ⅲ−	124
銚子川	岩井谷	3日	上級	4級下	Ⅳ+	126
銚子川	光谷⑦	1日	中級	2級	Ⅲ	130
銚子川（又口川）	三ツ俣谷	1日	初級	2級下	Ⅱ+	132
船津川（往古川）	小木森谷	2日	上級	3級	Ⅳ	134
船津川（大河内川）	瀬場谷	1日	初・中級	2級	Ⅲ+	136

南紀

水系（第2水系）	谷ルート名	日程	総合グレード	遡行グレード	ピッチグレード	ページ
熊野川（相野谷川）	中ノ谷	1日	初級	1級上	Ⅱ+	140
熊野川（高田川）	栂谷	1日	初級	1級上	Ⅱ+	142
熊野川（高田川）	内鹿野谷	1日	中級	2級	Ⅲ+	144
熊野川（高田川）	ナル谷⑧	1日	初・中級	2級	Ⅲ+	146
熊野川	立間戸谷	1日	中級	2級上	Ⅳ	148
熊野川（天瀬谷川）	天瀬谷（左俣〜右俣下降）⑨	1日	初級	2級下	Ⅱ	150
熊野川（小口川）	静閑瀞	1日	初級	1級上	Ⅱ+	152
熊野川（小口川）	滝本北谷	1日	初級	2級下	Ⅱ+	154
熊野川（小口川）	滝本本谷	1日	中級	2級	Ⅲ+	156
熊野川（和田川）	鳴谷	1日	中級	2級上	Ⅳ	158
熊野川（和田川）	奥山谷	2日	中級	2級	Ⅲ+	160
熊野川（大塔川）	黒蔵谷	2日	上級	3級	Ⅳ+	162
十津川⑩	八木尾谷本谷（左俣）	2日	中・上級	2級上	Ⅲ+	166

奥高野

水系（第2水系）	谷ルート名	日程	総合グレード	遡行グレード	ピッチグレード	ページ
十津川（神納川）	榎谷（ツツジ谷）	2日	初・中級	2級下	Ⅲ	170
十津川（神納川）	三田谷（上西谷）	1日	初・中級	2級下	Ⅱ+	172
十津川	小黒谷	1日	初級	2級下	Ⅲ	174
十津川（河原樋川）	大江谷	1日	中級	2級	Ⅲ	176

（注）④マイカー利用の場合、下降点に1台回送しておけば日帰り可能。⑤不動谷を遡行し南股谷を下降する。⑥ゴミキ谷を遡行し滝谷を下降する。⑦遡行は1日だが、下山に時間がかかるため前夜発1泊2日行程になる。⑧奥の二俣で引き返した場合は1日、大雲取越まで遡行すると2日以上必要。⑨二俣から左俣を遡行し右俣を下降する。⑩熊野川は十津川村内では十津川、天川村内では天ノ川と呼ばれる。

水系(第2水系)	谷ルート名	日程	総合グレード	遡行グレード	ピッチグレード	ページ

奥美濃

水系(第2水系)	谷ルート名	日程	総合グレード	遡行グレード	ピッチグレード	ページ
長良川(川浦谷川)	海ノ溝洞	1日	上級	3級	IV+	180
揖斐川(粕川)	西谷(右俣～中俣下降)⑪	1日	初級	1級上	II	182

鈴鹿

野洲川	元越谷	1日	初級	1級上	III	186
愛知川	神崎川本流⑫	1日	中級	2級	III	188
愛知川(神崎川)	赤坂谷	1日	初級	2級下	II+	190
員弁川(宇賀川)	蛇谷	1日	初級	2級上	II+	192
犬上川	滝洞谷	1日	上級	3級	IV+	194

比良

安曇川	猪谷	1日	中級	2級上	III	198
安曇川	貫井谷	1日	中級	2級上	IV	200
安曇川(明王谷)	口ノ深谷	1日	中級	2級	II+	202
安曇川(明王谷)	奥ノ深谷	1日	中級	2級	II+	204
安曇川(明王谷)	白滝谷(白谷)	1日	初級	1級	I+	206
安曇川	ヘク谷	1日	初級	1級	II	208
鴨川	八池谷(八淵ノ滝)	1日	初級	1級	I+	210

中国・四国

円山川	八木川源流(左俣)	1日	初・中級	2級下	II+	216
吉野川(銅山川)	保土野谷	1日	中級	2級上	III+	218
吉野川(銅山川)	床鍋谷	1日	初・中級	2級下	III−	220
吉野川(銅山川)	瀬場谷	1日	中級	2級上	III+	222
国領川	西種子川	1日	中級	2級	III+	224
関川	鏡沢	1日	初・中級	2級下	III	226
加茂川(谷川)	主谷 伊予富士谷	2日	中・上級	2級上	IV	228
吉野川	名野川本流	1日	初・中級	2級下	III−	230
仁淀川(面河川)⑬	面河本谷	1日	初・中級	2級下	III+	232
中山川	鞍瀬谷本谷	1日	上級	3級	IV+	234
吉野川(祖谷川)	境谷	1日	中級	2級	IV	236
那賀川(沢谷川)	菊千代谷	1日	初級	2級下	II	238
仁淀川	安居渓谷(弘沢)	1日	初級	2級下	III	240
四万十川(目黒川)	滑床渓谷	1日	初級	1級上	I+	242

(注)⑪西谷右俣を遡行し中俣を下降する。⑫ヒロ沢出合まで遡行して戻ると1日、主稜線までつめ上がると2日行程になる。⑬仁淀川は上流の愛媛県内では面河川と呼ばれる。

グレードについて

本書では3種類のグレードを表示した。技術グレード（ルートグレード）に関しては、踏査のうえ見直しを行なった。

［ルートグレード］

ルートの難しさを表わすグレードで、遡行グレードと総合グレードに分ける。遡行グレードは沢遡行のみのグレードを、総合グレードはアプローチから沢の遡行～終了、さらに下山までのすべての要素（体力度も含む）を勘案して決めている。

（1）総合グレード

体力度と沢登りの経験が大きなウエイトを占める。初級、中級、上級の3段階で表わし、次の総合レベルの者がこなせるかどうかを、グレード付けの目安にしている。なお、下線の要素のうちひとつでも欠けていればグレードは下がる。

■初級
①岩登りやロープワークのトレーニングを経験し、②沢登りの基本装備を持って日帰りの沢登りができる体力がある者

■中級
①沢登りの経験が豊富で、沢下降の経験がある程度あり、②遡行グレード2級以上の技術をもち、③泊まりの装備を背負って沢を遡行できる体力がある者

■上級
①いろいろな山域の沢を数多く遡行・下降している経験が豊富で、②遡行グレード中級以上の沢をリードできる技術、体力がある者

なお、同じルートでも、アプローチが異なると総合グレードが変わる場合がある（遡行グレードは変わらない）。たとえば、マイカー利用と電車・バス利用とで、林道歩きのアプローチが数時間以上も変わる場合は、総合グレードが上がる場合もあり得る。そのようなケースは、できるだけ本文中でふれるようにした。

（2）遡行グレード

従来から沢登りでは1～6級のグレード制が使われてきた。関西近郊での一般的な遡行対象としては、3級が上限となっており、4級以上は上級者・熟達者のレベルとなる。次の技術レベルの者がこなせるかどうかを、グレード付けの目安にしている。

■1級（初心者・初級者向け）
沢登りがまったく初めての者から、多少なりとも岩登りやロープワークのトレーニングを経験している者。経験者同行が条件

■1級上～2級下（初級者・中級者向け）
沢登りの経験が複数回あり、ロープワークをこなせる者。原則として経験者同行が条件

■2級～2級上（中級者向け）
沢登りの経験が豊富で、ルートファインディング、読図、岩登りなどの総合的な登山技術をもち、初心者・初級者向けの沢をリードできる技術、体力のある者

■3級以上（上級者向け）
遠出の沢、2泊以上の連泊する沢も含めて豊富な経験をもち、総合的な登山技術に加え、滝場・ゴルジュ・激流突破の高度な沢登り・岩登り技術を身に付けたリーダークラスの者

［ピッチグレード］

遡行ルート中の核心となる登攀部分のピッチグレードを記載した。RCCⅡのグレード体系（Ⅰ～Ⅳ、A0～A3）をもとに、遡行時の感覚で比較検討したグレードを表記している。ほとんどⅡ～Ⅳの範囲となる。なお、本書はおもに初・中級者対象のため、高巻きできず人工登攀しなくてはならないようなルートは対象外となっている。

グレード順ルート一覧1

遡行グレード順のルート一覧
＊[ ]は総合グレード、丸数字は日程を表わす
＊行末の数字はルートの掲載ページ数

1級	[初] 白滝谷(白谷)①Ⅰ+ 206
	[初] ヘク谷①Ⅱ 208
	[初] 八池谷(八淵ノ滝)①Ⅰ+ 210

1級上	[初] 下多古川本谷①Ⅱ 016
	[初] 上谷(地蔵谷)①Ⅱ 020
	[初] 矢納谷①Ⅱ 022
	[初] 池郷川本谷②Ⅱ 036
	[初] 神童子谷(ノウナシ谷)②Ⅱ 050
	[初] モジキ谷①Ⅱ 052
	[初] 滝川本谷(赤井谷)②Ⅱ 064
	[初] 名倉谷川中ノ谷①Ⅱ 088
	[初] 黒倉又谷①Ⅱ 102
	[初] 明神谷(馬ノ鞍谷)①Ⅱ 106
	[初] 相野谷川中ノ谷①Ⅱ+ 140
	[初] 栂谷①Ⅱ+ 142
	[初] 静閑瀞①Ⅱ+ 152
	[初] 粕川西谷(右俣～中俣下降)①Ⅱ 182
	[初] 元越谷①Ⅲ 186
	[初] 滑床渓谷①Ⅰ+ 242

2級下	[初] 上多古川本谷(竹林院谷)②Ⅲ 018
	[初] 小谷川①Ⅱ+ 024
	[中] 前鬼川本谷(孔雀谷)②Ⅱ+ 034
	[初] 三ツ俣谷①Ⅱ+ 132
	[初] 天瀬谷(左俣～右俣下降)①Ⅱ 150
	[初] 滝本北谷①Ⅱ 154
	[初・中] 榎谷(ツツジ谷)②Ⅲ 170
	[初・中] 三田谷(上西谷)①Ⅱ+ 172
	[初] 小黒谷①Ⅲ 174
	[初] 赤坂谷①Ⅱ+ 190
	[初・中] 八木川源流(左俣)①Ⅱ+ 216
	[初・中] 床鍋谷①Ⅲ- 220
	[初・中] 鏡沢①Ⅲ 226
	[初・中] 名野川本流①Ⅲ- 230
	[初・中] 面河本谷①Ⅲ+ 232
	[初] 菊千代谷①Ⅱ 238
	[初] 安居渓谷①Ⅲ 240

2級	[中] 葛川本流①Ⅲ 048
	[初] 滝川大谷①Ⅲ 066
	[初] 堂倉谷奥ノ右俣①Ⅱ+ 080
	[初・中] 大熊谷東俣谷①Ⅱ 082
	[初] 大和谷本谷(川上谷)②Ⅲ 084
	[初] 父ヶ谷本谷①Ⅲ 086
	[中] 白倉又谷(馬ノ鞍谷)①Ⅲ+ 100
	[初] 不動谷・南股谷②Ⅱ+ 108
	[中] 大又川西ノ谷①Ⅲ- 124
	[中] 光谷①Ⅲ 130
	[初・中] 瀬場谷①Ⅲ+ 136
	[中] 内鹿野谷①Ⅲ+ 144
	[初・中] 高田川ナル谷①Ⅲ+ 146
	[中] 滝本本谷①Ⅲ+ 156
	[中] 奥山谷②Ⅲ+ 160

	[中] 大江谷①Ⅲ 176
	[中] 神崎川本流①Ⅲ 188
	[中] 口ノ深谷①Ⅱ+ 202
	[中] 奥ノ深谷①Ⅱ+ 204
	[中] 西種子川①Ⅲ+ 224
	[中] 祖谷川境谷①Ⅳ 236

2級上	[中] 岩屋谷②Ⅲ+ 028
	[中] 火吹谷②Ⅲ+ 032
	[中・上] 田岡谷①Ⅳ 042
	[中] 入谷 ナメラ谷①Ⅲ 054
	[中] 刈安谷①Ⅲ+ 068
	[中] 堂倉谷本谷②Ⅲ 078
	[中] 唐谷川①Ⅲ 090
	[初] ヌタハラ谷①Ⅲ 094
	[中] 黒石谷②Ⅲ 098
	[中] 釜ノ公谷②Ⅳ 104
	[中] 大栃谷①Ⅲ 110
	[中] 戸倉谷①Ⅲ+ 112
	[中] 又剣谷①Ⅲ+ 114
	[中] 東ノ川本流②Ⅲ 116
	[中] 岩屋谷①Ⅲ+ 118
	[中] ゴミキ谷・滝谷①Ⅲ+ 120
	[中] 立間戸谷①Ⅳ 148
	[中] 鳴谷①Ⅳ 158
	[中・上] 八木尾谷本谷(左俣)②Ⅲ+ 166
	[初] 蛇谷①Ⅱ+ 192
	[中] 猪谷①Ⅲ 198
	[中] 貫井谷①Ⅳ 200
	[中] 保土野谷①Ⅲ+ 218
	[中] 瀬場谷①Ⅲ+ 222
	[中・上] 主谷 伊予富士谷①Ⅳ 228

3級下	[上] 白川又川本谷(奥剣又谷)②Ⅳ 026
	[中・上] 茗荷谷②Ⅲ+ 030

3級	[中・上] 小又谷①Ⅳ 038
	[中・上] 冬小屋谷②Ⅲ+ 040
	[上] 中ノ川②Ⅲ+ 062
	[上] 芦廼瀬川本流②Ⅳ+ 070
	[上] 絵馬小屋谷①Ⅳ 092
	[上] 奥ノ平谷②Ⅲ+ 096
	[上] 備後川ナル谷①Ⅳ+ 122
	[上] 小木森谷①Ⅳ 134
	[上] 黒蔵谷②Ⅳ+ 162
	[上] 海ノ溝洞①Ⅳ+ 180
	[上] 滝洞谷①Ⅳ+ 194
	[上] 鞍瀬谷本谷①Ⅳ+ 234

3級上	[上] 立合川本流②Ⅳ 044
	[上] 三ツ嵓谷②Ⅳ 060

4級下	[上] 岩井谷③Ⅳ+ 126

4級	[上] イブキ嵓谷②Ⅳ+ 056

グレード順ルート一覧2

総合グレード別、遡行グレード順のルート一覧
*丸数字は日程、ギリシア数字はピッチグレード
*行末の数字はルートの掲載ページ数

	初級
1級	白滝谷(白谷)① I+ 206 ヘク谷①Ⅱ 208 八池谷(八淵ノ滝)① I+ 210
1級上	下多古川本谷②Ⅱ 016 上谷(地蔵谷)①Ⅱ 020 矢納谷①Ⅱ 022 池郷川本谷①Ⅱ 036 神童子谷(ノウナシ谷)②Ⅱ 050 モジキ谷①Ⅱ 052 滝川本谷(赤井谷)②Ⅱ 064 名倉谷川中ノ谷①Ⅱ 088 黒倉又谷①Ⅱ 102 明神谷(馬ノ鞍谷)①Ⅱ 106 相野谷川中ノ谷①Ⅱ+ 140 栂谷①Ⅱ+ 142 静閑瀞①Ⅱ+ 152 粕川西谷(右俣~中俣下降)①Ⅱ 182 元越谷①Ⅲ 186 滑床渓谷① I+ 242
2級下	上多古川本谷(竹林院谷)②Ⅲ 018 小谷川①Ⅱ+ 024 三ツ俣谷①Ⅱ 132 天瀬谷(左俣~右俣下降)①Ⅱ 150 滝本北谷①Ⅱ+ 154 小黒谷①Ⅲ 174 赤坂谷①Ⅱ+ 190 菊千代谷①Ⅱ 238 安居渓谷(弘沢)①Ⅲ 240
2級	滝川大谷①Ⅲ 066 堂倉谷奥ノ右俣①Ⅱ+ 080 大和谷本谷(川上谷)②Ⅲ 084 父ヶ谷本谷①Ⅲ 086 不動谷・南股谷②Ⅱ+ 108
2級上	ヌタハラ谷①Ⅲ 094 蛇谷①Ⅱ+ 192
	初・中級
2級下	榎谷(ツツジ谷)②Ⅲ 170 三田谷(上西谷)①Ⅱ+ 172 八木川源流(左俣)①Ⅱ+ 216 床鍋谷①Ⅲ- 220 鏡沢①Ⅲ 226 名野川本流①Ⅲ- 230 面河本谷①Ⅲ- 232
2級	大熊谷東俣谷①Ⅲ 082 瀬場谷①Ⅲ+ 136 高田川ナル谷①Ⅲ+ 146
	中級
2級下	前鬼川本谷(孔雀又谷)②Ⅱ+ 034
2級	葛川本流①Ⅲ 048 白倉又谷(馬ノ鞍谷)①Ⅲ+ 100 大又川西ノ谷①Ⅲ- 124 光谷①Ⅲ 130

	内鹿野谷①Ⅲ+ 144 滝本本谷①Ⅲ+ 156 奥山谷①Ⅲ+ 160 大江谷①Ⅲ 176 神崎川本流①Ⅲ 188 口ノ深谷①Ⅱ+ 202 奥ノ深谷①Ⅱ+ 204 西種子川①Ⅲ+ 224 祖谷川境谷①Ⅳ 236
2級上	岩屋谷②Ⅱ+ 028 火吹谷②Ⅲ+ 032 入谷 ナメラ谷①Ⅲ 054 刈安谷①Ⅲ+ 068 堂倉谷本谷②Ⅲ 078 唐谷川①Ⅲ 090 黒石谷①Ⅲ 098 釜ノ公谷②Ⅳ 104 大栃谷①Ⅲ 110 戸倉谷①Ⅲ+ 112 又剣谷①Ⅲ+ 114 東ノ川本流①Ⅲ 116 岩屋谷①Ⅲ+ 118 ゴミキ谷・滝谷①Ⅲ+ 120 立間戸谷①Ⅳ 148 鳴谷①Ⅳ 158 猪谷①Ⅲ 198 貫井谷①Ⅳ 200 保土野谷①Ⅲ+ 218 瀬場谷①Ⅲ+ 222
	中・上級
2級上	田岡谷①Ⅳ 042 八木尾谷本谷(左俣)②Ⅲ+ 166 主谷 伊予富士谷①Ⅳ 228
3級下	茗荷谷②Ⅲ+ 030
3級	小又谷①Ⅳ 038 冬小屋谷②Ⅲ+ 040
	上級
3級下	白川又川本谷(奥剣又谷)②Ⅳ 026
3級	中ノ川②Ⅱ+ 062 芦廼瀬川本流②Ⅳ+ 070 絵馬小屋谷①Ⅳ 092 奥ノ平谷①Ⅲ+ 096 備後川ナル谷②Ⅳ+ 122 小木森谷①Ⅳ 134 黒蔵谷②Ⅳ+ 162 海ノ溝洞①Ⅳ+ 180 滝洞谷①Ⅳ+ 194 鞍瀬谷本谷①Ⅳ+ 234
3級上	立合川本流②Ⅳ 044 三ツ嵓谷②Ⅳ 060
4級下	岩井谷③Ⅳ+ 126
4級	イブキ嵓谷②Ⅳ+ 056

凡例

［タイトル部分］

収録ルート 関西の主要都市から、鉄道・バスなどの交通機関、またはマイカーを利用して、1日ないし2日で行けるもの。

ルートの並べ方 ひとつの山域の中では、京阪神地区から見て近いほうから遠いほうへの順に掲載（たとえば大峰なら、吉野川→北山川→十津川水系の順）。ひとつの水系では、本谷→下流側の支流→上流側の支流の順に掲載した（たとえば大峰・白川又川なら、本谷→岩屋谷→茗荷谷→火吹谷の順）。

沢名・谷名 原則として見開き2ページに1ルートを掲載。タイトルの先頭部分に大水系、本流名を必要に応じて掲げ、続けてルートとなる沢名・谷名を掲げた。

グレード 3種類のグレードを示した。ピッチグレードは核心部が明確な場合のみ、ルート図中の該当箇所とともに示した。核心部がはっきりしない場合は、ルート全体から感じられた上限のピッチグレードを表記した。

適期 快適な遡行を楽しめる期間を示し、ヒル発生の多い期間などは除いた。

日程 通常の条件のもとでの所要日数で、入山地付近に前泊する場合、前泊分の日数は含まない。カッコ内は入渓点から遡行終了点までの推定所要時間で、休憩時間は含まない。

沢の特色アイコン 沢登りルートとしての特徴を簡単なマークで示した。

 滝が多く、滝登りが楽しめる。登れない場合でも、滝を中心とした渓流美が見られる

 ナメ、ナメ床歩きや、ナメ滝登りが多く楽しめる。ナメを中心とした渓流美が見られる

 水量の多い谷。ゴルジュ突破や淵・瀞・釜泳ぎの要素が多く、水と遊べる遡行ができる

 渓流を取り巻いて、原生林、自然林が広がる。森林風景を中心とした渓流美が見られる

 以上の4項目には該当しないが、そのほかの特徴ある景観や渓相に出会えるルート

［データ欄］

アクセス 鉄道・バス・タクシーなど利用可能な交通機関の情報。複数ある場合は代表的なものを記載した。

マイカー情報 マイカー利用の場合、入山口までの簡単な道順と駐車情報などを示した。

参考タイム 実際に遡行したときの参考時間で、原則として入渓点（遡行開始地点）から終了点までの区間について記載した。

標高差 入渓点から終了点（登山道、尾根上など）までの標高差。

装備 沢登りの基本装備（渓流シューズまたはタビ、ヘルメット、雨具、ザック、地図、コンパス、ヘッドランプ、行動食など）のほか、基本登攀用具（ロープ、ハーネス、スリング3～4本、カラビナ数枚、下降器）を含めたものを、まとめて「基本装備」と記載。これ以外に、たとえばハンマー、ハーケン、ナッツなどが必要なら「基本装備＋登攀用具」のように、長いロープが必要なら「基本装備＋50mロープ」のように記載している。

地図 国土地理院発行の2万5000分ノ1地形図の図名。

温泉 沢登りの帰りには入浴の必要性が高いので、日帰り入浴施設など立ち寄りやすい温泉名（一部、非温泉も含む）を挙げた。

［本文ガイド］

前文 その沢の特徴、すぐれた面、山域や水系のなかでの位置付け、最新の情報、遡行計画上のアドバイスなど。

アプローチ 交通機関利用、マイカー利用それぞれの、降車地点から歩いて入渓点へ向かうまでの説明と、参考所要時間を示した。マイカー利用の場合、車を降りるまでのアクセスについてはデータ欄に記載した。

下降ルート マイカー利用の場合は、入渓点

近くへ戻れる主要な下山ルートを説明した。それ以外の別の入山口への下山ルートは概略のみ紹介した。

［遡行図］

本文の右ページに、遡行アドバイスとともに遡行図を収めている。このページを144%（A4版）に拡大コピーして持っていくと便利。もちろん地形図を併用すること。

滝、ナメ滝、ナメ　沢の水流が岩盤の上を流下しているのが滝で、傾斜の度合により、直滝（直瀑）、斜滝（斜瀑）、ナメ滝、ナメと区別している。直滝は垂直または垂直に近く60度以上、斜滝は40〜50度、ナメ滝は30〜40度、ナメはほとんど平坦に近いもので25度以下が目安と考えられる。

滝と瀑　通常の用語では「直瀑」「斜瀑」というが、沢登りでよく出会う水量の少ない滝や、落差の小さい滝は「瀑」と表記しづらい。そのため、本書では「直滝」「斜滝」と表記していることが多い。

滝やナメのスケール　単位（m）のついた数字は滝（直滝、斜滝）の高さを示す。数字の前に「L」が付いたものはナメ、ナメ滝、斜滝の長さを示す。斜滝はナメ滝よりも傾斜が急な滝だが、遡行時のとらえ方により高さまたは長さのどちらかでスケールを表示した。淵、瀞の長さを表示した場合もある。

標高の数値　山頂、鞍部、出合、入渓点などの標高は、単位（m）をつけずに数字のみで示した。少数点以下は四捨五入した。

ビバーク地　沢中泊に適した場所は、記号を付してビバーク適地を示した。ただし、増水や落石などの危険要素が少しでもあり得る場合は記号表示していない。本文で「……のあたりで泊」とあっても、図中にビバーク適地として示さなかった場合もあるので注意。

なお、沢中でのテント泊は公認されていない場合がほとんどなので、本書ではテント場、幕営地のような用語を避けて、「ビバーク地」と表記している。

駐車場・駐車スペース　駐車が公認されているか、駐車しても問題にならない場合にかぎり図中に表示した。本文で駐車地に触れていても、公認された場所でなければ図中には表示していないので注意してほしい。

遡行図の記号例

記号	意味	記号	意味	記号	意味
〜〜	沢、谷	══	車道（国道）	CS	チョックストーン
------	伏流	══	車道（主要地方道）	◯	大岩
………	涸れ沢	──	その他車道、林道	⌂	岩小屋
<<<<<<<<<	ルンゼ	▬▬	稜線	⚓	懸垂下降
●─‖─	滝　釜	▲ ●	山頂 頭 ピーク	⸖	草付 ササ 灌木
●●●─	淵または瀞	⬆	有人小屋	Λ	針葉樹林
‖‖‖	ナメ　ナメ滝	⬆	無人小屋	Q	広葉樹林
─┤├	堰堤	⬆	休憩所、作業小屋	⸙	大木または美林
(1:2)	支沢と水量比（左俣：右俣）	▲	ビバーク適地	⟿	倒木 倒木帯
-------	登山道	Ⓟ P	駐車場、駐車スペース	⊔	ワサビ田
┄┄┄	踏み跡、高巻きのルート	╪	車止めゲート	═══	垣、柵
▭	ワサビ田の境界、植林地の境界	⚲	バス停	⌒	炭焼窯、炭焼窯跡
		⟩⟨ ⟩	橋　徒歩橋	✖	（何かの）跡、目印
				▯	石碑、像

大峰の谷

大峰山脈は北は吉野から、南は熊野に達し、その間に近畿の最高峰・八経ヶ岳を頂点に1200m以上の名のある山だけでも50座を数える長大な山脈で、一帯は吉野熊野国定公園に属している。北面に吉野川、東面に北山川、西面には十津川が流れ、水源には優れた渓谷を数多く見ることができる。しかし、ほかの登山地と同様、各流域の自然を取り巻く環境には厳しいものがある。それは言うまでもなく、森林伐採と林道敷設で、すさまじいほどの渓谷美を見せていたこれら各流域も、しだいに林道の犠牲になってしまっている。そして今日では、本流遡行の醍醐味を満喫できる谷は、白川又川、池郷川、立合川、それに芦廼瀬川に限られてしまった。それでも各支流はまだ健在で、深い釜をもった滝や、岩壁の発達した廊下やゴルジュが横たわる豪壮な渓谷を形成し、初級者から上級者まで幅広く楽しめるエリアである。

入渓にあたっては、アクセスに車を利用すれば日帰り可能な沢も多い。逆に、近年は鉄道・路線バスなどの公共交通機関は不便で、日程が1～2日余分に必要になってしまう場合が多い。温泉施設が多いのも大峰の魅力のひとつで、山旅の疲れを癒やすには山のいで湯がいちばん。

また、大峰は修験道の根本道場といわれ、古来、行者たちのために75カ所の霊場が設けられ、俗に「大峯七十五靡」と呼ばれる。この奥駈道（参詣道）が、高野山、熊野三山などとともに2004年7月にユネスコ世界文化遺産に登録された。日本では12番目、"道"としての登録は、世界でもスペインとフランスを結ぶ「巡礼の道」とここだけである。

吉野川水系

沢登りの対象は山上ヶ岳周辺に限られ、**下多古川**と**上多古川**の本・支流がある。下多古川は、気軽な谷歩きに最適で、しかも変化に富んだよい谷で初心者向き。上多古川は、バラエティに富んだ支谷も多く、豪壮な岩壁と飛瀑で渓谷遡行の妙趣を満喫できる。アプローチがよく、年間多くの入渓者がある。上多古川本谷をはじめ、上谷、矢納谷、伊坪谷、大栃谷、茶屋谷などが挙げられ、初級から中級まで楽しめる。

北山川水系

大峰を代表する険谷の多くがこの流域に集中する。**白川又川**は北山川最大の流域で、八経ヶ岳を源とし、本流から支流すべての谷が対象となり、スケールが大きく遡行価値の高い谷がそろっている。ここでは、本流遡行の醍醐味を満喫できる白川又川本谷と、火吹谷、茗荷谷、岩屋谷を紹介したが、大黒河谷、中ノ又谷、口剣又谷なども手応えのある遡行が味わえる。

前鬼川流域の各支流は沢登りとしての興味は薄いが、本流の中ほどに見られる谷幅いっぱいになって流れるナメ滝は圧巻で、ここでは孔雀又谷を取り上げた。「日本の滝百選」に選ばれている下流の不動七重滝周辺は、迫力のあるゴルジュで登攀価値は高いが、岩壁登攀の要素が強いのでここでは省いた。

池郷川は北山筋では、「一に池川、二に前鬼……」と詠われた名川で、本流は数々のゴルジュや廊下が長く横たわり圧巻だが、熟達者向きとなるので対象から外した。本書では初級者でも登れる本谷上部と、中級

白川又川の隣にある初級者向きルート小谷川

向きの支流として小又谷と冬小屋谷を取り上げている。

四ノ川は笠捨山から流れ出るもので、昔は北山筋の名川のひとつに数えられていたが、林道の犠牲になり本流、支流ともに遡行価値がなくなった。ただ、茶白山に突き上げる下谷のみが命脈を保ち、一筋縄ではいかない悪渓である。

立合川も笠捨山から流れ下る支流をもたない長大な谷である。発達した側壁のもとに滝、釜、淵を無数というほど連ねている。水量も豊富で、本流遡行の醍醐味を味わえる谷として上級者に人気がある。葛川は、立合川の1本下流の川で、北山川の瀞八丁に注ぐ。田戸橋から下葛川にかけて下流域は2本の滝と、瀞、小滝、瀬滝で構成された廊下が横たわり、遡行の大半は泳いでの突破となる。上流の上葛谷、支流の枝又谷なども入門の谷として登られている。

そのほか、小さい流域として小谷川、田岡谷は遡行価値が高く、おもしろい谷なので取り上げている。

十津川水系

大峰エリアの西面には、川迫川、舟ノ川、旭ノ川、栗平川、滝川、芦廼瀬川などの一大支流があるが、下流域はいずれも林道が敷設されていて、遡行の対象は上流域から水源に限られる。川迫川は弥山川に探勝路ができて遡行価値が半減した。赤鍋ノ滝から上流奥、神童子谷（ノウナシ谷と犬取谷）の魅力はまだ充分に残されており、モジキ谷もおもしろい。

舟ノ川は日裏山本谷と七面谷が伐採でだめになり、三ツ嵓谷とイブキ嵓谷が残った。

両谷とも大峰の数ある渓谷のなかで最悪の谷の部類に入り、上級者のみに許される悪渓である。また、入谷ではナメラ谷と桶川谷がよく、ともに伐採からまぬがれ健在。

旭ノ川は中ノ川を除いて伐採が入り昔の面影はない。中ノ川はよい谷で、入渓から最後まで飽きさせないのは立派で、中級向き。ほかに不動木屋谷も遡行価値がある。

栗平川は本谷とクイゼ谷、クルミ谷、魚ノ谷、それに見行地谷などが挙げられ、初級から中級向きの遡行ルートを提供してくれる。

滝川は名瀑・笹ノ滝が懸かることで知られ、支流の刈安谷には通過困難なゴルジュがある。本流の赤井谷は自然林と相まって、癒やし系の谷で初級向き。ほかに奥八人谷、ホホゴヤ谷、下流には大谷がまとまっていて手頃な谷である。

芦廼瀬川は本流遡行の醍醐味を満喫できる数少ない渓谷。毎年シーズンともなると多くの沢屋が訪れている。支流の大野川は沢登りとしての興味は薄い。

そのほか、湯泉地温泉の近くにアリノコシ谷といって連瀑とゴルジュで構成された中級向きの谷がある。十津川温泉の南にある葛谷は流域面積も大きく、本谷、山手谷ともに沢登りの対象となり、初級向き。

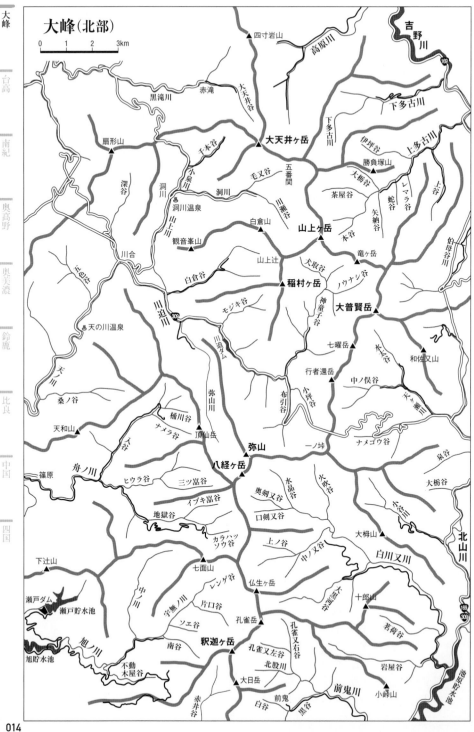

大峰（北部）

0　1　2　3km

四寸岩山
高原川
吉野川
169
黒滝川　赤滝
下多古川
大天井谷
扇形山
大天井ヶ岳
千本谷
伊坪谷
上多古川
深谷
小泉川
洞川
五番関
勝負塚山
大栃谷
レマラ谷
蛇谷
上谷
洞川
毛又谷
茶屋谷
洞川温泉
川瀬谷
矢納谷
伯母谷川
山上川
白倉山
山上ヶ岳
本谷
観音峯山
竜ヶ岳
川合
白倉谷
山上辻
犬取谷
白倉谷
稲村ヶ岳
ハウナシ谷
大普賢岳
川迫川
モジキ谷
神童子谷
和佐又山
309
天の川温泉
七曜岳
水太谷
行者還岳
中ノ俣谷
天ヶ瀬川
川迫ダム
小坪谷
布引谷
弥山川
桶川谷
一ノ垰
ナメゴウ谷
天和山
頂仙岳
ナメラ谷
泉谷
弥山
大栃谷
篠原
舟ノ川
ヒウラ谷
三ツ嵓谷
八経ヶ岳
水晶谷
火吹谷
奥剣又谷
大梅山
北山川
イブキ嵓谷
口剣又谷
地獄谷
上ノ谷
下辻山
カラハッソウ谷
中ノ又谷
白川又川
七面山
大黒河谷
十郎山
瀬戸ダム
中ノ川
レンガ谷
仏生ヶ岳
若府谷
瀬戸貯水池
宇無ノ川
片口谷
169
ソエ谷
孔雀岳
孔雀又右谷
岩屋谷
309
旭貯水池
南谷
釈迦ヶ岳
孔雀又左谷
旭ノ川
北股川
不動木屋谷
大日岳
池原貯水池
赤井谷
前鬼
前鬼川
小峰山
白谷
前谷
黒谷

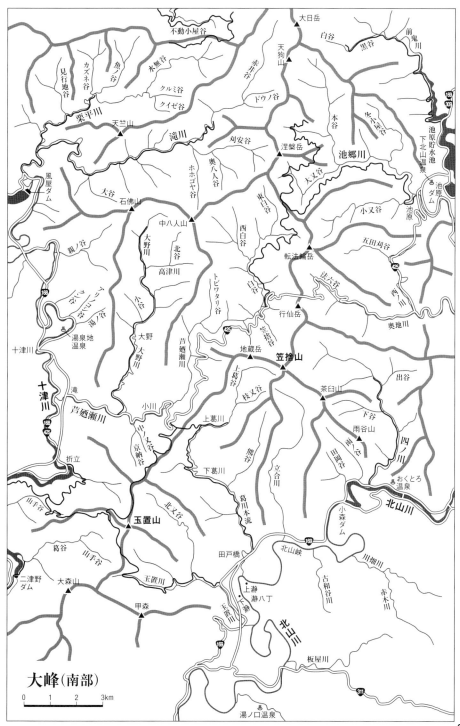

不動小屋谷
大日岳
白谷
黒谷
前鬼川
魚ノ谷
木熊谷
天狗山
赤ノ谷
ドウノ谷
本谷
内ノ木屋谷
169
309
見行地谷
カズネ谷
クルミ谷
クイゼ谷
池原貯水池
下北山温泉
栗平川
天竺山
滝川
刈安谷
涅槃岳
池郷川
池原ダム
池原
大谷
石佛山
ホホゴヤ谷
奥八人谷
大文谷
小又谷
五田刈谷
425
親ノ谷
中八人山
北谷
高津川
西白谷
東ノ谷
転法輪岳
法ノ谷
西ノ川
168
大野川
白谷
奥地川
湯泉地温泉
大野
大野川
トビワタリ谷
芦廼瀬川
425
地蔵岳
笠捨山
行仙岳
茶臼山
出谷
十津川
小川
上葛谷
枝文谷
田岡谷
雨谷山
四ノ川
十津川
芦廼瀬川
中ノ又谷
京納谷
上葛川
熊谷
下谷
168
425
折立
下葛川
立合川
おくとろ温泉
北山川
山手谷
玉置山
北文谷
葛谷
山手谷
葛川本流
小森ダム
二津野ダム
大森山
玉置川
田戸橋
北山峡
169
川畑川
甲森
玉置川
上瀞
瀞八丁
古和谷川
赤木川
311
北山川
169
板屋川
湯ノ口温泉

大峰（南部）

0   1   2   3km

015

吉野川
水系　**下多古川本谷**（しもたこ）

初級　1級上／Ⅱ
適期　4月中旬～10月下旬
日程　2日(遡行4.5～5.5時間)

沢のエッセンスを堪能できること請け合いのおすすめの沢

　下多古川は山上ヶ岳の東方、五番関と今宿跡の稜線に源を発し、吉野川に入るもので、その長さは6km。あまり大きな谷ではないが、昔から相当有名な谷で、『大和誌』（やまとし）をはじめ『大和名所図会』『芳野誌』（よしのし）などにも記載されている。また、下多古の古老によると、上多古川の阿古滝道同様、昔は山上参りのひとつの巡道になっていて、相当のにぎわいを見せたとのことである。

　渓相は明るく、落ち着いた柔らかみのある谷であって、気楽な谷歩きに最適。下流部は植林されているが、琵琶滝、中ノ滝から上流は美しい自然林に包まれ、緩傾斜の流れとなっている。ガイドでは長尾八丁をつめ上がり、洞川温泉に下山する2日の日程としたが、木の葉入らずの淵まで遡行して引き返せば日帰りも可能だ。

アクセス　**行き**：大和上市駅（R169ゆうゆうバス55分（土休日運行））下多古　**帰り**：洞川温泉（奈良交通バス1時間11分）下市口駅
マイカー情報　西名阪道郡山ICから国道24号・169号で熊野方面へ向かい、下多古で右折して下多古川に沿った林道に入り林道終点まで。
参考タイム　林道終点（1時間10分）琵琶滝（20分）中ノ滝直下（35分）角千本淵（45分）木の葉入らずの淵（1時間）二俣
標高差　473m（水平距離2.8km）＊二俣まで
装備　基本装備＋宿泊用具
地図　洞川
温泉　ホテル杉の湯（水曜休）☎0746-52-0006

················· **アプローチ** ·················

　下多古から林道終点まで徒歩約1時間20分。山道を上流へ歩き、地形図の707m地点から入渓する。

················· **下降ルート** ·················

　二俣から谷筋を下降して、中ノ滝の落ち口からは右岸の踏み跡を拾い、琵琶滝を眺める休憩所を経て林道終点へ、約3時間。交通機関利用の場合は長尾八丁をつめ上がり、奥駈道の五番関から毛又林道（げまた）に出て洞川温泉バス停へ、約3時間。

中ノ滝40mの雄姿

斜滝12mの直登

❻ 丸い淵を従えた4m滝の前面に立つ。これが『大和誌』に記された「木の葉入らずの淵」である。上流は両岸の岩壁が屏風のように立ち、6m滝、4m滝と3つ連ねている。ここはあっさりと左岸に入るガリーを直上する。

❼ 右岸に岩屋をもった8m滝は右から取り付き、高く絡んで滝上に出る。

❽ 1180m地点で二俣となる。本谷は変化もないので、中間尾根の長尾八丁（旧山上参りの道）を登って奥駈道に出る。

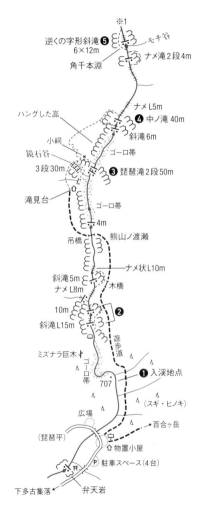

下多古川本谷

遡行：2008.9
作図：吉岡章

❶ 地形図の707m地点から谷に下りて遡行を開始する。

❷ 斜滝L15mを右からこなすと、10m滝が深い釜に懸かる。右側を巻き登る。

❸ 琵琶滝の突破はすぐ左の鏡石谷に入り、泥壁を木やツルをつかんで強引に岩場の上部に抜けて高巻き道と合流し、右へ踏み跡をたどって滝の落ち口に立つ。初心者がいる場合はロープを出して安全を期すこと。

❹ 6m斜滝に続く中ノ滝は、滝の直下から左側を大きく巻くと琵琶滝から続く踏み跡に出くわし、滝頭へと導かれる。

❺ モチ谷を右に迎えると角千本淵に出合う。左手コーナーを直登するが、滑りやすいので慎重に。

吉野川水系 上多古川本谷 (竹林院谷)

豪壮な岩壁と飛瀑が多く、遡行の妙趣を満喫できる

初級	2級下／Ⅲ
適期	5月上旬〜10月下旬
日程	2日（遡行6〜7時間）

　上多古川は山上ヶ岳東面より流れ下る谷で、バラエティに富んだ支谷も多く、豪壮な岩壁と飛瀑で渓谷遡行の妙趣を満喫できる。これらの谷はアプローチもよく、年間多くの入渓者があり、悪場には巻き道もついている。ここに取り上げた上多古川本谷は、豪壮な洞門ノ滝、七ツ釜のゴルジュなどで知られ、竹林院谷に入っては六字ノ滝と見せ場には事欠かないが、山上ヶ岳は女人禁制のため女性連れは遠慮したい。

　女性同行のときは、竹林院谷出合から左の本谷をとり、途中阿古滝谷に入って阿古滝の下に出る。そして左へとって登山道（阿古滝道）に出て、矢納谷出合へ帰る。阿古滝はワイドスクリーンのような広い岩壁に懸かる落差50mの長瀑で、一見の価値がある。

・・・・・・・・・・・・ **アプローチ** ・・・・・・・・・・・・

　北和田口から林道終点まで徒歩約1時間50分。駐車地点からは徒歩約30分。

アクセス　行き：大和上市駅（R169ゆうゆうバス1時間〈土休日運行〉）北和田口　**帰り：**洞川温泉（奈良交通バス1時間11分）下市口駅

マイカー情報　西名阪道郡山ICから国道24号・169号で熊野方面へ向かい、北和田で右折して、上多古川に沿った林道に入る。近年林道が荒れていて、蛇谷出合くらいまでしか入れない。林道脇の幅員に駐車。

参考タイム　矢納谷出合（1時間15分）洞門ノ滝（1時間30分）多治良淵（40分）竹林院谷出合（1時間）六字ノ滝上流（2時間）山上ヶ岳宿坊

標高差　1060m（水平距離3.1km）

装備　基本装備＋40mロープ、宿泊用具

地図　大和柏木、洞川、弥山

温泉　ホテル杉の湯（水曜休）☎0746-52-0006

・・・・・・・・・ **下降ルート** ・・・・・・・・・

　投地蔵辻から左へ阿古滝道（不明瞭な箇所があるので注意）を下り、矢納谷出合まで約3時間。交通機関利用の場合は、洞辻茶屋を経て洞川温泉バス停まで約3時間。

右／2段ナメ滝4mと奥に煙突ノ滝20m
左／双竜ノ滝と上方に懸かる洞門ノ滝43m

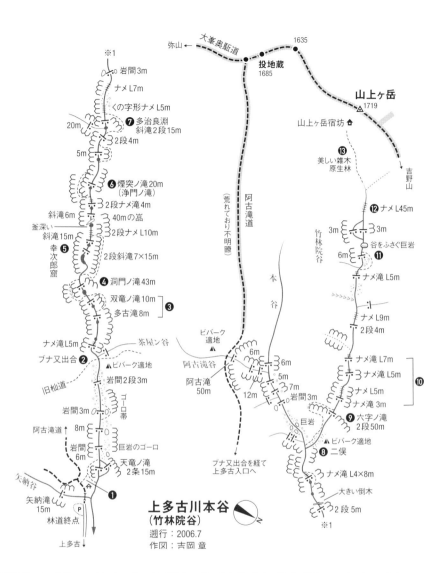

上多古川本谷
（竹林院谷）

遡行：2006.7
作図：吉岡 章

❶ 山道と分かれて谷筋に下ると天竜ノ滝が落下している。ここは右岸を巻く。

❷ ブナ又出合で右から茶屋ン谷が入る。

❸ 多古滝は左岸をトラバースして進み、続く双竜ノ滝は左岸の踏み跡を登る。

❹ 洞門ノ滝は本谷随一の威容を誇る。落下地点手前のリッジから右岸チムニーを攀じて滝上に出る。しっかりした踏み跡がある。

❺ S字状にえぐられた幸次郎窟の中には淵と滝が懸かり、ここから多治良淵

に至る間がこの谷の核心部である。窟入口から左岸を高巻き、15m斜滝の上から沢身に下る。

❻ 煙突ノ滝が岩壁を割って落ちる。左のルンゼから右岸を絡んで滝上に抜けるが、ロープを出して安全を期すこと。高巻きしすぎると行き詰まるので要注意。

❼ 多治良淵の2段15m斜滝は左岸から高巻く。

❽ 本谷と竹林院谷との出合はビバーク地に最適。

❾ 美しい六字ノ滝は、右岸の草付を登り、大きく巻いて滝上に出る。

❿ 六字ノ滝の上流は岩壁も消え、流れ近くまで樹林が下りてきている。

⓫ 6mの滝は右から小さく巻く。

⓬ ナメL45mを越えるとやがて水も涸れる。

⓭ 放射状に広がった樹林の中を登りつめて、山上ヶ岳の宿坊近くに出る。

吉野川水系
上多古川 **上谷**（こう）（**地蔵谷**（じぞう））

初級	1級上／Ⅱ
適期	4月中旬〜11月上旬
日程	1日（遡行6〜7時間）

飛瀑と釜で構成され、見せ場も多い沢登りの入門コース

　上谷は上多古川と分かれて大峰主稜の阿弥陀ヶ森（1680m）へと突き上げる、上多古川流域中最大の支谷である。牛呼滝（うしよび）を筆頭に数多くの飛瀑と釜で構成され、見せ場も多い。とりわけ馬ノ背滝から牛呼滝に至る間を土地の人は「幽仙境」と呼んでおり、この谷の核心部である。二俣から地蔵谷（左俣）をつめ上げた源流域の台地はアスカベ平と呼ばれ、美しい樹林帯が広がっており、新緑と秋の紅葉のころは特にすばらしい。日帰りの場合は車利用のこと。

················ **アプローチ** ················

　上多古川に沿った林道から上谷林道へ入り、ゲートまで徒歩約1時間30分。さらに入渓点の鉄橋まで20分ほど歩く。

················ **下降ルート** ················

　柏木道を柏木方面へとたどり、上谷分岐で左の上谷集落へ向かい林道ゲートへ下る

アクセス　行き：大和上市駅（R169ゆうゆうバス55分〈土休日運行〉）北和田口　帰り：柏木（同バス59分〈土休日運行〉）大和上市駅

マイカー情報　国道169号を南下して熊野方面へ向かい、北和田で右折して上多古川に沿った林道に入る。10分ほど進んだ橋の分岐で左折し、上谷集落へと道が左へカーブするところにゲートがある。

参考タイム　鉄橋・入渓点（1時間25分）牛呼滝直下（45分）二俣（1時間30分）左岸からの枝谷（1時間50分）アスカベ平（20分）稜線・柏木道

標高差　770m（水平距離2.9km）

装備　基本装備

地図　洞川、弥山

温泉　ホテル杉の湯（水曜休）☎0746-52-0006

（2時間10分）。交通機関利用の場合は、上谷分岐を右にとり柏木バス停へ。上谷分岐から1時間10分。

右／牛呼滝3段35mの勇姿　左／18mの滝を飛沫を浴びて登る。水量が多いと突破は難しくなる

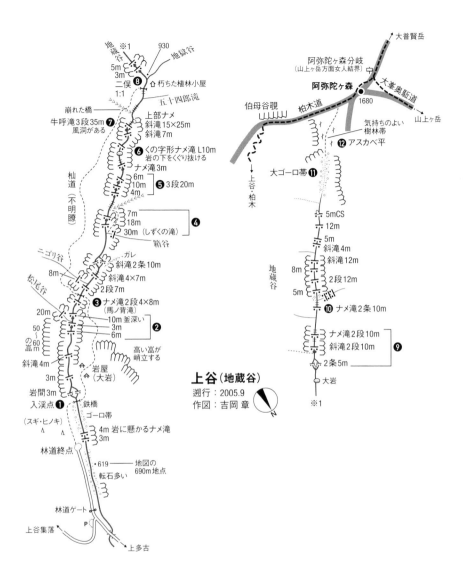

上谷（地蔵谷）

遡行：2005.9
作図：吉岡 章

❶ 右岸の杣道をたどり鉄橋から入渓。

❷ 6m・3m滝は左側を登る。10m滝は直登も可能だが、右を巻いたほうが無難。

❸ 2段ナメ滝を馬ノ瀬滝と呼び、ここから牛呼滝までが上谷の核心部である。

❹ 左岸頭上からシャワーとなって落ちる箱谷を迎えると、眼前に18m滝が懸かる。水量が多いと滝身の突破は難しくロープが必要。続く7m滝は右手のバンドを登るか、自信がなければ右岸を高巻く。

❺ 3段20m滝はロープを出して右側を直登する。

❻ 行く手を阻む大岩をくぐって通過し、岩肌を滑り落ちる10mナメ滝を快適に越える。

❼ この谷の見せ場である牛呼滝の前面に立つ。落水する岩壁に風洞があり、牛の鳴き声に似た音を出すことから名づけられた。左岸が直登できるが、右岸の泥壁から巻いてもよい。ロープ使用のこと。

❽ 二俣は下山に近い左俣の地蔵谷をとり遡上する。

❾ 3つの滝はそれぞれシャワークライミングで直登していける。

❿ 2条10mナメ滝を越えると、右から滝を懸けて枝谷が出合う。

⓫ 大ゴーロ帯となり、谷は傾斜を強める。

⓬ 樹林の美しいアスカベ平に出る。20分ほどもつめ上がれば柏木道に飛び出す。

吉野川水系
上多古川　**矢納谷**（や　のう）

初級 1級上／II
適期　4月中旬〜10月下旬
日程　1日（遡行4〜5時間）

大滝を直登しなければ難しくはなく、楽しく遡行できる

　矢納谷は柳谷とも呼ばれ、鳴川国有林の東の境界線にあたる谷で、本谷と同じくらい大きい流域をもつ。名だたる滝が数多く懸かり、最後は大峰主稜の竜ヶ岳へと突き上げている。技術的には大滝を直登しないかぎり難しい谷ではなく、シャワークライミングを交えて、初心者でも楽しく遡行できる谷である。なお、上多古川流域はアプローチもよく釣り人も多く入っているので、トラブルのないようにしたい。

・・・・・・・・・・・ **アプローチ** ・・・・・・・・・・・

　駐車地点から矢納谷出合まで徒歩約30分。

・・・・・・・・・・・ **下降ルート** ・・・・・・・・・・・

　上流の廊下を越えた先で、登り出た杣道をたどり矢納谷出合へと戻る。この道は左岸沿いに小屋跡まで下ったあと、右岸に転じて赤ナメクチキの滝の手前まで下り、再び左岸に渡り返して、今度は上部から下り

アクセス　行き・帰り：大和上市駅（タクシー約1時間10分、約31km）蛇谷付近
マイカー情報　西名阪道郡山ICから国道24号・169号で熊野方面へ向かい、北和田で右折して、上多古川に沿った林道に入る。近年林道が荒れていて、蛇谷出合くらいまでしか入れない。林道脇の幅員に駐車。
参考タイム　矢納谷出合（1時間）昇竜ノ滝（1時間10分）赤ナメクチキの滝（40分）コウリン滝（1時間15分）遡行終了点
標高差　600m（水平距離1.6km）
装備　基本装備
地図　洞川、弥山
温泉　ホテル杉の湯（水曜休）☎0746-52-0006

てくる踏み跡の続きを下る。不明瞭な箇所や桟道が朽ちた廃道なので、よく探して下ること。矢納谷出合まで約2時間。大峰主稜まで登りつめた場合は阿古滝道（不明瞭な箇所あり）を下り、矢納谷出合まで約3時間。

右／ナメ滝10mに続き赤ナメクチキの滝25mが美しく懸かる
左／昇竜ノ滝40mが高い岩壁を張り巡らせて懸かる

❺ 大釜の8m滝は泳げば突破できるが、奥はゴルジュなので左岸を高巻いてもよい。

❻ 名前のとおり岩盤が赤いチャート質で、左岸岩壁には空中から降り注ぐような30m滝が懸かり、左手には赤ナメクチキの滝が美しく懸かる。ここは左岸を高巻く。

❼ ゴーロ帯の岩の間を縫うように進むとコウリン滝25mが飛沫を上げる。右岸の岩溝の中の踏み跡を登り、枝尾根まで上がってトラバースして谷に戻る。

❽ 続く5m・13m滝は右岸を巻く。4mの滝2つは左岸を小さく巻き上がり、出口に懸かる2条5m滝は右岸を絡んで抜ける。

❾ 左岸から枝谷が入り、谷が浅くなった出合には朽ちた小屋の残骸が残る。

❿ 廊下を抜けると上流は小滝のみで、流木の堆積が多い。適当なところで遡行を打ち切り、左岸上部の杣道に出る。

❶ 左岸の杣道を伝い、矢納滝をやり過ごしたところから谷に下る。

❷ 岩間4mを右岸から巻き、次の8m滝は左岸を巻き登る。

❸ 右岸の壁が立ち、ゴーロの中に岩間の滝が数本懸かる。大岩をかわして進む。

❹ 昇竜ノ滝は天に向かう竜を連想させる。少し戻って左岸のルンゼから高巻き、2段15m滝の先で沢身に下る。

矢納谷

遡行：2006.11
作図：吉岡 章

N

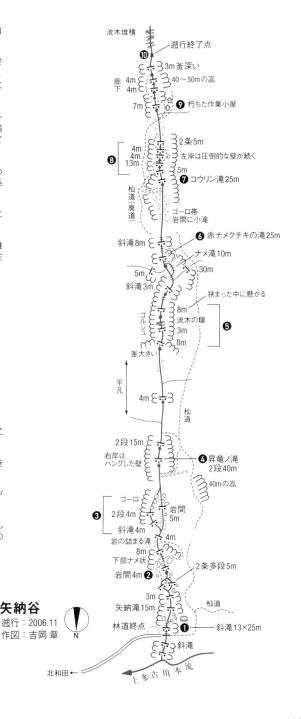

流木堆積
❿ 遡行終了点
3m釜深い
廊下 4m
4m 40～50mの高
7m 朽ちた作業小屋
2条5m
4m 左岸は圧倒的な壁が続く
❽ 4m
13m 5m
❼ コウリン滝25m
杣道（廃道）
ゴーロ帯 岩間に小滝
斜滝8m ❻ 赤ナメクチキの滝25m
ナメ滝10m
5m 30m
斜滝3m 狭まった中に懸かる
ゴルジュ 8m 流木の堰
3m ❺
8m
釜大きい
平凡
4m 杣道

2段15m
右岸はハングした壁 ❹ 昇竜ノ滝 2段40m
40mの高
ゴーロ 岩間5m
❸ 2段4m
斜滝4m
岩の詰まる滝
8m 4m
下部ナメ状
岩間4m ❷ 2条多段5m
3m 杣道
矢納滝15m
❶ 斜滝13×25m
林道終点
斜滝
北和田← 上多古川本流

北山川水系 小谷川（こたに）

初級 2級下／II＋
適期 5月上旬～10月下旬
日程 1日（遡行3.5～4.5時間）

中型のゴルジュを従え、滝も多くけっこう楽しめる渓谷

小谷川は、大峰山脈の東側、白川又川（しらこまた）のひとつ北端にあって、白川又川流域の華やかさの陰に隠れた小さな流域の谷である。しかし、いざ入渓してみると中型のゴルジュが3カ所あり、滝もまとまっていてけっこう楽しめる谷である。残念なことに、沢沿いに林道が敷設され、二俣で林道支線が横切っており、現在ではコクワ谷が出合う二俣までが遡行の対象となっている。車を使えば楽に入渓でき、下山は林道をたどるので、初級者を連れての滝登攀の講習にも最適だ。ただし、シーズンには釣り師の入渓もあるので注意。

なお、この谷はずいぶん昔、『岳人』（1977年7月号）の渓谷登攀シリーズIIで連載した渓谷のひとつである。

············ **アプローチ** ·············

駐車スペース手前の橋のたもとから入渓する。

············ **下降ルート** ·············

二俣で遡行を打ち切り、右岸の林道に上がり、林道を歩いて橋のたもとまで戻る。徒歩約1時間。バス利用の場合はバス停までさらに約20分。

アクセス　行き： 大和上市駅（タクシー約1時間40分、約48.7km）入渓点の橋　**帰り：** 上北山中学校前（R169ゆうゆうバス1時間36分〈土休日運行〉）大和上市駅、またはタクシー

マイカー情報　国道169号を熊野方面へ向かい、伯母峰トンネルを越え、上北山中学校先で右折して小谷川に沿った林道に入る。最初の橋を渡って少し行った先に駐車スペースがある。

参考タイム　入渓点の橋（50分）15m滝上（40分）くの字形13m滝（35分）45mナメ滝（20分）左岸からの大きい支谷出合（1時間10分）二俣

標高差　310m（水平距離1.6km）

装備　基本装備＋40mロープ

地図　弥山、釈迦ヶ岳

温泉　薬師湯（第1・3火・水曜休）☎07468-3-0001

全長45mのナメ滝を快適に登る

小滝に続いて8mの美瀑が懸かる

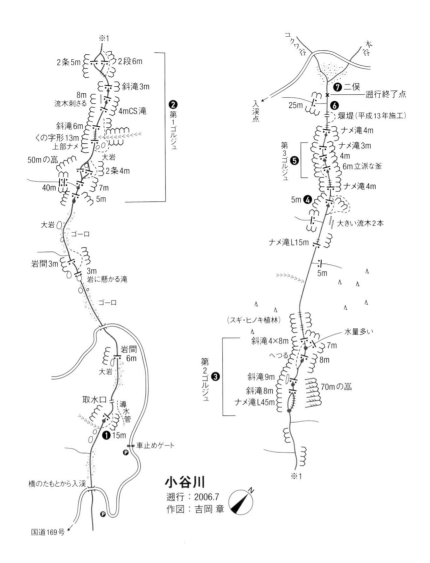

※1

2条5m　　2段6m
斜滝3m
8m
流木刺さる　4mCS滝
斜滝6m
くの字形13m
上部ナメ
50mの嵓　　大岩
2条4m
40m　　7m
5m

第1ゴルジュ ❷

大岩　　ゴーロ

岩間3m
3m
岩に懸かる滝
ゴーロ

岩間
6m
大岩

取水口　導水管
❶15m
車止めゲート
P

橋のたもとから入渓

P
国道169号

小谷川

遡行：2006.7
作図：吉岡 章

コクワ谷　　本谷

❼二俣
❻　遡行終了点
25m
入渓点
堰堤（平成13年施工）

ナメ滝4m
ナメ滝3m
4m
6m立派な釜
ナメ滝4m

第3ゴルジュ ❺

5m ❹
大きい流木2本

ナメ滝L15m

5m

（スギ・ヒノキ植林）
水量多い
斜滝4×8m　　7m
へつる
8m

斜滝9m
斜滝8m　　70mの嵓
ナメ滝L45m

第2ゴルジュ ❸

※1

---

❶ 最初の15m滝は右側が直登できる。初級者にはロープが必要。水量が多いと難しい。

❷ 第1ゴルジュ入口の5m・7m滝は右の階段状の壁を登る。2条4m滝は右を登って大岩の横に出る。すぐ上のくの字滝に阻まれ、左岸を巻いて6m斜滝の上に下り立つ。流木の刺さった8m滝は釜を徒渉し左コーナーのガリーを直上。不安な場合はロープで確保する。続く3m斜滝と2段6m滝をシャワーを浴びてこなすとゴルジュは終わる。

❸ 第2ゴルジュ。左岸の岩壁は70mはあり、下に全長45mのナメ滝が勢いよく滑り落ちる。左から取り付いて途中で流れを横切り、苔むした岩肌をフリクションを利かせて登る。初級者は状況に応じてロープなどで安全確保を。斜滝2つを快適に越え、美しい釜の8m滝は右岸の水際をトラバースして草付を直登。4×8m斜滝も容易に越せる。

❹ 立派な釜を従えた5mの美瀑は左岸を巻く。右側のラインが直登できるが初級者は無理。

❺ 6m、4m、3mナメ滝は快適にこなせる。不安な場合はロープを出すこと。

❻ 堰堤を右から越えると右岸に25m滝を懸けた枝谷が入る。

❼ 二俣となり、左からコクワ谷が流入する。出合のすぐ先を林道が横切り、周囲は荒れている。ここで遡行終了。

白川又川本谷（奥剣又谷）

北山川
水系

しらこまた（おくつるぎまた）

上級	3級下／Ⅳ
適期	5月下旬～9月下旬
日程	2日（遡行11～12時間）

大渓谷に不可欠な道具立てがそろった大峰の秀渓

白川又川の本流は、奥剣又谷となって近畿の最高峰・八経ヶ岳に突き上げている。流域は長く、数多くの滝と瀞や釜、淵といった渓谷に不可欠な道具立てがそろった大峰でも屈指の渓谷で、明るく美しい流れが果てしなく続く。真夏でも水温が低く、泳ぎを主体とする遡行ではウエットスーツの着用が望ましい。源流はルンゼとなり高い嵓に阻まれるので、適当なところで左の斜面に逃げて八経ヶ岳に登りつめればよい。

白川又川流域では死亡事故が数件起きており、入念な準備のもと入渓すること。

················ **アプローチ** ················

登山道を1時間15分ほどで弁天ノ森に至る。ここから南東へ火吹谷と水晶谷との分水尾根を下り、白川又川本流に下り立つ（約3時間）。または林道小谷線の途中から大桃山に登り、東の尾根を越えて本流中ほどのフジノトコに下り着く（約2時間30分）。なお白川又川林道はゲートがあり、茗荷谷より先は通行止め。

アクセス 行き：下市口駅（奈良交通バス55分）天川川合（タクシー約30分、約14.3km）行者還トンネル西口 **帰り：**天川川合（奈良交通バス55分）下市口駅

マイカー情報 西名阪道郡山ICから国道24号・169号と走り、下市口から国道309号に入り行者還トンネル西口へ。有料駐車場1日1000円。

参考タイム フジノトコ（2時間）火吹谷出合（2時間30分）水晶谷出合（1時間30分）口剣又谷出合（1時間30分）二俣（1時間20分）奥の二俣（40分）12m滝（1時間30分）八経ヶ岳

標高差 1325m（水平距離5.7km）

装備 基本装備＋登攀具、40mロープ、宿泊用具 **地図** 釈迦ヶ岳、弥山

温泉 天の川温泉センター（火曜休）☎0747-63-0333

················ **下降ルート** ················

八経ヶ岳から弥山に登り返し、聖宝ノ宿跡を経て行者還トンネル西口へ、約1時間45分。交通機関利用の場合は狼平を経て川合道を下り天川川合へ、約4時間30分。

長淵40m。通常は左岸を巻いて通過

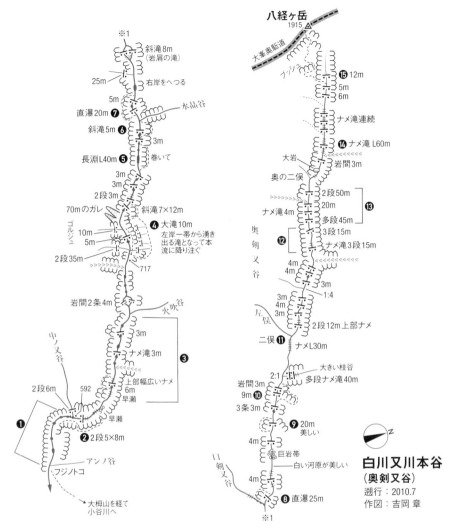

八経ヶ岳
1915
大峯奥駈道

⑮ 12m
5m
6m
ナメ滝連続
⑭ ナメ滝 L60m
岩間 3m
大岩
奥の二俣
2段 50m
20m   ⑬
多段45m
3段 15m
⑫
ナメ滝 3段 15m
4m
4m
3m
1:4
3m
4m
3m
2段 12m 上部ナメ
二俣 ⑪
ナメ L30m
2:1   大きい枝谷
岩間 3m   多段ナメ滝 40m
9m ⑩
3条 3m
⑨ 20m
美しい
4m
巨岩帯
白い河原が美しい
4m
⑧ 直瀑 25m
※1

奥剣又谷
左俣
口剣又谷

斜滝8m
（岩屑の滝）
※1
25m
右岸をへつる
5m
直瀑20m ⑦   水晶谷
斜滝5m ⑥
3m
長淵L40m ⑤
巻いて
3m
3m
2段 3m
70mのガレ   斜滝7×12m
ゴルジュ 10m
5m   大滝10m ④
2段 35m   左岸一帯から湧き
717   出る滝となって本
流に降り注ぐ
岩間2条4m   火吹谷
3m
ナメ滝 3m   ③
上部幅広いナメ
6m
早瀬
中ノ又谷
2段 6m   592
① 早瀬
② 2段 5×8m
アンノ谷
フジノトコ
大桝山を経て
小谷川へ

白川又川本谷
（奥剣又谷）
遡行：2010.7
作図：吉岡 章

❶ フジノトコから中ノ又谷出合までは、腰までの徒渉を数回強いられる。

❷ 本流に2段5×8mの滝を懸ける。左岸を回り込んで早瀬の上に抜ける。

❸ 火吹谷出合までは急流の徒渉にロープを使用するなど、けっこう時間がかかる。途中の6m滝は右岸を高巻く。

❹ 大滝周辺の景観は圧巻。通常は左岸を高巻き7×12m斜滝の上に下りる。沢通しの突破は難しく上級者向き。

❺ 長淵は通常左岸を巻いて通過する。泳いでの突破は上級者向きでロープを使用。

❻ 水晶谷出合手前の5m斜滝は左岸を高巻く。

❼ 20m直瀑は右岸を高巻くが、左岸も巻ける。

❽ 口剣又谷出合の25m直瀑は右岸を巻く。1日目はこのあたりで泊となるだろう。

❾ 奥剣又谷に入ると流れが急変して20m滝が飛沫を上げる。右岸を巻く。

❿ 9m滝の直登は無理で、左岸を巻いて岩間3m滝の上に下り立つ。

⓫ 二俣は右俣に入るが、左俣もおもしろい。

⓬ 3段15mナメ滝と上流に懸かる3段15m滝は滝身が直登できるが、高巻きもできる。決して無理をしないこと。

⓭ 多段45m、20m、2段50m滝は滝身が直登できるが、必ずロープで確保して登る。不安な場合はピトンを打って安全を期したい。

⓮ 全長60mのナメ滝は快適にこなせる。

⓯ 傾斜の増すなかを進むと12m滝で行き詰まるので、右岸の斜面に逃げて八経ヶ岳をめざす。途中で岩壁に阻まれたら基部を絡めて登ればよい。

北山川水系
白川又川　**岩屋谷**（いわや）

中級	2級上／Ⅲ＋
適期	5月中旬～10月下旬
日程	2日（遡行7～8時間）

対岸の白川集落からも眺められる大峰随一の巨瀑に接見

　岩屋谷は白川又川の支流のうち最初に右岸から入る谷で、昔から知られた名渓のひとつである。岩屋の大滝と呼ばれる雄滝は落差が130mもあり、その雄姿は対岸の白川の集落からも眺められる。雄滝の少し下流にも雌滝70mが懸かり、この滝もすばらしい。ほかにも岩壁が大きく発達したなかに多くの滝と廊下が続き、流れと岩石の配置、繁茂した樹林とのコントラストが見事で、名渓の神髄をいかんなく発揮している。雄滝の上流は穏やかな流れとなり変化に乏しいので、通常は雄滝で遡行を打ち切り、右岸から小峠山へ延びる稜線に出る。雄滝から遡上を続けて1477.6m峰につめ上がるには3時間を要する。アプローチがよいことから釣り師の入渓もある谷だ。

················· **アプローチ** ·················

　白川バス停から岩屋谷橋まで徒歩約25分。岩屋谷に沿った林道を歩き、林道終点から入渓する。

アクセス　行き・帰り：大和上市駅（R169ゆうゆうバス1時間50分〈土休日運行〉）白川
マイカー情報　国道169号を熊野方面へ向かい、河合の集落を過ぎた白川橋を渡ったところで、右折して白川又川林道に入る。最初に左から入る谷が岩屋谷で、橋を渡り岩屋谷に沿った荒れた林道のガレの手前あたりに駐車スペースがある。
参考タイム　岩屋谷橋（50分）斜滝5×8m（2時間）45m滝（2時間15分）二俣（1時間）雌滝直下（1時間10分）雄滝直下（40分）稜線
標高差　740m（水平距離2.5km）
装備　基本装備＋40mロープ、宿泊用具
地図　釈迦ヶ岳
温泉　薬師湯（第1・3火・水曜休）☎07468-3-0001

················· **下降ルート** ·················

　稜線に出て、小峠山へと延びる尾根筋をたどる。小峠山で東へ延びる支尾根を下降して、P675で左に折れて枝尾根を下り岩屋谷橋に出る。稜線から約3時間20分。

右／雌滝手前の小滝の淵はへつりで通過していく
左／白川の集落からも眺められる雄滝130m

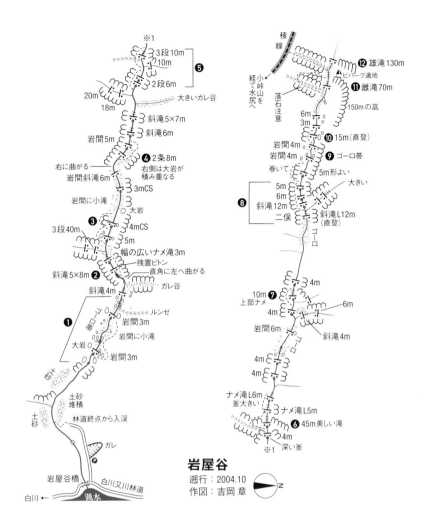

岩屋谷

遡行：2004.10
作図：吉岡 章

❶ゴーロ帯の中はほぼ左岸通しに遡り、いくつかの小滝を越えていく。

❷高い壁に囲まれた5×8m斜滝は、胸まで釜に入り、左岸のピトンのあるバンドを伝い滝頭に出る。左岸を巻くこともできる。

❸5m滝と上に続くCS滝は左から巻く。

❹2条8m滝は右側から越えていくが、ショルダーや補助ロープが必要な箇所もある。

❺2段6mと3段10m滝は左側が登れる。

❻45m滝は左のルンゼから巻く。ルンゼの出だしが厳しく滑りやすいので要注意。ブッシュ沿いに滝の左側を斜上して抜ける。

❼美しい10m滝は左側を木の根をつかんで登る。

❽斜滝L12mはフリクションを利かせて直登。二俣となり、本谷に懸かる12m斜滝は左側を直登。続く6m、5m滝は左側が直登できるが高巻くこともできる。

❾ゴーロ帯はトップがショルダーで登り、後続はロープで引き上げる。

❿大岩を従えた15m滝は左から直登できるが、自信がなければ高巻くこと。

⓫雌滝は右岸のルンゼから大きく巻くが、浮き石も多く落石には特に注意したい。

⓬雄滝がすっきりした岩壁の中に懸かる。右岸のルンゼを登攀して小峠山に通じる稜線に出て遡行を終了する。

北山川水系 白川又川 茗荷谷（みょうが）

中流域に壮絶なゴルジュを横たえる険谷

中・上級	3級下／Ⅲ＋
適期	5月上旬～10月下旬
日程	2日（遡行7.5～8.5時間）

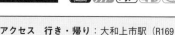

　十郎山から流れ出る茗荷谷（明芽谷）は、流程は短いが険悪な形相の谷で遡行は難しい。出合からしばらく続く秀麗な斜滝は実に美しく気品がある。それが終わると悪絶なゴルジュとなる。入口から全部突破しようとすれば、かなりのボルト、ピトンが必要となるが、本ガイドではゴルジュの悪い部分を避け、後半の比較的やさしい箇所を登る。二俣から右俣に入ると35mの大滝が懸かり、さらに源流で2本の谷に枝分かれするが、右俣、左俣ともにおもしろく、沢慣れた人ならば左俣谷もセットで楽しむことができる。つめ上げた十郎山からの下山路は踏み跡程度で読図力を要求される。

　この谷のゴルジュでは2010年に死亡事故も起きており、沢登りの経験を充分積んだパーティで入渓してほしい。

················· **アプローチ** ·················

　白川バス停から出合の橋まで徒歩約40分。

················ **下降ルート** ·················

　十郎山から、茗荷谷と十郎谷との間の尾根を踏み跡に従って下る。独標1082m手前からモノレールが出てくるので、それに沿って下っていけば、茗荷谷のひとつ上流の小谷付近の林道に出る。十郎山から茗荷谷出合まで約2時間10分。

アクセス　行き・帰り：大和上市駅（R169ゆうゆうバス1時間50分〈土休日運行〉）白川

マイカー情報　国道169号を熊野方面へ向かい、河合の集落を過ぎた白川橋を渡ったところで、右折して白川又川林道に入る。岩屋谷の先の左から入る谷が茗荷谷で、車止めゲートがあり、付近に駐車できる。

参考タイム　茗荷谷出合（1時間）15m滝（50分）大ゴルジュ入口（2時間）ゴルジュ終了（40分）二俣（20分）35m滝（1時間）奥の二俣（2時間）十郎山

標高差　929m（水平距離3.7km）

装備　基本装備＋40mロープ、宿泊用具

地図　釈迦ヶ岳

温泉　薬師湯（第1・3火・水曜休）☎07468-3-0001

この谷最大の35mの滝が飛沫を上げる

35m滝上流の流れを徒渉して通過

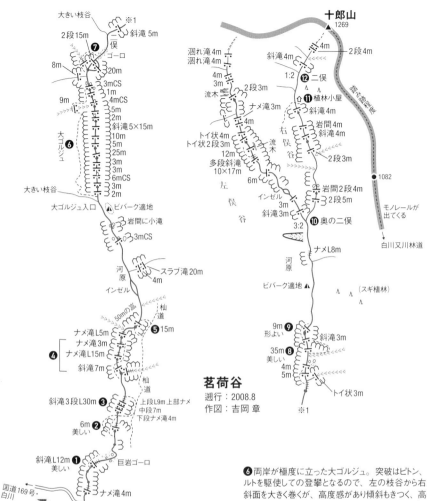

茗荷谷

遡行：2008.8
作図：吉岡 章

❶ 美しい斜滝とナメは左側を登る。

❷ 美しい6m滝は右岸の水際が直登できるが、自信がなければ右岸を高巻く。

❸ 3連瀑の直登は難しく、左岸を高巻く。

❹ 斜滝7mは左手をへつり、上に続くナメ滝2つは左岸水際が直登できるが、ロープで確保したい。左岸を巻くこともできる。

❺ 右岸は50mの冨が立ち、立派な釜を従えた15mの滝が懸かる。左岸を巻く。

❻ 両岸が極度に立った大ゴルジュ。突破はピトン、ボルトを駆使しての登攀となるので、左の枝谷から右岸斜面を大きく巻くが、高度感があり傾斜もきつく、高巻きのルート取りが試される。危険を感じたらロープを出して安全を期すこと。右岸ルンゼに懸かる9m滝を渡ったところからゴルジュに下り、3mCS滝の前に下り立つ。

❼ 右岸から滝を懸けたルンゼが出合い、本谷にも2本の滝が懸かる。ルンゼを滝の高さまで登り、2段15m滝をやり過ごしたあたりからロープを使って沢身に降り立つ。

❽ 35m滝は右のルンゼから高巻く。

❾ 9m滝はロープを使用し右岸を小さく巻く。

❿ 通常は奥の二俣あたりで泊となるだろう。時間が許せば左俣谷をつめ上がったほうが滝も多くおもしろい。

⓫ 右俣谷に入り30分ほどで植林小屋がある。

⓬ 最後の二俣は右をとり、傾斜の強まるなかをあえぎ登ると十郎山の山頂に飛び出す。

北山川水系　白川又川　火吹谷（ひふき）

中級	2級上／Ⅲ＋
適期	5月中旬～10月中旬
日程	2日（遡行9～10時間）

白川又川流域中、最も顕著な岩壁をもつ中級者向きの谷

　白川又川の支流のなかでも顕著な岩記号をもつ谷として知られる火吹谷は、中流域に60mの大滝をはじめ、いくつかの連瀑で構成された一大ゴルジュを秘める。大峰主稜線の弁天ノ森～一ノ垰間の南斜面の水を集め3本の谷に分かち合う。核心部は大滝を中心とする一大ゴルジュで、高巻き、懸垂下降、ロープを使った登攀など、沢登りの技術を使う場所が随所に出てくる。特に滝の登攀に関しては残置支点もなく、ピトンを打ちながら登る滝もある。また、白川又川本谷同様、真夏でも水温が低く、泳ぎを強いられる遡行では防寒対策を万全に。

　この谷の初遡行は、1968年8月、当時大阪わらじの会の代表であった中庄谷・国頭のパーティによって行なわれた。

･･････････････ アプローチ ･･････････････

　登山道を1時間15分ほどで弁天ノ森に至る。ここから南東へ、火吹谷と水晶谷との分水尾根を下り、火吹谷出合に下り立つ

アクセス　行き・帰り：下市口駅（奈良交通バス55分）天川川合（タクシー約30分、約14.3km）行者還トンネル西口
マイカー情報　西名阪道郡山ICから国道24号・169号を走り、下市口から国道309号に入り行者還トンネル西口へ。有料駐車場（1日1000円）あり。郡山ICから約80km。
参考タイム　火吹谷出合（1時間10分）5mCS滝（2時間）大滝（3時間20分）12m滝（35分）二ノ谷出合（50分）ひときわ目立つ大岩（40分）奥の二俣（50分）大峰主稜
標高差　815m（水平距離2.9km）
装備　基本装備＋登攀具、50mロープ、宿泊用具
地図　釈迦ヶ岳、弥山
温泉　天の川温泉センター（火曜休）☎0747-63-0333

（約3時間）。なお白川又川林道はゲートがあり、茗荷谷より先は一般車両通行止め。

･･････････････ 下降ルート ･･････････････

　行者還トンネル西口へ下る。約45分。

右／60mの大滝に圧倒される
左／形のよい18mの滝

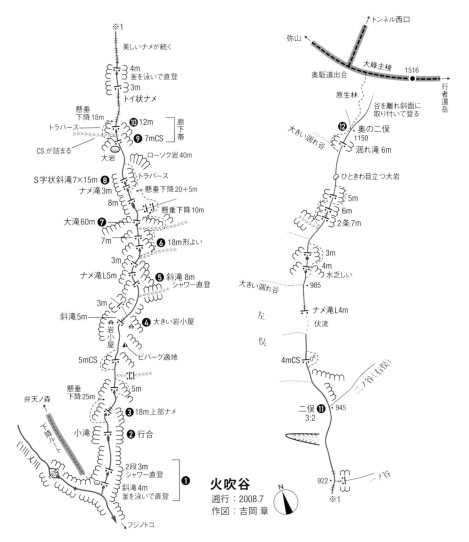

火吹谷

遡行：2008.7
作図：吉岡 章

❶ 4m斜滝は釜を泳いで突破し、2段 3m滝はシャワーを浴びて直登。高巻き は左岸から。

❷ 両岸の岩壁が触れ合うほどに狭まっ た行合（いきあい）という谷地形。中 に小滝を懸けるが、釜は土砂で埋まり、 腰までの徒渉で通過していける。

❸ 18m滝は右岸を高巻き、落ち口へ 懸垂下降。

❹ 左岸に4～5人泊まれる岩小屋があ るが、湿っぽいのが難点。右岸にも小 さい岩小屋があり、2～3人なら入れる 広さだ。

❺ 8m斜滝はまともに流水を浴びての登 攀となる。困難なら無理せず高巻くこと。

❻ 18m滝が美しく懸かる。上流の7m 滝とともに左岸から巻いて大滝の前面 に下りる。

❼ 大滝が絶壁から瀑水を落下させ壮観。 高巻きは左岸に入るガリーを登り、岩 場の弱点を縫い獣道を拾ってバンドをト ラバース、支谷に懸かる2段目の滝の 頭に懸垂で降り、上段の滝を登って支 谷を横切り、さらに上流の8m滝もやり 過ごして懸垂で沢身に下る。

❽ 3mナメ滝とS字状斜滝の直登は難し

く、右手をトラバース気味に登って滝の 頭に出る。左岸にはローソク岩が立っ ている。

❾ 廊下帯に懸かるCS滝は左手が登れ るが、岩肌がぬめっていやらしいので 要注意。

❿ 12m滝は右岸のガリーから巻き登る。

⓫ 二俣で二ノ谷が右から流入する。左 俣をとるが、二ノ谷を遡行してもおもし ろい。

⓬ 奥の二俣から谷筋を離れ、斜面に取 り付いて大峰主稜へと飛び出す。

033

北山川
水系
前鬼川本谷（孔雀又谷）
ぜんき　　　　　　　　くじゃくまた

中級 2級下／II＋
適期 4月下旬〜11月上旬
日程 2日（遡行6.5〜7.5時間）

2段10mの滝と、一枚岩の上を流れ下るナメに魅了される

前鬼川は池郷川、白川又川と並ぶ大峰東面屈指の渓谷で、『日本の滝百選』に選定された不動七重ノ滝がとりわけ有名だ。前鬼林道が通じている現在でも、黒谷から孔雀又までの中流域は、昔のよさがそのまま温存されていて、美しい水の流れは「前鬼ブルー」と呼ばれ、訪れる人を魅了する。近年ではキャニオニングを楽しむ人に人気があり、夏のシーズンには多くの人でにぎわいを見せる。源流部は水量が少なく、各谷は涸れ谷と化すが、唯一、孔雀又谷が遡行の対象となり、林立する岩峰群を仰ぎながら、全谷を通して稜線までつめ上がれば、満足いくこと請け合いである。技術的には難しい箇所はなく、深山の雰囲気も満喫できる。日帰りの場合は孔雀又あたりで遡行を打ち切り引き返せばよい。

⋯⋯⋯⋯⋯ アプローチ ⋯⋯⋯⋯⋯

バス利用の場合は、前鬼林道を黒谷吊橋まで歩く。約3時間。

⋯⋯⋯⋯⋯ 下降ルート ⋯⋯⋯⋯⋯

大峰主稜の奥駈道に出たあとは南へと縦走して、釈迦ヶ岳の山頂を踏み、太古ノ辻から前鬼を経て黒谷吊橋へと下山する。5〜6時間。

アクセス　行き・帰り：大和上市駅（R169ゆうゆうバス2時間10分〈土休日運行〉）前鬼口、または大和上市駅（タクシー約2時間30分、約68km）黒谷吊橋　※バス利用の場合、3泊4日になる可能性が高い
マイカー情報　国道169号を熊野方面へと南進し、河合を経て前鬼口で右折して前鬼林道に入る。途中、不動七重ノ滝を俯瞰し、黒谷吊橋の車止めゲート付近の広場に駐車する。大阪から約4時間。
参考タイム　黒谷吊橋（2時間）深仙股谷出合（1時間30分）アメシ谷出合（2時間）石門上流（1時間20分）稜線（20分）大峯奥駈道　標高差　1050m（水平距離4.9km）
装備　基本装備＋宿泊用具
地図　釈迦ヶ岳
温泉　薬師湯（第1・3火・水曜休）☎07468-3-0001

三重滝を懸ける滝谷が右から出合う

前鬼裏行場三重滝のひとつ、千手滝50m

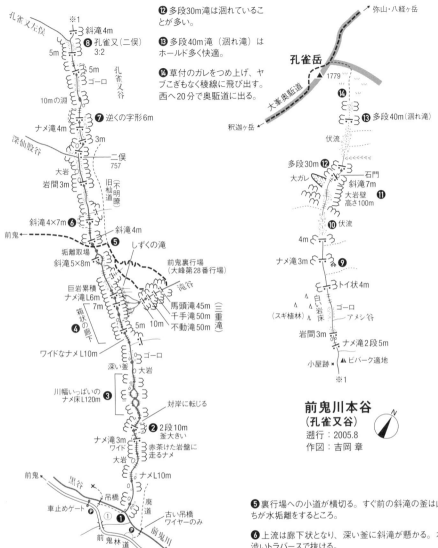

⑫ 多段30m滝は涸れていることが多い。

⑬ 多段40m滝（涸れ滝）はホールド多く快適。

⑭ 草付のガレをつめ上げ、ヤブこぎもなく稜線に飛び出す。西へ20分で奥駈道に出る。

前鬼川本谷
（孔雀又谷）

遡行：2005.8
作図：吉岡 章

❶ 黒谷を下降し本流に出る。

❷ 2段10m滝の釜は大きくコバルトブルーの水が美しい。左岸を登り滝の頭で対岸に飛び移るが、お助けひもで確保。

❸ 川幅いっぱいに広がったナメが120m余り続く。この谷一番の見せ場である。

❹ 箱状の廊下を横たえ5m滝を懸ける。左岸からは滝谷がシャワーとなって注ぎ、どんづまりには7m滝が飛沫を上げている。谷通しに進めず、左岸を巻いて上流へ。

❺ 裏行場への小道が横切る。すぐ前の斜滝の釜は山伏たちが水垢離をするところ。

❻ 上流は廊下状となり、深い釜に斜滝が懸かる。右岸を渋いトラバースで抜ける。

❼ 逆くの字形6m滝は左から巻く。

❽ 二俣（孔雀又）。日帰りの場合はこのあたりまでが1日の行程となる。

❾ 右手に大きな岩小屋があり、3～4人なら泊まれる広さがある。

❿ 伏流となり周囲に岩峰群が林立する。

⓫ 右手頭上にヨセミテのハーフドームを思わせるような大岩壁を仰ぐ。大きなCSを従えた石門の下に7m斜滝が懸かる。フリクションを利かせて直登できるが、ロープを出して安全を期したい。

北山川水系 池郷川本谷 <small>いけごう</small>

美しいナメと小滝に迎えられる初級向きの楽しい谷

初級 1級上／Ⅱ
適期 4月下旬〜11月上旬
日程 2日（遡行5.5〜6.5時間）

　石楠花岳と涅槃岳を結ぶ大峰主稜線の東側に広大な面積で広がる池郷川本谷流域は、明るい岩床に美しいナメを走らせ、訪れる人を魅了する。本来ならば本流を池原から全部通して遡行すれば最高だが、石や塔から横手小屋谷までのゴルジュは北山川筋では屈指のもので、その突破には泳ぎに加えボルトとピトンの連打となる悪渓である。ここでは本谷ゴルジュの上からの遡行を紹介する。終了点の天狗山からの下山が長く1泊2日を要するが、技術的には難しい箇所はなく、心ゆくまでナメと小滝の美渓を楽しめる。また、大峰主稜線にはシャクナゲやシロヤシオが多く、花期を見計らって入渓すればより充実した遡行となる。

・・・・・・・・・ アプローチ ・・・・・・・・・

　池原から車止めゲートまで徒歩約3時間。ゲートから山道をたどり、大又谷を渡って横手小屋谷出合から下降し本谷に下り立つ。約1時間10分。

アクセス　行き・帰り：大和上市駅（R169ゆうゆうバス2時間20分〈土休日運行〉）池原、または大和上市駅（タクシー約2時間35分、約71km）白谷池郷林道ゲート
※距離が長すぎるため、適していない
マイカー情報　国道169号を熊野方面へと南進し、河合を経て池原で右折して、白谷池郷林道に入り車止めゲートまで。大阪から約4.5時間。
参考タイム　横手小屋谷出合（1時間）正法寺谷出合（1時間45分）ヒコヤ谷出合（50分）小池ノ宿跡（1時間15分）三俣（50分）天狗山北肩稜線
標高差　860m（水平距離5.4km）
装備　基本装備＋宿泊用具
地図　池原、釈迦ヶ岳
温泉　きなりの湯（火曜休）☎07468-5-2001

・・・・・・・・・ 下降ルート ・・・・・・・・・

　大峯南奥駈道を南下し、地蔵岳、涅槃岳を越えて持経ノ宿へ約3時間30分。白谷池郷林道を歩いて車止めゲートへ戻る。約1時間15分。

白い花崗岩の岩床にはナメが走り美しい景観を見せる

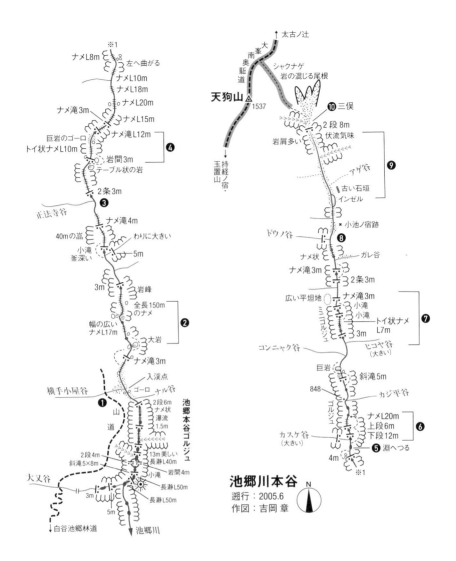

池郷川本谷
遡行：2005.6
作図：吉岡 章

N

❶山道をたどり、横手小屋谷の出合から本谷へと下降して入渓する。

❷大岩を右から巻くと、L17mナメに続いて全長150mのナメが美しい景観を見せる。

❸正法寺谷が豊かな水量で流入。出合には小さな岩小屋もあり、ビバークにはよいところだ。

❹岩間3m滝を右から越えると、トイ状ナメの上に巨岩のゴーロがあって、L12mナメ滝で谷は右へ大きく曲がる。

❺深い淵は右岸をへつりで進むが、出口では腰まで浸かっての突破となる。

❻カスケ谷出合の堂々とした12m滝は右手のクラックを直上。続く6m滝はそのまま左岸を伝い、立ち木を支点に懸垂で降り立つ。

❼ヒコヤ谷を見送ると、小滝を4つほど有したミニゴルジュがあるが、容易に通過できる。

❽ドウノ谷出合の先、左岸台地に小池ノ宿跡がひっそりとある。西行法師が大峰修行のとき「いかにして梢のひまを求めえて 小池に今宵月のすむらむ」と詠んだ所。

❾上流はたんたんとした河原歩きとなる。

❿2段8m滝を越えると三俣。中央のガレを登り、途中から尾根に逃げてシャクナゲのヤブをこいで登りつめると稜線に出る。

037

北山川水系 池郷川 小又谷（こまた）

中・上級	3級／Ⅳ
適期	6月上旬〜10月中旬
日程	1日（遡行5.5〜7時間）

へつり、登攀、泳ぎを堪能させてくれるグレードの高い谷

　大峰主稜の転法輪岳や平治ノ宿あたりの峰に囲まれた小又谷は、池郷川の数ある支流のうちでは最大の流域をもち、石堂谷（いしどう）とも呼ばれる。付近一帯は古くからスギ、ヒノキの植林が進み、それが伐採時期に入ったためか、近年、林道が山腹に敷設されるとともに堰堤ができ、いくぶん谷筋が荒れてしまった。それでも険しく刻まれた廊下は健在で、数多くの滝と淵との連続にへつり、登攀、泳ぎと充分堪能させてくれる。技術的に難しい滝場もあり、中級以上の足のそろったパーティで入渓してほしい。

　マイカー利用で前夜発日帰り。バス・タクシーでのアクセスは不便だ。

アクセス　行き・帰り：大和上市駅（タクシー約2時間10分、約65km）小又谷橋
※距離が長すぎるため、適していない

マイカー情報　国道169号を熊野方面へと南進し、河合を経て、池原で右折して白谷池郷林道に入り、小又谷橋のたもとに駐車する。

参考タイム　取水口（40分）3つ目の堰堤（1時間）10m滝（40分）2段30m滝（45分）2段40m滝（1時間10分）クワノキ谷出合（1時間30分）支尾根

標高差　860m（水平距離4.7km）

装備　基本装備＋40mロープ、登攀具

地図　池原

温泉　きなりの湯（火曜休）☎07468-5-2001

·········· アプローチ ··········

　左岸の取水口への巡視道をたどり、アメ止メの滝を足元に見て、すぐ先の堰堤を越えた地点から入渓する。徒歩10分。

·········· 下降ルート ··········

　支尾根に出たあとは、北側の斜面を20分も下れば白谷池郷林道に出る。それを下り小又谷橋まで約2時間15分。

右／廊下の中に懸かる15m滝。右岸を大きく巻く
左／薄暗い廊下を泳ぐ。上流は斜滝4×7m

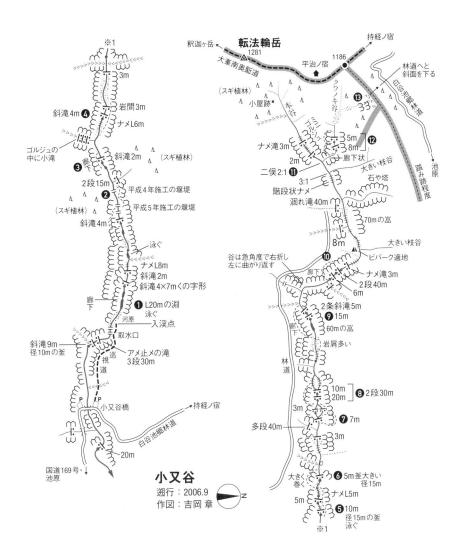

小又谷

遡行：2006.9
作図：吉岡 章

❶長さ20mの淵が横たわる最初の廊下は、2度の泳ぎで突破する。右岸を巻いてもよい。

❷堰堤が続き、3つ目は右から越える。

❸2つ目の廊下は暗い。腰まで水をこいで進み、中ほどの斜滝を越える。

❹4m斜滝は左岸の岩棚を伝って越える。

❺大釜をもつ10m滝は、釜を泳いで滝の右側を直登するが、ホールドが乏しく要注意。残置ロープはよく確かめて使うこと。

❻大釜を従えた5m滝は右岸を巻く。

❼7m滝は左岸を巻く。右岸高みに林道が見える。

❽2段30m滝が堂々と飛散する。少し戻って右岸の壁から高巻いて滝上に下り立つ。

❾谷幅が4mと狭まった廊下で、奥に岩盤を離れて一気に水流を落とす15m滝が懸かる。この悪場も右岸を巻いて上流へ下り立つ。

❿6m滝に続いて2段40mの優美な滝が懸かる。6m滝の手前から右岸を大きく巻く。

⓫二俣に着く。本谷は左だが、右のクワノキ谷をとったほうが時間を短縮できる。

⓬8m滝と5m滝の2連瀑。右岸を巻き登る。

⓭右に入る涸れ谷をとって登り、勾配の強まるガレ場を攀じて支尾根に出る。下山は北側の斜面を池郷林道めざして下降する。

北山川水系 池郷川 冬小屋谷 （ふゆごや）

中・上級　3級／Ⅲ＋
適期　5月下旬〜10月下旬
日程　2日（遡行8〜10時間）

息もつかせぬ滝場の連続、中級者のレベルアップに最適

　黒谷峠の南の独標1274mに源を発し、池郷川の取水口付近に入る一大支流で、ゴルジュがよく発達したなかに滝また滝と息もつかせぬくらいに出てきて、まったく対応にいとまのないほどだ。遡行中は泳ぎ、へつり、高巻き、懸垂下降、登攀と沢登りの技術を使う箇所が随所に現われる。中級者が上級へのレベルアップをめざすにはうってつけの沢である。中流部に出てくる八丁河原は、ほっとひと息つけるところで、テント場にも恵まれている。注意点は、マムシが多いのと、前鬼林道へと下る山道は廃道と化し、下山路の選択が難しくなっている。マイカー利用で1台を下山口に回送しておけば、1泊2日の日程で行ける。

アクセス　行き：大和上市駅（R169ゆうゆうバス2時間20分〈土休日運行〉）池原　**帰り**：前鬼口（R169ゆうゆうバス1時間57分〈土休日運行〉）大和上市駅　**マイカー情報**　国道169号を熊野方面へと南進し、河合を経て、池原で右折して白谷池郷林道に入り、取水口の巡視道入口付近に駐車する。　**参考タイム**　冬小屋谷出合（1時間30分）美しい17m滝（1時間）くの字形ナメ滝（2時間）八丁河原（1時間20分）二俣（1時間10分）三俣（55分）最後の10m滝（25分）1274m峰東肩稜線　**標高差**　770m（水平距離4.4km）　**装備**　基本装備＋登攀具、40mロープ、宿泊用具　**地図**　池原　**温泉**　きなりの湯（火曜休）☎07468-5-2001

·········· **アプローチ** ··········
　池原から林道を約1時間30分で巡視道入口。巡視道を下って池郷川本流に下り立ち、冬小屋谷の出合に至る。徒歩約40分。

·········· **下降ルート** ··········
　東へ尾根筋をたどり、1016m独標を経由して、地形図の破線路をたどって前鬼林道334m地点へと下山する。約3時間。

2段7mの滝は水際が直登できる

長淵は泳いで突破し、出口のナメ滝を登る

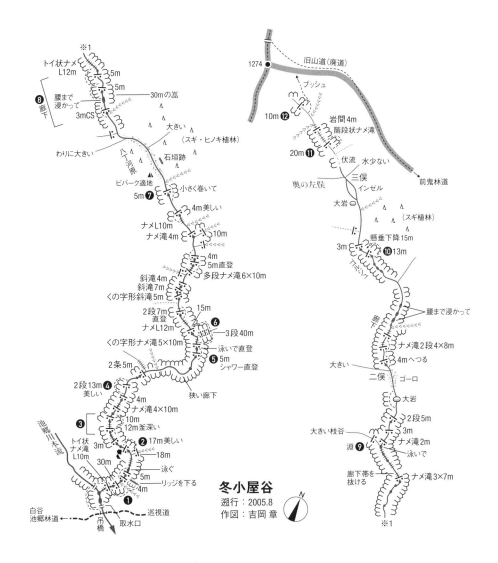

冬小屋谷

遡行：2005.8
作図：吉岡 章

❶ 出合に懸かるトイ状ナメ滝は右岸を小さく巻く。次の30m大滝はまったく手が出ず、左岸を大きく巻き、リッジを下って上流へ抜けるが、ルート取りが難しい。

❷ 美しい17m滝は左岸を高巻く。

❸ 深い釜をもった12m滝と10m滝の2連瀑。ともに左岸を巻くが、ロープ使用のこと。

❹ 2段13m滝は右岸を高巻く。

❺ 5m滝はシャワーを浴びて滝身を直登。次のナメ滝は空身で釜を泳ぎ右手を登

るが手ごわく、ピトンを打ち足しての登攀となる。

❻ 15m滝は少し戻って左岸枝谷に懸かる滝の頭を越えて高巻く。

❼ 陰気な5m滝を小さく巻くと、上流は平流となり八丁河原に着く。幕営には好適地。

❽ 廊下帯に入る。3mCS滝は左手から直上し、後続にはお助けひもを出す。次の淵は腰までの徒渉で通過。2つの5m滝も直登できそうだが、右岸を巻いたほうが早い。

❾ 大きい枝谷が入るところの淵は泳いで突破する。左岸を巻くこともできる。

❿ ゴルジュの中に懸かる13m滝は左岸から高巻き、懸垂下降で上流へ降り立つ。

⓫ 20m滝は中ほどまで滝身を直上し、あとは右手のブッシュに入って高巻く。

⓬ 傾斜を強めたなかに最後の滝場が懸かる。ここから稜線までは30分ほど。

北山川水系 北山峡 田岡谷

短いなかにレベルの高い滝が連続し、息もつかせぬ展開

　笠捨山から南東に派生した尾根上のピーク・西ノ峯の北方東面から発して、途中で生山谷と合し、北山峡に流入する。流程は短いが、地形図の等高線もよく詰まっていて、50mの滝を筆頭にいたるところに滝が懸かり、険しい渓相をつくっている。水量は少なく、遡行というよりも登攀的要素の高い谷で、三つ道具は欠かせない。特に連瀑帯は登攀レベルの高い滝が続き、巻きも悪いので、ロープを使いしっかりと確保をとって登りたい。また、西ノ峯からの下山の山道は不明瞭な箇所があり、読図力が要求される。

……………… アプローチ ………………
　出合に架かる橋の手前から入渓する。

……………… 下降ルート ………………
　独標1084mから踏み跡を拾って南にたどり西ノ峯山頂に至る。下山は稜線の登山道をジゴ坂峠へ下るが、途中不明瞭な箇所もあるので読図を行なって歩くこと。約2時間40分。

アクセス　行き・帰り：熊野市駅（タクシー約50分、約26km）田岡谷出合　※帰りは、時刻が合えば北山村営バスも使える
マイカー情報　国道169号を南下して下桑原で右に折れ、不動バイパスを抜けて北山村に入り、右に進む。道の駅おくとろを過ぎた、雨谷の次に右から入る谷が田岡谷である。出合付近に駐車スペースがある。
参考タイム　田岡谷出合（1時間30分）生山谷出合（1時間40分）連瀑帯上流（50分）植林小屋（30分）2段30m滝上（35分）三俣（40分）1084m稜線
標高差　919m（水平距離2.0km）
装備　基本装備＋登攀具、40mロープ
地図　大沼
温泉　おくとろ温泉（木曜休）☎0735-49-2575

黒い岩に美しく懸かる大滝50m

6m滝をシャワーを浴びて直登

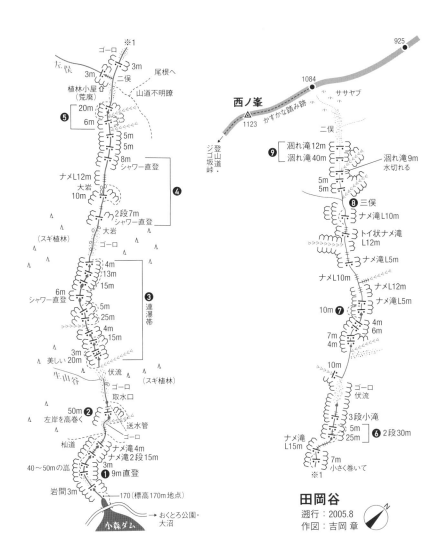

田岡谷

遡行：2005.8
作図：吉岡 章

❶ 岩間3m滝上の9m滝は左側から取り付き、ピトンを打ち1ピッチで直登。

❷ 黒い岩盤に懸かる50m大滝は、右手のザレた斜面を上がると取水口の巡視道に出るので、それを伝って滝頭に立つ。

❸ 連瀑帯に入る。20m滝は続く3m滝とともに右岸を巻いて、いったん谷に下る。15m滝は右手を登る（ロープで要確保）か右岸を巻いてもよい。25m滝は手が出ず次の5m滝とも左岸から巻

き登る。6m滝はシャワーを浴びて直登。続く15m滝は左岸を巻き、上方に懸かる13mと4mの滝を過ぎた地点から沢身に下ると連瀑も終わる。

❹ 2段7m滝はシャワーを浴びて快適に直登。10m滝は左岸を巻き、ナメの先に懸かる8m滝はシャワークライム。

❺ 6m滝は右から登り、上に続く20m滝は右岸に取り付いて巻き登る。

❻ 2段30m滝の下段は滝身を直上でき

るが、上段は壁が立ってきて右へ逃げて巻く。

❼ 10m滝の直登は難しく、右岸を巻く。

❽ 三俣では真ん中の谷をとる。5mの滝を2つこなすと、ついに水も途絶える。

❾ ルンゼの涸れ滝2つは難なく直登できる。

北山川水系
北山峡
立合川本流
（たちあごう）

本流遡行の醍醐味を満喫できる屈指の秀渓

上級	3級上／IV
適期	5月中旬～10月下旬
日程	2日（遡行14～16時間）

立合川は大峰の笠捨山に源を発し、南流して北山川に注ぐ。地形図には滝記号はないが、滝、淵、廊下の連続でゴルジュがよく発達し、流域も長く遡行は一筋縄ではいかない。大峰でも屈指の大渓谷で、沢慣れた人のみに許される秀渓だ。この地は古くから植林や炭焼きが盛んで、谷筋には往時を思わせる苔むした石垣や山道が見られるなど、人との関わりのある谷で、それは名のある滝が多いことでもわかる。

立合川へは以前車道がなく、東野から山道をたどって入渓していたが、1996年7月に大沼からの車道が開通してアプローチがずいぶん楽になった。マイカーを利用すれば前日午後発1泊2日の日程で行ける。

第2ゴルジュの両岸が大きくかぶった岩壁の中に懸かる大滝35m

アクセス　行き：五条駅（奈良交通バス2時間35分）十津川村役場前（タクシー約45分、約23km）立合川橋　**帰り：**上葛川（タクシー約30分、約14km）十津川村役場前（奈良交通バス2時間30分）五条駅

マイカー情報　五條から国道168号を十津川方面へと走り、十津川村役場で左折して、国道425号から瀞八丁方面をめざす。途中、下山口となる上葛川林道終点に車1台をデポし、東野の先の分岐で左の道（おくとろ公園方面）をとる。東野トンネルを抜けた立合川橋のたもとに駐車スペースがある。大阪から約5時間。

参考タイム　立合川橋（1時間5分）はまつ滝（2時間40分）大滝35m滝上（1時間35分）第3ゴルジュの旧木馬道（1時間）第4ゴルジュ上流のナメ（1時間5分）うしお滝（1時間25分）第5ゴルジュを抜けた上流の河原（1時間10分）ケヤキ谷出合（1時間5分）第8ゴルジュ12mの滝（1時間25分）二俣（20分）八丁河原の二俣810m（25分）最後の二俣（1時間）蛇崩尾根稜線

標高差　1270m（水平距離8.4km）
装備　基本装備＋登攀具、40mロープ、宿泊用具
地図　大沼
温泉　①おくとろ温泉（木曜休）☎0735-49-2575　②庵の湯（火曜休）☎0746-64-1100

.... **アプローチ** ....
左岸の遊歩道から入谷する。

.... **下降ルート** ....
蛇崩尾根（だぐえ）から笠捨山まで25分。笠捨山から葛川辻に出て、大峰縦走路と分かれて上葛川への登山道を下り、車のデポ地へと戻る。約2時間45分。

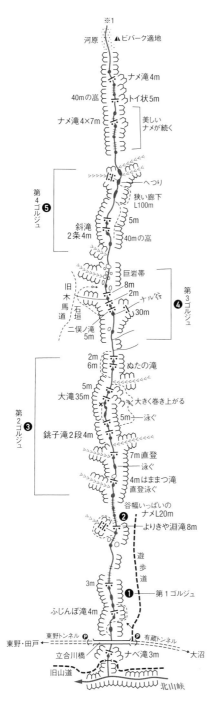

※1
河原　　　▲ビバーク適地

ナメ滝4m
40mの富　　トイ状5m
ナメ滝4×7m
美しい
ナメが続く

へつり
狭い廊下
L100m
斜滝　　　5m
2条4m
40mの富

巨岩帯
8m
2m　ナルミ谷
旧木馬道　30m
石垣
二俣ノ滝
5m

2m　　ぬたの滝
6m

5m
大滝35m　大きく巻き上がる

5m　　泳ぐ
銚子滝2段4m

7m直登
泳ぐ
4mはままつ滝
直登泳ぐ
谷幅いっぱいの
ナメL20m
よりきや淵滝8m

遊歩道

3m
第1ゴルジュ
ふじんぽ滝4m

東野トンネル　　有蔵トンネル
東野・田戸　　　　　　　大沼
立合川橋
立合川本流（1）　　ナベ滝3m
旧山道　　　　　　北山峡

第4ゴルジュ ❺
第3ゴルジュ ❹
第2ゴルジュ ❸
❷
❶

立合川本流（1）
遡行：2006.10
作図：吉岡　章

N

❶ 左岸の遊歩道から谷筋に下り遡行を開始。ふじんぽ滝は左岸を巻き、上に続く淵は胸までの水をこいで通過。

❷ よりきや淵滝は手がつけられず、右岸を高巻く。

❸ 第2ゴルジュ。はままつ滝は釜に飛び込みシャワークライムで越える。7m滝、銚子滝を泳ぎで突破すると、谷は右にカーブして両岸切り立った岩壁に瀞が深くよどむ。岩に食い下がって泳いでいくと、落差35mの大滝が懸かり、まるで大洞窟の中にいるような感じを覚える。銚子滝まで引き返し、左岸を高巻いて上部に懸かる5m滝を過ぎたところから谷に下る。

❹ 第3ゴルジュ。両岸迫った廊下の中に4つの滝が連続する。左岸支流からは30mの滝が懸かり、二俣ノ滝と呼ばれている。ここは右岸の壁にロープを伸ばすが、上段の滝に深く切れ込んだガレで詰まり、高度差60mほど巻き登ると石垣があり、旧木馬道に出るので、ここより斜面を急下降して、8m滝の上流へ懸垂下降する。滝の突破のルート取りが問われる箇所で、ロープを使いしっかりと確保をとって登ろう。

❺ 第4ゴルジュ。2条4m斜滝と5m滝の左岸を通過し、幅3～5m・長さ100mの廊下を脱出すると、谷は様相を一変させ、穏やかな一枚岩のナメがしばらく続く。

※2
トイ状ナメL5m
3m
U字状スラブ滝8m
第7ゴルジュ ⑩
ゴーロ
7m
4m釜大きい
斜滝5m
ケヤキ谷（涸れ谷）
平凡
インゼル
ヒジキ谷（涸れ谷）
斜滝5m
第6ゴルジュ ⑨
20mCS
2段10m
へつる
ゴーロ
ビバーク適地 ⑧ ▲▲
5m
第5ゴルジュ ⑦
ナメ滝L5m 泳ぐ
8m釜大きい
岩間4m
▲ビバーク適地
ビバーク適地 ▲
ゴーロ
岩間3m
うしお滝40m 釜大きく深い
⑥
斜滝5m 釜大きい
ひときわ目立つトチの巨木
ゴーロ
大きい涸れ谷
朽ちた吊橋
（廃道）
旧山道 石垣が残る
40mの淵
※1

大きな釜を従えて懸かるうしお滝 40m。ここは右岸を高巻く（⑥）

トイ状5m滝の上は明るく開けた美しいナメ床となり、気持ちに余裕がもてる（⑤の上流）

立合川本流(2)
遡行：2006.10
作図：吉岡 章

⑥すっきりした形のよういしお滝40mは、右岸に入るルンゼから高巻く。

⑦第5ゴルジュ。大釜をもつ8m滝は左岸を巻き、上のL5mナメ滝は泳いで突破。次に巨岩を従えた5m滝の右岸を小さく巻くと、谷は再び平流となる。

⑧パーティの力量にもよるが、第1日目はこのあたりで泊となる。

⑨第6ゴルジュ。ビバーク地から15分も行くと2段10m滝が現われる。上には20mCS滝が続き、浸食により洞窟のようにえぐられている。ここは左岸を高巻く。

⑩第7ゴルジュ。5m斜滝と、その先の両岸が狭まった中に4mと7mの滝を懸けるが、まとめて左岸を巻いてしまう。ゴーロのあと、8mスラブ滝、3m滝、トイ状ナメに出わすが、これも直登できず左岸を巻く。

廊下のどん詰まりに懸かる17m
の滝。ここは左岸を高巻く （⑫）

谷間を彩るトチの巨木。谷は源
流の様相を示してくる （⑫手前）

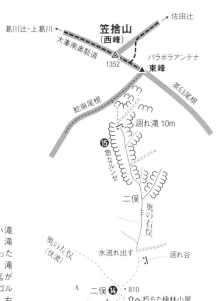

佐田辻

笠捨山
（西峰）

葛川辻・上葛川

大峯南奥駈道

1352

パラボラアンテナ

東峰

茶臼尾根

蛇崩尾根

涸れ滝 10m

⑮

急なルンゼ

二俣

奥の右俣

奥の左俣
（伏流）

水流れ出す

涸れ谷

二俣 ⑭ ・810

朽ちた植林小屋

（スギ植林）

八丁河原

⑬

伏流

右俣谷

ゴーロ

20m

二俣

2:1

17m ⑫

廊下

20m

トチの巨木

斜滝2段5×8m

斜滝3×6m

大きい涸れ谷

廊下状

斜滝4m

5m

大きい枝谷

4m

5m

岩稜

100mの嵓が
取り囲む

大高巻き

15m

2段4m

12m

第8ゴルジュ

⑪

3m

へつる

岩間4m

ビバーク適地

※2

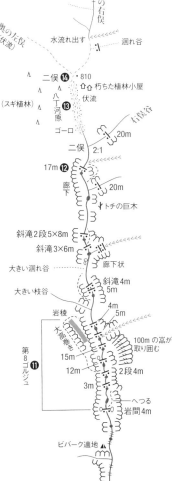

⑪ 第8ゴルジュ。小滝
を3つ越えていくと、滝
の頭に岩屑が詰まった
12m滝に阻まれる。滝
の上部は100mの嵓が
聳立して取り囲み、ゴル
ジュに迫力を加える。右
岸の高巻きに入ると岩
壁に突き当たり、上部へ
と追いやられ70〜80m
の大高巻きになる。ルー
トの見極めが試される箇
所である。この高巻きに
30分を要する。

⑫ 廊下の出口に懸かる
17m滝は右手のガレを直
上し、左の壁に取り付
いて巻き登る。その先で
左岸から20mの滝を懸け
た右俣谷が合流する。

⑬ 二俣から左俣谷に入
ると大岩の点在するゴー
ロとなり、急に水流が少
なくなって、ついには伏
流となってしまう。前方
には笠捨山の稜線が見
える。あたり一帯は八丁
河原と呼ばれ、昔、平
家の落人が住んでいた
と伝えられる。

⑭ 地形図の810m地点
の二俣。右の本谷をと
るとしばらくして水の流れ
が顔を出す。

⑮ 水の涸れた急峻なル
ンゼ状の中をあえぎ登る
と、笠捨山東峰から派
生した蛇崩尾根に飛び
出す。笠捨山まで25分。

立合川本流（3）

N

遡行：2006.10
作図：吉岡 章

北山川水系 北山峡 葛川本流（くず）

連続する廊下帯の大淵・長淵を泳ぎ、思いきり水と戯れる

中級	2級／III
適期	6月上旬～9月下旬
日程	1日（遡行6～7時間）

葛川は笠捨山に源を発して南流し、田戸で北山川に注ぐ流程の長い川である。役行者（えんのぎょうじゃ）が菊ヶ池に棲んでいた大蛇を葛の葉で袈裟にかけて退治したことから、この名で呼ばれるようになったとの由来がある。この谷は新宮山の会の『南紀の山と谷』にも紹介されていて、田戸橋から下葛川にかけての下流域は数多くの淵、小滝、瀬滝で構成された廊下が続き、遡行の大半は泳ぎとなる。泳ぎも直登と同じで、難しいのはトップだけである。セカンド以降はロープを引いてもらえば簡単に通過でき、ライフジャケットがあれば初級者でも楽しめる。

うだるような盛夏に涼を求めて入渓するにはうってつけの谷である。夏場はスズメバチに要注意。

・・・・・・・・・・ アプローチ ・・・・・・・・・・

橋手前の適当なところから谷に下る。

・・・・・・・・・・ 下降ルート ・・・・・・・・・・

下葛川から車道を歩き田戸橋まで約1時間45分。車が2台あれば、1台を遡行終了点の下葛川に回送しておけば下山の時間が短縮できる。

アクセス バスは時刻が遅く、タクシーも距離が長すぎるため適していない。

マイカー情報 五條から国道168号を十津川方面へと走り、十津川村で左折して、国道425号から瀞八丁方面をめざし、田戸橋へ。橋の周辺に駐車スペースがある。大阪から約5時間。

参考タイム 田戸橋（1時間45分）S字淵上流（1時間）幅広い1.5m滝（40分）大渡（1時間20分）一ノ滝（35分）二ノ滝（35分）下葛川

標高差 160m（水平距離4.7km）

装備 基本装備＋ライフジャケット

地図 瀞八丁、大沼、十津川温泉

温泉 ①庵の湯（火曜休）☎0746-64-1100
②滝の湯（木曜休）☎0746-62-0400

川幅いっぱいになって懸かる1.5mの滝

立派な釜を従えて貫禄がある一ノ滝5m

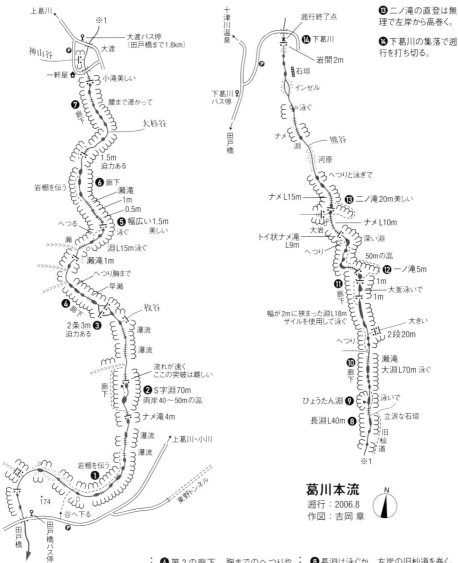

❶ 最初の淵や早瀬は、だいたい右岸の岩棚を伝っていける。

❷ S字淵は両岸の壁が高く立ち、洞窟の中にいるような感じ。泳いで突破を試みるが、流れが速く押し戻される。突破できなければ、下流へ戻って右岸を巻くしかない。

❸ 2条3m滝は流れに入り強引に突破する。無理なら巻いてもよい。

❹ 第2の廊下。胸までのへつりや泳ぎを交じえて突破していく。

❺ ミニナイアガラとでも名づけたいような1.5m滝。淵を泳ぎ左岸コーナーを登るが、激しい流水に逆らっての突破となる。

❻ 第3の廊下帯。岩棚を伝う。

❼ 大杉谷を迎えると再び廊下帯に入り、淵が連続する。腰まで浸かって通過していくが、流れが速く押し戻されそうになる。ロープを出して確保を。

❽ 長淵は泳ぐか、左岸の旧杣道を巻く。

❾ 右岸にひょうたん形の淵がある。右岸が簡単に巻けるが、泳いでも突破できる。

❿ 大淵のある廊下帯を泳いで突破するが、途中の岩場でひと息つける。後続はロープを引いてもらいながら泳ぐ。

⓫ 谷幅2mの廊下もロープを使用し泳ぐ。

⓬ 大釜を従えた一ノ滝。大釜を泳いでの突破は流れが速く難しい。左岸を高巻く。

⓭ 二ノ滝の直登は無理で左岸から高巻く。

⓮ 下葛川の集落で遡行を打ち切る。

葛川本流

遡行：2006.8
作図：吉岡 章

049

十津川水系
川迫川

神童子谷（ノウナシ谷）

初級 1級上／Ⅱ
適期 5月上旬〜11月上旬
日程 2日（遡行5.5〜6.5時間）

沢慣れた人なら犬取谷をセットにして楽しむこともできる

大峰山系では弥山川とともに沢登り発祥の地として知られる名渓で、釜滝の上で犬取谷とノウナシ谷とに大きく二分し、山上ヶ岳、大普賢岳、それに稲村ヶ岳に囲まれた広大な面積の原生林へと突き上げている。かつて口神童子と呼ばれた大川口から栂淵の間は、林道が延び遡行価値が失われたが、赤鍋ノ滝から上流、奥神童子谷の魅力はまだ充分に残されている。

ノウナシ谷は大峰主稜の脇ノ宿へと突き上げるもので、原生林の中を縫って流れる景観と、要所要所に配置された名瀑の豪壮さで、飽くことを知らない。源流域に入ってからはナメがいくつか続き、ヤブこがなしに実に気持ちよく奥駈道に出られる。

················ アプローチ ················

作業道を伝い、へっついさんの淵の手前から入渓する。

················ 下降ルート ················

奥駈道を南へ歩いて大普賢岳を経て行者還岳まで縦走し、天川辻から大川口へ下り、駐車地へ戻る。約5時間45分。交通機関利用の場合は、阿弥陀ヶ森の分岐から柏木に下山する（3時間10分）。山上ヶ岳をめざすなら1時間30分の道のりだ。

アクセス　行き：下市口駅（奈良交通バス54分）天川川合（タクシー約30分、約12km）神童子谷林道終点　**帰り：**柏木（R169ゆうゆうバス59分〈土休日運行〉）大和上市駅
マイカー情報　大淀町方面から国道309号を天川村川合へ。川合で行者還林道に入り、大川口で左折して神童子谷林道終点まで。終点手前に数台の駐車スペースがある。大阪から約3時間。
参考タイム　上白石谷出合（30分）赤鍋ノ滝（1時間）ノウナシ谷出合（1時間）ノウナシ滝（50分）地蔵滝（40分）ハリンド谷出合（1時間10分）脇ノ宿跡
標高差　650m（水平距離4.0km）
装備　基本装備＋宿泊用具
地図　弥山
温泉　①洞川温泉センター（水曜休）☎0747-64-0800　②天の川温泉センター（火曜休）☎0747-63-0333

犬取谷との出合に懸かる釜滝2条7m

ノウナシ滝35mは手前のリッジから高巻く

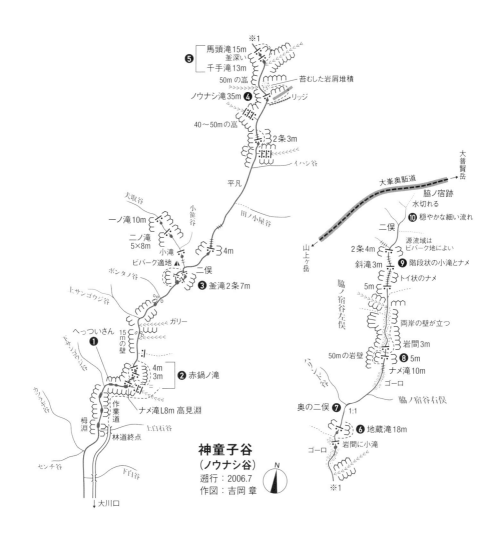

神童子谷
（ノウナシ谷）

遡行：2006.7
作図：吉岡 章

❶ 作業道を伝い、へっついさんの淵の手前から入渓。年によって水量が違うが膝上ぐらいの徒渉で通過できる。

❷ 赤鍋ノ滝。高見淵とナメ滝は右手から回り込む。続く3mと4mの滝は釜を泳いで突破できるが、右側の踏み跡に逃げてもよい。

❸ 釜滝は直径30mぐらいの釜の向こうに2条7mの美瀑を落とす。右岸を絡んで落ち口に出ると二俣で、周辺はビバーク適地。

❹ 右岸に高い壁が続きノウナシ滝35mが現われる。通常は手前のリッジから高巻く。

❺ 左の壁から千手滝が落ち、上の馬頭滝は下からは眺められない。右側のルンゼに取り付いて壁を高巻き、いったん千手滝の落ち口に出たうえで登り直す。錯綜する踏み跡に惑わされて高巻きしすぎると、馬頭滝を見ずに上流へ出てしまうので、的確なルート判断が要求されるところ。馬頭滝はチムニー滝で不気味な感じがする。

❻ 地蔵滝は左岸を巻く。

❼ 二俣でどちらをとっても大峰主稜まで1時間余り。右俣の脇ノ宿谷に入る。

❽ 5m滝の右岸に50mの岩壁が峭立する。左側が容易に巻ける。

❾ 源流域に入り、深い樹林の中にナメと小滝が続いて飽きさせない。

❿ 上流は穏やかな細い流れとなり、沢身をつめていけばヤブこぎなしに奥駈道に出る。

十津川水系 川迫川 モジキ谷

名峰・稲村ヶ岳に直接突き上げる、内容豊富な入門コース

モジキ谷は、川迫川神童子谷、弥山川に次いで人気があり、沢登りの入門コースとしてよく利用されている。名峰・稲村ヶ岳に直接突き上げる内容豊富な谷で、よく磨かれた岩床が美しく、モジキ本谷からドンブリ辻谷、バリゴヤ谷などが分かれている。遡行図には滝の記号が数多く記されているが、悪場には巻き道があり、初心者を混じえたパーティでも充分楽しめる。最後のツメは急斜面となるので、落石を起こさないように注意すること。また、陽春から初夏にかけては、源頭付近の岩場でオオミネコザクラの可憐な花をはじめ、亜高山植物の花々が見られるのも楽しい。

················· **アプローチ** ·················

左岸につけられた巡視道を上流に歩き、取水口付近から入渓する。

················· **下降ルート** ·················

稲村ヶ岳の山頂で展望を楽しんだら山上辻へと下り、法力峠を経て洞川温泉へ歩く。稲村ヶ岳から約2時間30分。

アクセス　行き：下市口駅（奈良交通バス54分）天川川合（タクシー約12分、約6km）モジキ谷出合　※前日中に入渓点付近で幕営する　**帰り：**洞川温泉（奈良交通バス1時間11分）下市口駅

マイカー情報　大淀町方面から国道309号を天川村川合へ。川合から行者還林道に入り、熊渡の先がモジキ谷出合。数台の駐車スペースがある。大阪から約2時間45分。

参考タイム　モジキ谷出合（10分）取水口（45分）空谷出合（1時間20分）二俣（40分）大滝直下（55分）稜線（5分）稲村ヶ岳

標高差　976m（水平距離3.1km）

装備　基本装備

地図　弥山、洞川

温泉　①洞川温泉センター（水曜休）☎0747-64-0800　②天の川温泉センター（火曜休）☎0747-63-0333

7m滝は右岸コーナーを直登する

岩の詰まった5m滝は左側が登れる

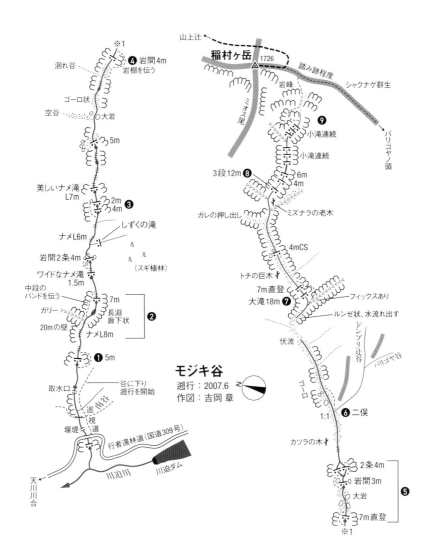

モジキ谷

遡行：2007.6
作図：吉岡 章

❶ 5m滝は右側を巻く。

❷ 左に20mの岩壁を仰ぎナメ床を行くと長淵が横たわり、左に曲がった先に7m滝がある。左の中段バンドを伝って通過する。

❸ 4mと2m滝は左側から巻く。

❹ 左に涸れ谷を見送ると岩間4m滝が懸かる。右の岩棚を伝っていける。

❺ 7m、岩間3m、2条4mと数個の滝が連続するが、いずれも快適に登れる。

❻ 二俣に赤テープがあり、岩に墨書きで「左モジキ本谷、右バリゴヤ谷」とある。

❼ 谷は様相を一変させ、大滝が水しぶきを上げる。右のルンゼから高巻いて、上に続く7m滝は直登する。

❽ 左にガレの押し出しを見送ると、谷が狭まり源流の様相を見せる。右と左にルンゼを分けた上方に3段12m滝が落ちているが、水際をたやすく直登していける。

❾ 源頭付近では両岸の岩壁が立ってくるが、谷そのものは難しくない。落石を起こさないよう注意。岩壁の合間を縫って登りつめるとシャクナゲの密生する稜線に出て、左に数分も登れば稲村ヶ岳の山頂だ。

十津川水系
舟ノ川
入谷 ナメラ谷
にゅうたに

中級　2級上／Ⅲ
適期　4月下旬～11月上旬
日程　1日（遡行4～5.5時間）

連瀑を抱えたゴルジュを有する舟ノ川出色の渓谷

　舟ノ川支流の入谷には遡行価値のある谷が2本ある。ナメラ谷と桶川谷である。ともに頂仙岳1718m付近へと突き上げる。ナメラ谷の中ほどには連瀑を抱えた大ゴルジュがあり、高巻きのルート取りがポイントとなる。源流では崩壊壁の中にいくつかの滝が懸かるが、そのほとんどが快適に直登できて楽しい。谷筋には二次林ながらもカエデ、ミズナラ、カツラなどの自然林が茂り、紅葉の時期は特にすばらしい。また、登りつめた頂仙岳付近から狼平周辺には大峰の妖精オオヤマレンゲの自生があり、初夏には純白の清純な花が見られる。

アクセス　行き・帰り：下市口駅（奈良交通バス54分）天川川合　※アプローチが遠く、1泊2日行程となる
マイカー情報　五條から国道168号を十津川方面へと向かい、大塔支所前から林道殿野・篠原線をとり、高野辻越えで篠原に至る。舟ノ川に沿う林道に入り、入谷出合の車止めゲートまで。
参考タイム　ナメラ谷出合（35分）入谷林道横断点（20分）美しい20m滝（1時間35分）大岩（50分）左岸からの枝谷（50分）稜線
標高差　870m（水平距離2.2km）
装備　基本装備
地図　南日裏、弥山
温泉　夢乃湯（火・水曜休）☎0747-36-0058

·········· **アプローチ** ··········

　入谷出合からナメラ谷出合まで徒歩1時間強。交通機関利用の場合は、弥山への登山道を登り栃尾辻に至り、入谷に向けて夫婦谷を下降する。川合から4時間強。

·········· **下降ルート** ··········

　大峯奥駈道から桶川谷との分水尾根を下り、最後は荒れた入谷林道に出て駐車地点へ戻る。約3時間。途中、迷いやすい箇所もあるので注意。交通機関利用の場合は川合道を下山し、天川川合まで約3時間。

ゴルジュに懸かる2段20mの滝

2条10m斜滝は滝身を直登

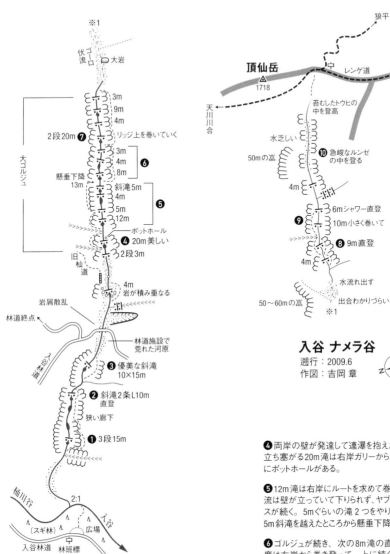

入谷 ナメラ谷

遡行：2009.6
作図：吉岡 章

❹両岸の壁が発達して連瀑を抱えたゴルジュとなる。立ち塞がる20m滝は右岸ガリーから高巻く。落ち口にポットホールがある。

❺12m滝は右岸にルートを求めて巻き上がるが、上流は壁が立っていて下りられず、ヤブをこいでトラバースが続く。5mぐらいの滝2つをやり過ごして、次の5m斜滝を越えたところから懸垂下降で沢身に降りる。

❻ゴルジュが続き、次の8m滝の直登も難しく、今度は左岸から巻き登って、上に続く4mと3m滝を越えた地点から沢身に下る。

❼2段20m滝が岩壁の奥に懸かる。左岸のリッジ上を巻き、続く3つの滝もやり過ごして沢身に下り立つとゴルジュが終わる。

❽4m滝の次に9m滝が現われる。左右とも直登できるがロープを使用したい。

❾10m滝は左側を小さく巻いて通過。6m滝はシャワーを浴びて突破できる。

❿ルンゼ状の中を登高してツメに入る。

❶3段15m滝は左岸を登り廊下に下りる。

❷2条斜滝は右側をシャワーを浴びて登る。初級者にはロープを出して安全を期すこと。

❸大きな釜に注ぐ斜滝は左岸を小さく巻き登る。

055

十津川水系 舟ノ川 イブキ嵓谷(ぐら)

上級 4級／Ⅳ+
適期 5月中旬〜10月下旬
日程 2日（遡行14〜16時間）

ゴルジュと黒滝の突破がカギを握る、大峰随一の険谷

桶側ノ滝の上流で本流のカラハッソウ谷と分かれ、明星ヶ岳へと鋭く食い入るイブキ嵓谷は、周囲いたるところに大岩壁を峭立させ、谷はその間を縫って急落し、険しい渓相をむき出しにしている。イブキ嵓谷に入ってすぐのゴルジュと黒滝の突破は、かなりの登攀技術を要求され、上級者のみに許される悪渓である。過去には遭難死亡事故も起きているので、事故を絶対に起こさないよう、少しでも危険を感じたら確保をとり安全を期すこと。

·············· アプローチ ··············

駐車地点からすぐ地獄谷に入谷する。

·············· 下降ルート ··············

奥駈道の湯ノ又分岐から中尾を湯ノ又へ下る。途中、不明瞭な箇所もあるので地図読みに注意。湯ノ又まで約2時間45分。

アクセス 行き・帰り：五条駅（タクシー約2時間20分、約54km）二木山谷出合
※林道の距離が長いので、バス・タクシー利用では無理
マイカー情報 五條から国道168号を十津川方面へと向かい、大塔支所前で国道を離れて林道殿野・篠原線をとり、高野辻越えで篠原に至り、湯ノ又を経て二木山谷出合まで入る。五條から約45km。
参考タイム 二木山谷出合（55分）桶側ノ滝直下（1時間30分）地獄谷分岐（3時間30分）三俣（1時間35分）ゴーロ帯（4時間30分）黒滝の滝頭（1時間10分）3mの滝（45分）明星ヶ岳南肩
標高差 1150m（水平距離4.0km）
装備 基本装備＋50mロープ、登攀具、宿泊用具
地図 辻堂、釈迦ヶ岳
温泉 夢乃湯（火・水曜休）☎0747-36-0058

特異な景観を見せる桶側ノ滝2段20m

三俣の本流に懸かる30mの滝

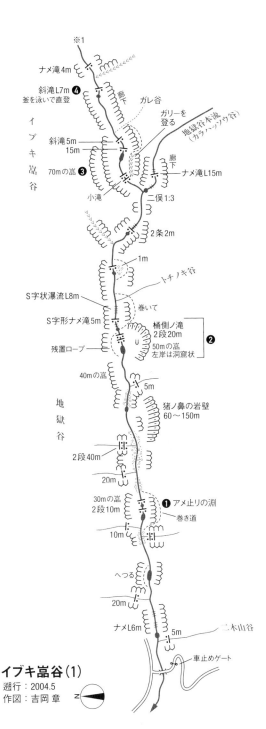

❶ アメ止リの淵の奥に2段10m
の滝を懸ける。左岸によく踏まれ
た巻き道があり、簡単に通過できる。

❷ 桶側ノ滝2段20m。両岸は大
きく立ち、特に左岸の壁は大きく
浸食され洞窟状をなし、ほかでは
見られない奇観を呈している。ここ
は右岸に直上ルートがあり、それ
を登るがなかなか手ごわく時間がか
かる。

❸ 左のイブキ嵓谷に入ると、すぐ
に両岸が立ち、小滝の奥に15m
の滝が行く手を閉ざす。ここは左
岸チムニーの右手にあるガリーを
直上するが、登攀レベルが高い。
上に続く5mの斜滝を巻き終えたと
ころから谷に下る。

❹ 斜滝L7m。両岸の壁は高く、
高巻くこともできないので、釜を泳
ぎ渡って直登以外に選択の余地
がない。

イブキ嵓谷（1）

遡行：2004.5
作図：吉岡 章

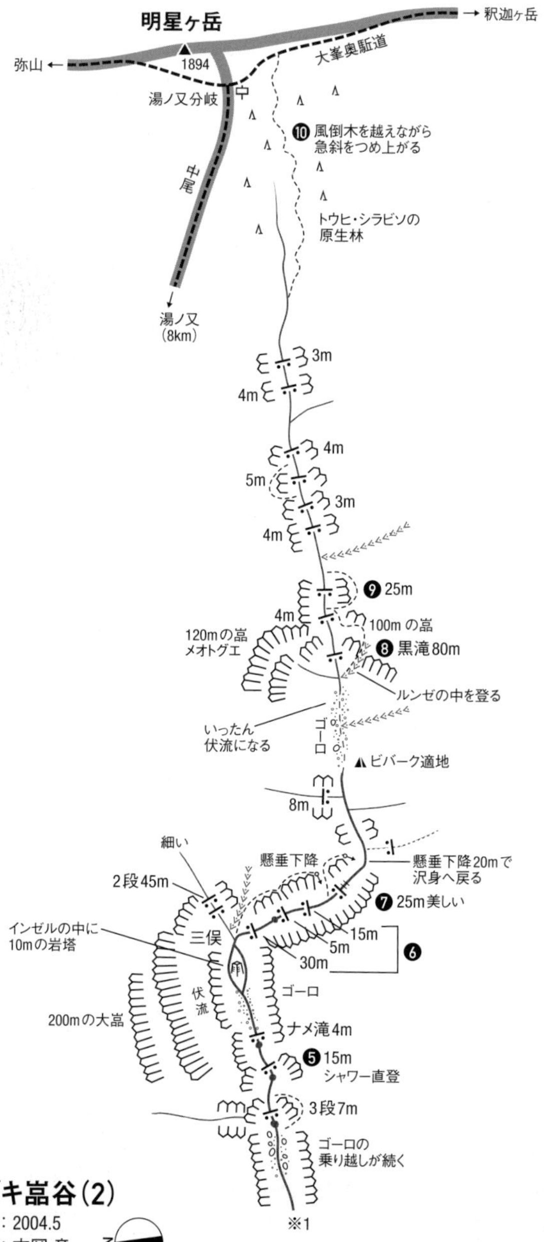

大峰　台高　南紀　奥高野　奥美濃　鈴鹿　比良　中国　四国

イブキ嵓谷(2)
遡行：2004.5
作図：吉岡章
※1

❺15mの滝。シャワーを浴びての直登で越えるが、難しくはない。

❻10mの岩塔を過ぎると三俣に着き、谷は右に折れて30mの滝を懸ける。ここは中央の涸れたルンゼに入り巻き上がる。上流には5m、15mと滝が連続して、次第に上へと追い上げられてしまうが、15mの滝を越えた地点から懸垂下降する。ルート取りに注意し、ロープワークを確実にすること。

❼美しく落下する25mの滝は右岸を高巻き、懸垂下降20mで沢身に降りる。

❽黒滝は落差80mを誇り、3段（上段10m、中段10m、下段60m）になって落下。滝壺はなく岩盤上に飛沫を上げる。その左側にメオトグエが120mの高さをもって天空にそそり立つ姿はまさに壮観である。この滝の突破は左岸のチムニー状ルンゼを登攀するが、チョックストーンが多く、下手なルート取りをすると身動きがとれなくなる。出口のハングした壁は空身でリードし、ロープをセットして後続を引き上げる（遡行時は中級者1人を含む4人パーティで黒滝の突破に4時間を要した）。

❾25mの滝。左岸を高巻くが、けっこう悪い。この滝を越えると、もう悪場はない。

❿適当なところから谷筋を離れ、トウヒ、シラビソの原生林の中をあえぎ登り、明星ヶ岳の南肩の奥駈道に出る。

黒滝の登攀。ルンゼ状の中にロープを伸ばす

イブキ嵓谷に入ると、両岸の壁が立ち小滝の奥に滝が出てきて進めなくなる

大岩壁に3段になって懸かる黒滝80mは圧巻

三ツ嵓谷
<ruby>三ツ嵓<rt>みつぐら</rt></ruby>

十津川水系
舟ノ川

上級 3級上／IV
適期 5月上旬〜10月下旬
日程 2日（遡行8.5〜10時間）

大岩壁と飛瀑の連続する大峰の秀渓

　三ツ嵓谷は湯ノ又で舟ノ川右岸に入る日裏山谷の右俣と目される谷で、大峰主稜の明星ヶ岳に源を発する急峻な谷である。ゴルジュの中に数多くの飛瀑を秘め、峭立する三ツ嵓の大岩壁と2段60mの大滝は圧巻。ツメに入っても150mに及ぶ連瀑があって、最後まで気の抜けない厳しい遡行を強いられる。昔と比べ、今日ではけっこう入渓するパーティもあり、悪場には巻き道もできているが、なにぶん悪い谷なので登攀具は必携である。

·············· **アプローチ** ··············
　駐車地点からすぐ日裏山谷に入渓する。

·············· **下降ルート** ··············
　大峯奥駈道の湯ノ又分岐から中尾をたどり湯ノ又へ。途中、不明瞭な箇所もあるので地図読み注意。湯ノ又まで約2時間45分。

アクセス　行き・帰り：五条駅（タクシー約2時間10分、約52km）湯ノ又　※林道歩きが長すぎるため、バス・タクシー利用は適していない
マイカー情報　五條から国道168号を十津川方面へと向かい、大塔支所前で国道を離れて林道殿野・篠原線をとり、高野辻越えで篠原に至り湯ノ又へ。篠原から約7km、五條から約52km。
参考タイム　湯ノ又（45分）アメ止メの滝（35分）日裏山本谷出合（2時間）蛇淵のサコ出合（2時間）2条40m滝（30分）2段60m大滝（1時間）二俣（1時間40分）明星ヶ岳西肩
標高差　1200m（水平距離4.8km）
装備　基本装備＋登攀具、50mロープ、宿泊用具
地図　南日裏、弥山、釈迦ヶ岳、辻堂
温泉　夢乃湯（火・水曜休）☎0747-36-0058

12m滝の上段をリードする

源流域に懸かる2段50mの滝。まったく手が出ず、左岸を大きく巻く

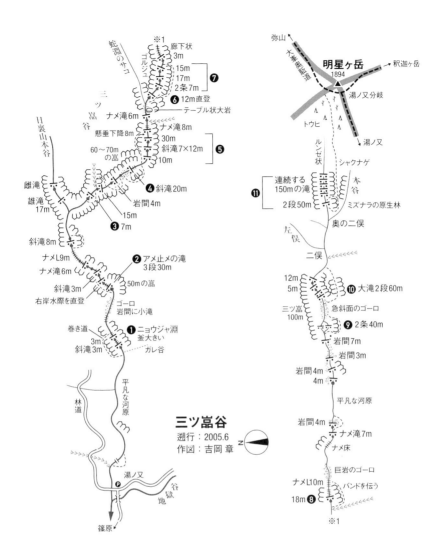

三ツ崑谷

遡行：2005.6
作図：吉岡 章

❶ ニョウジャ淵は泳ぎを覚悟ならたやすく突破できる。右岸に巻き道がある。

❷ 優美なアメ止メの滝は右岸水際が直登できる。ロープを使い安全を期したい。

❸ 薄暗く凄愴感が漂う三ツ崑谷に入ると、7m滝が塞がる。垂れ下がるワイヤーをつかんで登るが、左岸の草付を巻いてもよい。次の15m滝は左手のガリーから高巻く。

❹ 20m斜滝は左岸の踏み跡を巻き登る。

❺ 3連瀑は右岸から高巻き、30m滝を越えた地点から懸垂下降で上流へ戻る。

❻ 12m滝は釜を左から回り込み、ロープで確保して滝身を直登。途中にピトンを打ち、ビレイ点をとり安全を期すこと。

❼ 2条7m、17m、15m滝は左岸の獣道をたどりいっしょに巻いて上流に下り立つ。

❽ 18m滝はシャワーを浴びて直登可能だが、左岸を高巻いたほうが早い。

❾ 2条40m滝は右手の斜面を大きく巻く。

❿ 大滝は左岸に突き上げるルンゼに登路を求める。中ほどで岩の詰まるところが悪く、空身で岩の隙間を抜け、岩を回り込んで悪場を脱出する。大滝の直登は本格的な登攀となるので、安易に取り付かないこと。

⓫ 奥の二俣は滝の懸かる左の谷をとる。2段50m滝は左岸を巻き登り、滝の頭でいったん沢身に下り、上に続く全長150mの滝は再び尾根に登り返して樹林帯の中を巻く。

十津川水系
旭ノ川　**中ノ川**（なか）

上級　3級／Ⅲ＋
適期　5月上旬〜11月上旬
日程　2日（遡行8.5〜10時間）

名だたる滝と瀞ありゴルジュありの水量豊かな大渓谷

七面山南斜面の水を集めて流下する中ノ
川は、旭ノ川流域中で唯一伐採の魔手から
逃れ、昔日の面影を今に残す大渓谷である。
地獄滝、極楽滝、牛鬼滝、ヒジキ滝、黒滝
などの名だたる滝を配置し、瀞あり、ゴル
ジュありで、黒ナメ八丁と呼ばれる黒い岩
盤のナメが連続する景観は特筆に値し、入
渓から最後まで遡行者を飽きさせない。水
量豊かで明るく屈託のない雰囲気も名渓と
しての条件にかなっていて、中級向きの沢
として人気が高い。マイカーを利用して七
面尾経由でモジケ小屋に下山すれば、前夜
発1泊2日の行程となる。

················· **アプローチ** ·················

不動橋から中ノ川出合まで林道歩き約
45分。

················· **下降ルート** ·················

七面尾経由でモジケ小屋に下り、中ノ川
の右岸山腹につけられた山道をたどり中ノ
川出合へ下山、林道を不動橋へ。七面山か
ら約6時間。

アクセス　行き・帰り：五条駅（タクシー
約2時間15分、約54km）不動橋　※林道
の距離が長く、バス・タクシー利用は適し
ていない
マイカー情報　五條から国道168号を十津
川方面へと向かい、田長瀬トンネルを抜け
た旭カ森で左折、旭ダム方面へと走り不動橋
へ。旭橋から約13km。
参考タイム　中ノ川出合（2時間30分）十
字峡（1時間50分）ツナウチ谷出合（1時間）
ササモト谷出合（2時間）三俣（1時間30分）
七面山西峰の北西鞍部
標高差　910m（水平距離5.8km）
装備　基本装備＋宿泊用具
地図　辻堂、釈迦ヶ岳
温泉　夢乃湯（火・水曜休）☎0747-36-0058

水煙を上げて豪快に落下する地獄滝40m

七面山の南面。300mの断崖となって切り立つ

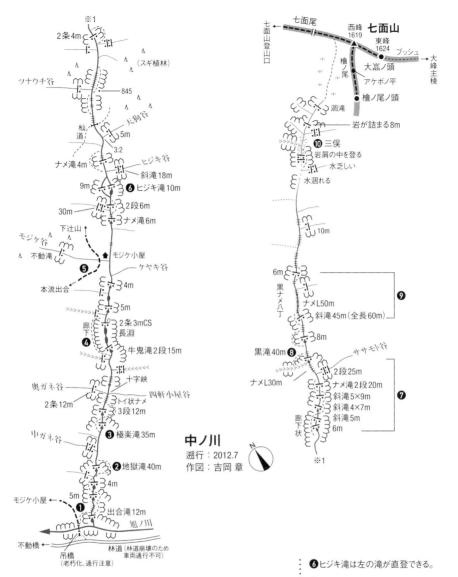

中ノ川

遡行：2012.7

作図：吉岡 章

❶ 吊橋を渡り出合滝上流に下りて遡行開始。

❷ 地獄滝はまったく手が出ず、左岸を大きく巻き登る。危険箇所にはトラロープがある。

❸ 極楽滝は明るい感じの滝。右岸のブッシュ壁に取り付き、バンドを右上、テラスから滝身を直上する。ロープで安全を期したい。

❹ 両岸の岩壁が狭まって淵が横たわり、奥に牛鬼滝が懸かる。右岸に垂れ下がるロープを頼りに岩場を攀じ、上流に続く淵を巻き終えた地点から沢身に下りる。上級者なら淵を泳ぎ突破することも可能だが、廊下出口のCS滝は難渋させられる。

❺ モジケ小屋から出合まで山道が通じており、エスケープルートに使える。

❻ ヒジキ滝は左の滝が直登できる。

❼ 廊下の中に連続する滝はいずれもこなしていけるが、場合によってはロープを出して安全を期すこと。

❽ 黒滝は左に入るガリーから大きく巻いて、落ち口から続くナメ床へ下りる。

❾ 黒ナメ八丁の名前どおり黒い岩盤のナメが続くが、容易に通過していける。6m滝は左岸を小さく巻き登る。

❿ 三俣は真ん中の谷をとり、ツメはスズタケのブッシュを登って稜線へ。

十津川
水系 **滝川本谷**（赤井谷）
たきごうほんたに あかい

緑あふれる原生林の中をゆったり遡る、癒やし系の渓谷

　「日本の滝百選」のひとつ笹ノ滝を懸ける刈安谷を分け、花瀬から上流は赤井谷と名を変え、釈迦ヶ岳直下へと突き上げる滝川の本谷。花瀬から上の赤井谷は宗教法人・ほんみち教の持ち山になっていて、ここは目立った滝こそないが、緑あふれる原生林の中、ゆったりとした流れを遡上し、水上をめざす気分は、沢歩きの原点を感じさせる。登りつめた釈迦ヶ岳は、大峰山脈中屈指の展望を誇り、その雄大な景観は『吉野郡名山図誌』にも詳しく記されている。加えて千丈平はアルプスを思わせる規模でバイケイソウが群落をつくっている。その左尾根にはシロヤシオの古木が多く、初夏にはさながら日本庭園のようになる。

·············· **アプローチ** ··············

　林道を上流へ歩き、資材置場の先から左の山道を下り、橋のたもとから入渓。

·············· **下降ルート** ··············

　釈迦ヶ岳の山頂で雄大なパノラマを楽し

アクセス　行き・帰り：五条駅（タクシー約2時間45分、約69km）不動滝　※林道の距離が長く、バス・タクシー利用は適していない
マイカー情報　国道168号を十津川方面へと向かい、滝川口で笹ノ滝の標識に従い滝川沿いの車道に入る。内原、奥里の集落を過ぎ、不動滝横の広場に駐車。
参考タイム　入渓点（1時間45分）ドウノ谷出合（55分）2条5m滝上流（1時間20分）二俣（1時間15分）三俣（30分）千丈平
標高差　970m（水平距離6.7km）
装備　基本装備＋宿泊用具
地図　風屋、池原、釈迦ヶ岳
温泉　①滝の湯（木曜休）☎0746-62-0400
②泉湯（火曜休）☎0746-62-0090

んだら、嫁越峠まで縦走して、ドウノ谷へ向けて下降する。地形図に破線記号があるが廃道で、大方がガレの下りだ。滝川本流の河原からは、右岸の山道をたどって不動滝上の林道へ戻る。千丈平から約5時間。

ナメ滝4mを左岸に渡る

❶ 白い岩が散在するゴーロ帯。ところどころに小滝と釜が出てくる。右、左にと渡り返して遡上する。

❷ 一枚岩に6m斜滝が落ちる。水勢がきつくて直登できない場合は左岸を巻き登る。

❸ 7m斜滝は右岸を小さく巻く。

❹ ナメが連続して美しい景観を見せる。快適に遡って1184m地点の二俣に着く。

❺ 源流域に入り、傾斜が強まるなかを登ると滝場が出てくるが、いずれも直登していける。不安を感じたらお助けひもで確保を。

❻ 三俣では真ん中の谷をとって7mの滝を越える。

❼ ツメに入り、原生林の中を登りつめて千丈平に飛び出す。

❽ 千丈平は整地された広場もあり、今宵の泊まり場としては最高のロケーションだ。

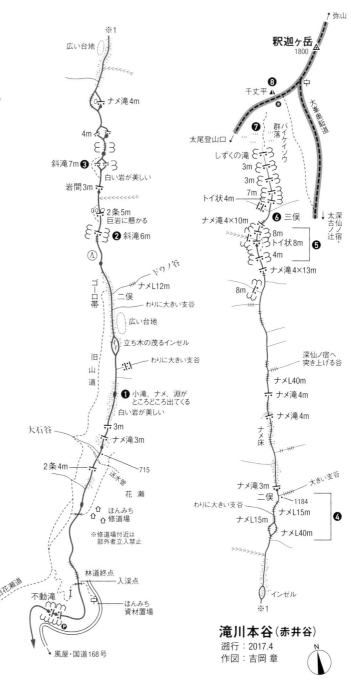

滝川本谷（赤井谷）

遡行：2017.4
作図：吉岡 章

065

十津川水系
滝川 **大谷**（おおたに）

初級 2級／Ⅲ
適期 4月下旬〜11月上旬
日程 1日（遡行3〜4時間）

快適な滝場の直登と、人擦れのない静かな山を楽しむ

　滝川南岸の石佛山（いしぼとけ）に源を発する大谷は、標高差800mばかりの短い谷で、入口付近は植林されていて、一見食指が動かないが、中ほどから上流は自然林に覆われ、5m前後の滝が数多く懸かり、ゴルジュもあって楽しい沢登りを堪能させてくれる。しかも登りつめた石佛山は、人擦れのない静かな山として玄人にも好まれるであろう。この谷だけでは物足りなく感じるなら、東隣の中ノ又谷を下るか、または尾根通しに中八人山まで足を延ばすのもよい。

········· **アプローチ** ·········

　左岸の林道をたどる。ワサドチ谷の流れを渡ると山道となって右岸に渡り、そこから2回谷を渡り返し、斜滝4×8mの上で左岸に転じ斜面を登りだすので、谷に下りて遡行を開始する。大谷橋から約20分。

········· **下降ルート** ·········

　石佛山から北西に派生する尾根を999m

独標に向けて下る。独標で尾根は2方向に分かれ、地形図に破線記号のある右の尾根をとって下れば、大谷より1本上流の滝谷橋のたもとに出る。石佛山から大谷橋まで約1時間20分。

アクセス **行き・帰り**：五条駅（タクシー約2時間15分、約62km）大谷橋 ※バス・タクシー利用は適していない

マイカー情報 国道168号を十津川方面へと向かい、滝川口で笹ノ滝の標識に従い滝川線に入る。奥里集落を過ぎ、大谷の出合う大谷橋まで。滝川口から約6km。

参考タイム 斜滝4×8mの上（30分）左岸からの大きい枝谷出合（1時間15分）朽ちた植林小屋（1時間10分）石佛山

標高差 808m（水平距離2.2km）

装備 基本装備

地図 風屋

温泉 ①滝の湯（木曜休）☎0746-62-0400
②泉湯（火曜休）☎0746-62-0090

右／3段L20m滝は直登できる
左／2段L9mトイ状滝を突っ張りで越える

❶2段6m滝は右岸を小さく巻く。

❷12m滝は右手から巻き登って、L7mナメ滝の上に抜ける。

❸トイ状の滝は突っ張りでこなし、2段5mと4m滝は左から右へと絡んで登る。

❹ゴルジュに懸かる3m滝2つと多段10×20m滝は、シャワーを浴びながら快適に越えていける。

❺3段L20m滝は直登できるが、不安な場合はロープを出して安全を期したい。

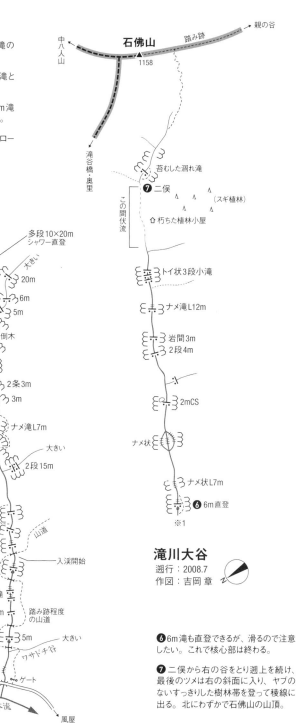

石佛山
1158

中八人山
親の谷
踏み跡

滝谷橋・奥里

苔むした涸れ滝

❼二俣
（スギ植林）

この間伏流

朽ちた植林小屋

トイ状3段小滝

ナメ滝L12m

岩間3m
2段4m

2mCS

ナメ状

ナメ状L7m

❻6m直登
※1

※1
3段L20m ❺
直登
多段10×20m
シャワー直登
3m
❹
大きい
20m
ゴルジュ
3m
6m
3m
5m
480
4m
倒木
❸
2段5m
トイ状
2段L9m
2条3m
3m
ナメ滝L7m
12m ❷
4m
大きい
2段15m

2段6m ❶
斜滝3m
山道
ナメ滝L6m
斜滝4×8m
入渓開始
ナメ状小滝
岩間2段3m
踏み跡程度の山道
5m
大きい
ワサダチ谷
ナメL6m
笹ノ滝
ゲート
大谷橋
滝川本流
風屋

滝川大谷

遡行：2008.7
作図：吉岡 章

❻6m滝も直登できるが、滑るので注意したい。これで核心部は終わる。

❼二俣から右の谷をとり遡上を続け、最後のツメは右の斜面に入り、ヤブのないすっきりした樹林帯を登って稜線に出る。北にわずかで石佛山の山頂。

十津川水系 滝川 刈安谷（かりやす）

中級	2級上／Ⅲ＋
適期	4月下旬〜11月上旬
日程	2日（遡行8〜9時間）

突破困難なゴルジュと滝を秘めた、大峰でも屈指の渓谷

大峰主稜の涅槃岳（ねはん）周辺の水を集めて西走する刈安谷は、出合付近で「日本の滝百選」に選ばれた笹ノ滝を懸ける。近年観光に供されているが、その上流1kmの間は壮絶なゴルジュを横たえ、並の遡行では突破を許してくれない。両岸の壁は磨かれたスラブがずっと続き、険悪な滝と釜を連ねる。これを突破しようとすれば、ボルト、ピトンを駆使し、泳ぎにつぐ泳ぎで丸2日はかかるが、完全遡行ではなく、できるだけアプローチしながらも悪場を敬遠するルートをとれば、技術的にはそう難しくはない。夫婦滝から上流は谷が浅くなり、たいした変化はないが、自然林と相まって美しいたたずまいを見せてくれる。

･･････････････ アプローチ ･･････････････

左岸の遊歩道に入り、笹ノ滝の直下まで徒歩約10分。

･･････････････ 下降ルート ･･････････････

駐車地に戻る場合は、つめ上がった証誠無漏岳（しょうじょうむろう）から北へ滝川辻まで縦走し、辻から西へ派生するカリヤス尾を伝い花瀬へと下山する。地形図には破線記号があるが踏み跡程度で、途中に不明瞭な箇所がある。約3時間20分。

アクセス　行き・帰り：五条駅（タクシー約2時間40分、約67km）笹ノ滝　※バス・タクシー利用は適していない

マイカー情報　国道168号を十津川方面へと向かい、滝川口で笹ノ滝の標識に従い滝川沿いの車道に入る。内原、奥里の集落を過ぎ、笹ノ滝前の駐車場へ。滝川口から約13km。

参考タイム　笹ノ滝（1時間15分）ホホゴヤ谷出合（1時間30分）18mチムニー滝（1時間30分）四ツ滝の上流（55分）夫婦滝（2時間）二俣（1時間10分）誠証無漏岳

標高差　791m（水平距離4.0km）

装備　基本装備＋40mロープ、宿泊用具

地図　風屋、池原

温泉　①滝の湯（木曜休）☎0746-62-0400 ②泉湯（火曜休）☎0746-62-0090

本谷に懸かる雌滝18m

四ツ滝2・3番目の滝。ここは全体を高巻く

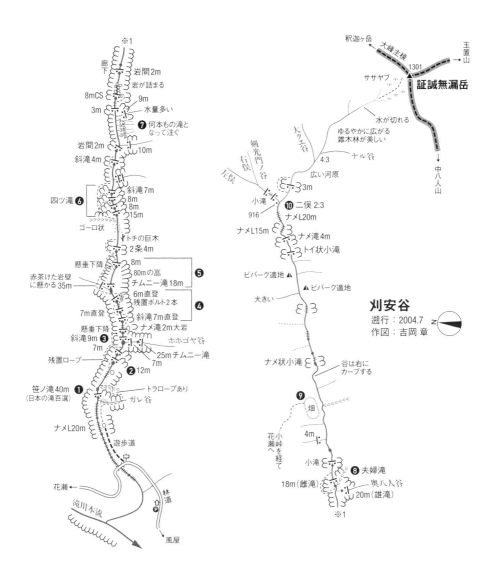

刈安谷

遡行：2004.7
作図：吉岡 章

❶ 笹ノ滝は右のガレ谷を登り、巻ききってからガリーを下り、上流へ下り立つ。途中にトラロープあり。落石注意。

❷ 通過困難のゴルジュが始まる。12m滝は右岸に垂れ下がるロープを頼りに攀じ、上に続く7mの滝をやり過ごして沢身に下る。

❸ ホホゴヤ谷が25mチムニー滝となって出合う。9m斜滝は右岸を高巻き懸垂で下る。

❹ 7m斜滝は左岸を、次の7m滝は右岸を、岩の詰まる6m滝は左岸の残置ボルト2本で確保をとり直登する。ロープを使用し安全を期すこと。自信がなければ右岸を高巻く。

❺ 左岸の壁が80mの高さで迫り、18m滝を懸ける。手がつけられず、右岸から高巻いて懸垂下降し、上の8m滝は右岸を直登する。懸垂下降せずに通して巻いてもよい。

❻ 四ツ滝は右岸を高巻いて上流に出る。

❼ 左岸から幾筋もの流れが滝となって注ぐ。本谷はへつりとシャワーで通過。

❽ 夫婦滝は本谷に雌滝、奥八人谷に雄滝が懸かる。少し戻って右岸から高巻く。

❾ 右岸に畑があり、小峠を経て花瀬まで山道が通じているが、ほんみち教の私道で部外者は通行禁止。

❿ 時間を短縮する場合は、左の剣光門ノ谷の左俣をつめ上がると滝川辻に出られる。

十津川水系 芦廼瀬川本流
あしのせ

上級 3級／IV+

適期 6月上旬～9月下旬

日程 2日（遡行8～10時間）

渓谷美を発揮し、本流遡行の醍醐味を満喫する名渓

芦廼瀬川は大峰の数ある渓谷のなかにあって、本流遡行の醍醐味が満喫できる名渓として知られ、毎年、シーズンともなると多くの遡行者が訪れている。嵓のよく発達した谷で、ワサビ嵓、百間嵓の垂壁をはじめ、フジネと呼ばれる美しい岩盤帯、焼嵓淵から上流300mの狭いゴルジュ、十皿の領域など、自然の造形美を遺憾なく見せつけている。

通常この谷は、沢中1泊で遡行されることが多いが、足のそろったパーティならば1日で抜けることも可能だ（マイカー利用）。豪快な遡行に憧れる人は、ぜひ訪れることをすすめる。

・・・・・・・・・・・・・・ アプローチ ・・・・・・・・・・・・・・

七泰ダムから河原に下りて、遡行を開始する。

・・・・・・・・・・・・・・ 下降ルート ・・・・・・・・・・・・・・

白谷林道支線が谷を横切る地点で遡行を打ち切り、林道に上がる。あとは引き返すが、徒歩約4時間を要する。車が2台あれば、1台を遡行終了点の二俣まで回送しておくと、下山の林道歩きが短縮できる。

アクセス 行き・帰り：五条駅（奈良交通バス2時間35分）十津川役場前（タクシー約22分、約10km）七泰ダム

マイカー情報 国道168号を南下して、十津川村役場を過ぎた滝で左折。芦廼瀬川に沿う国道425号を上葛川方面へ東進し、上小川で橋を渡らず直進して、1km先の七泰ダムまで。林道脇に駐車スペースがある。

参考タイム 七泰ダム（2時間）ヒイラギ谷出合（1時間30分）核心部の8m滝直下（2時間）細谷出合（40分）笠捨谷出合（15分）堰堤（1時間30分）白谷林道支線

標高差 310m（水平距離6.8km）

装備 基本装備＋登攀具、50mロープ、ライフジャケット、宿泊用具

地図 十津川温泉、大沼、池原

温泉 ①庵の湯（火曜休）☎0746-64-1100
②滝の湯（木曜休）☎0746-62-0400

この谷の核心部ともいえる8m滝

流水を浴びてナメ滝L7mを直上する

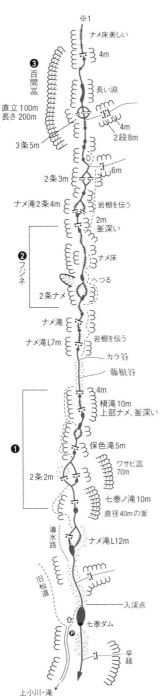

※1

ナメ床美しい

4m

❸
百間嵓

長い淵

直立100m
長さ200m

4m
2段8m

3条5m

6m

2条3m

ナメ滝2条4m　岩棚を伝う

2m
釜深い

❷
フジネ

ナメ床

へつる

2条ナメ

ナメ滝

ナメ滝L7m　岩棚を伝う

カラ谷

藤根谷

4m
横滝10m
上部ナメ、釜深い

❶

保色滝5m

ワサビ嵓
70m

2条2m

七泰ノ滝10m

直径40mの釜

導水路

ナメ滝L12m

旧仙道

入渓点

七泰ダム

辛越

P

上小川・滝

❶左岸にワサビ嵓がそびえ、その
下に大釜を従えた七泰ノ滝が堂々
と落下している。右岸を巻けば、
まもなく保色滝、横滝を近くに見
る。谷中の突破は無理なので右
岸の踏み跡を伝い、上方に懸か
る4m滝を過ぎた地点から谷床に
下る。

❷フジネと呼ばれる美しい岩盤帯
を進んでいく。

❸百間嵓は直立100m、長さ
200mは優にある屏風のような嵓で
ある。ここは足を取られそうな流れ
を徒渉して、長淵、4m滝と難し
い遡行が続く。不安を感じたらロー
プを出して安全を期すこと。

芦廼瀬川本流(1)

遡行：2016.8
作図：吉岡 章

N

芦廼瀬川本流(2)

遡行：2016.8
作図：吉岡 章

N

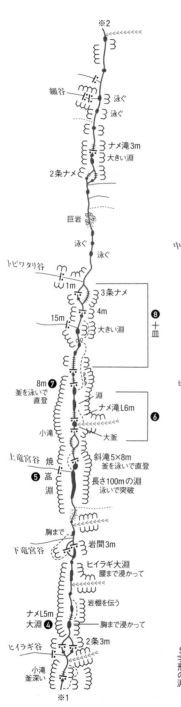

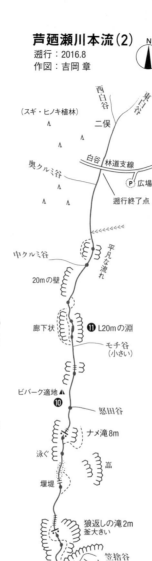

❹ヒイラギ谷を過ぎた先の大淵は、胸まで浸かっての徒渉を強いられる。

❺長さ100mにも及ぶ焼岩淵が横たわり、両岸は切り立って昼なお暗い。ここからついに泳ぐことになる。ザックを浮き袋にして進むと楽だ。淵の出口に懸かる斜滝は釜を泳ぎ直登するが、右岸を高巻いてもよい。

❻大釜と淵は再度の水泳で突破する。

❼この谷の核心部ともいえる洞窟状の釜をもつ8m滝。ここは泳いで滝身に取り付き、残置ピトンのある右手を直登する以外に手はない。滑るのでロープを結んで安全を期したい。高巻く場合は下竜宮谷出合の上流から左岸を巻き登り、8mの滝の上流に下り立つ。

❽十皿は皿のような広いナメが数個続き、微妙なへつりと徒渉が要求される。

❾S字形の淵は右岸が巻けるが、泳いで突破もできる。

❿朝出発すれば、1日目は怒田谷からモチ谷出合あたりで沢中泊となる。河原が続くのでビバークには適地。

⓫L20mの淵はロープをつけて泳ぎ渡る。右岸を巻いてもよい。

072

七泰ノ滝10mは右岸をはい登る

焼嵓淵手前の廊下帯を行く

フジネの美しいナメと淵

台高の谷

　台高山脈は高見山から始まり、途中で隆起準平原の大台ヶ原を経て熊野灘に没する、約60kmの山脈である。主脈から派生する尾根もたくさん広がっていて、それらの峰から流れ出る谷も複雑多岐にわたり、無数といえるほどの谷々を形成している。そのなかにあって大台ヶ原周辺は遡行価値の高い谷が多く、全国的にも名の知れた名渓がそろっている。よく西隣の大峰山脈の渓谷と比較されるが、大峰山脈が深い谷に刻まれた廊下で代表されるとすれば、この台高山脈の渓谷は数知れぬ滝で代表されると言ってもよいだろう。事実、大台ヶ原の南側には100mを超える長滝が12本も数えられ、いかに岩壁がよく発達しているかを物語っている。ほかには池木屋山周辺がよく、蓮渓谷にはスケールの大きい変化に富んだ谷がそろっていて、初級から上級者まで幅広く楽しめるエリアである。

　また、大台ヶ原周辺から尾鷲にかけては日本有数の多雨地帯で、年間4800mmを超える雨量があり、梅雨期と台風時期には谷が増水して沢登りを困難なものにし、逃げ場を失うこともあるので、こういった気象条件を理解して入渓してほしい。

宮川水系

　大杉谷を本流として、父ヶ谷、大和谷といった優れた流域をもつ水系で、台高の谷の代表格である。**大杉谷**の本流には探勝路があり遡行の興味は薄らいだが、千尋滝やニコニコ滝、七ツ釜滝、光滝、堂倉滝など見どころは多い。その上流の堂倉谷と西谷は大杉谷のよさを引き継いでいて遡行価値も高く中級者向き。また、支流のミネコシ谷、奥ノ右俣・左俣、石楠花谷なども遡行

時間は短いがアプローチがよく、大台ヶ原駐車場を起点にすればいずれも日帰り可能で、初級から中級者におすすめだ。

　池木屋山から馬ノ鞍峰を水源とする**大和谷**流域は、本谷をはじめ、脇谷、銚子谷、ヤジ平谷、川上谷、杉沢のほか、左岸から入る支流のロクロ谷は遡行価値が高い。**父ヶ谷**流域は林道と伐採でつぶれてしまったが、本流に懸かる鎌滝から牛鬼淵のゴルジュ付近はけっこう楽しめる。

櫛田川水系

　奥香肌峡と呼ばれる**蓮川**にはスケールの大きい、粒よりの谷が並んでいる。絵馬小屋谷、野江股谷、宮ノ谷、ヌタハラ谷、奥ノ平谷など、ともに連瀑とゴルジュの発達した水量豊かな谷で、初級から上級者まで楽しめる谷がめじろ押し。本流の千石谷は林道が入っており、いささか雰囲気が変わってしまったが、五段の滝、赤嵓滝など名のある滝を有し、明神岳へと突き上げていて、源頭はブナの原生林が美しい。

　下流では唐谷川と名倉谷川中ノ谷がアプローチもよくけっこう楽しめる。青田川流域では明神平に突き上げる木谷谷川がおもしろく、初級者向きの美しい沢だ。この流域は下山後の温泉が近いこともありがたい。

吉野川水系

　各流域が複雑に入り込み、比較的短い谷が多いが、大台ヶ原近くから流れ出る谷はスケールも大きく、いくつかの悪場をもっていて、高い技術を必要とする谷もある。

　本沢川流域では西から黒石谷、白倉又谷、黒倉又谷、釜ノ公谷がある。ともに連瀑とゴルジュの発達した、水量豊富な谷である。

ことに黒石谷は谷の格では最上級にランクされ、多くの入渓者がある。

北股川は台高主稜中部の西側に寄り添うようにして流れ、本流沿いには奥まで林道が通じている。本沢川とともに入渓しやすい流域で、比較的短い谷が多い。それほどの悪場もなく、初級者やこれから沢登りを始める初心者でも楽しめる谷がほとんどで、車を使えばいずれの谷も日帰りが可能だ。柏原谷、ビシャクラ谷、不動谷と南股谷などがおすすめの谷である。

三之公川では、本書で紹介した明神谷以外に、キノコ股谷、湯谷、アワホラ谷、滝ノ股谷が初級者向きで手頃に楽しめる。**中奥川**では戸倉谷のほか、ゴンザイ谷、松葉作りの谷、向龍谷、赤倉谷と、薊岳に突き上げる半左衛門谷などが登られている。

迷岳の南面に落ちる大熊谷支流東俣谷

北山川水系

東ノ川流域には大杉谷と並んで最も名の知れた東ノ川本流があり、岩石の配置の見事さ、見上げるばかりの懸瀑の豪壮さに目を見張る遡行を約束してくれる。支流では白崩谷、大谷、西ノ谷が遡行価値があり、いくつかの悪場をもっていておもしろい。東ノ川の支流には古川と備後川があり、その支流にはまた多くの谷がかかる。そのうち**古川**では下流の岩屋谷が険悪な谷として知られる。ゴミキ谷と滝谷も短いがけっこう楽しめる。**備後川**では出合に60mの大滝を懸けるナル谷と大谷が登られている。

ほかに**小椽川**の又剣谷。北山川に直接流入する谷では、黒瀬谷の下部ゴルジュも人気がある。摺子谷本谷の大滝と左俣大滝は登攀的要素が高く本書では省いたが、上級者の挑戦を待っている。**大又川**では、「南紀の滝十選」に選ばれた西ノ谷は登攀的で手応えのある谷だ。

銚子川水系

アプローチが遠く、入渓には不便な流域である。**銚子川**流域の谷はいずれの支流にも100mを超す大滝を懸け、遡行は難しく登攀的な要素が強い。なかでも岩井谷は最も遡行グレードの高い谷で4級下とした。清五郎滝を懸ける不動谷と、右俣に80mの大滝を懸ける光谷もけっこうおもしろく中級向きの谷。**又口川**の三ツ俣谷は長大なナメが続くやさしい谷である。

船津川水系

銚子川水系と同じくアプローチが遠く、入渓には不便な流域である。往古川と大河内川とに分かれる。**往古川**には険悪な真砂谷が牙をむくが、遡行時間も長く登攀の要素が高いのでここでは省いて、小木森谷を取り上げた。この谷も2段120mを誇る長瀑の巻きが難しく、上級者向きである。**大河内川**は穏やかな流域だが、瀬場谷だけは大滝と連瀑で構成された谷である。

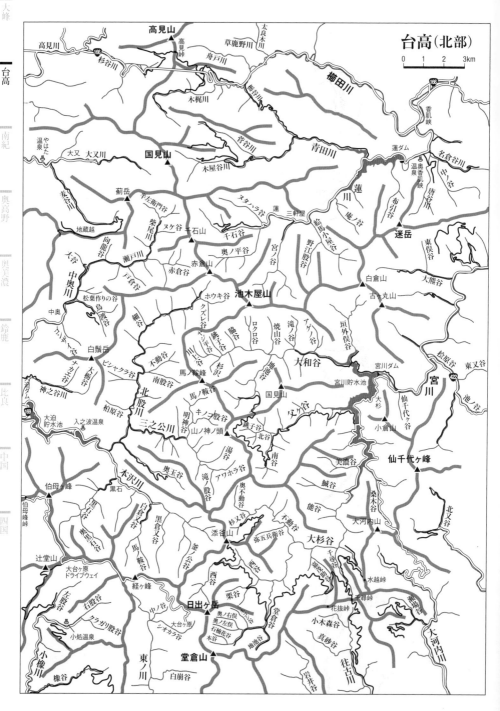

台高（北部）

0 1 2 3km

高見山
高見川
高見峠
杉谷川
太良木川
草鹿野川
舟戸川
櫛田川
香肌峡
166

木梶川
背戸川
青田川
名倉谷川
奥香肌峡温泉
中ノ谷
唐谷沢

国見山
大又
大又川
木屋谷川
ヌタハラ谷
蓮
蓮ダム
三軒屋
沿麻不動谷
野江股谷
蓮川
庵ノ谷
布引谷
東俣谷
迷岳

薊岳
平左衛門谷
柴尾山
ヌケ谷
千石山
千石谷
宮ノ谷
赤倉谷
白倉山
古ヶ丸山
大熊谷

萩谷
地蔵越
向萩谷
瀬戸川
赤倉山
ホウキ谷
池木屋山
クズレ谷
ヤシャ谷
滝山谷
ロクロ谷
焼山谷
アゲノ谷
垣外俣谷

大谷
中奥川
中奥
松葉作りの谷
島濤谷
細谷
不動谷
中ノ谷
川上谷
杉沢
地池谷
大和谷
宮川ダム
松原谷
東又谷
宮川
422

白髭岳
ビジャクラ谷
大谷
ナカタ谷
南股谷
馬ノ鞍峰
馬ノ鞍谷
国見山
父ヶ谷
宮川貯水池
大杉
仙千代ヶ峰
小倉山

神之谷川
169
大迫貯水池
入之波温泉
柏原谷
北股谷
三之公川
キノコ股谷
明神谷
山ノ神ノ頭
難子谷
北谷
南谷
湯谷
美濃谷
小倉山
仙千代ヶ峰

伯母ヶ峰
伯母峰峠
本沢川
奥玉谷
アワホラ谷
滝ノ股谷
奥不動谷
鹹谷
熊谷
桑木谷
大河内山
北又谷

辻堂山
大台ヶ原ドライブウェイ
黒石
白倉又谷
黒倉又谷
馬ノ鞍谷
添谷山
杉ノ谷
弥五兵衛谷
不動谷
大杉谷
水越峠
花抜峠

経ヶ峰
西谷
中ノ谷
大台ヶ原
奥ノ右俣
栗谷
堂倉谷
小木森谷
真砂谷
往古川
大河内川

左俣谷
右俣谷
クラガリ股谷
小処温泉
シオカラ谷
大台ヶ原山
奥ノ左俣
石楠花谷
本谷
地池谷
岩井谷

小橡川
橡谷
東ノ川
日出ヶ岳
白崩谷
堂倉山

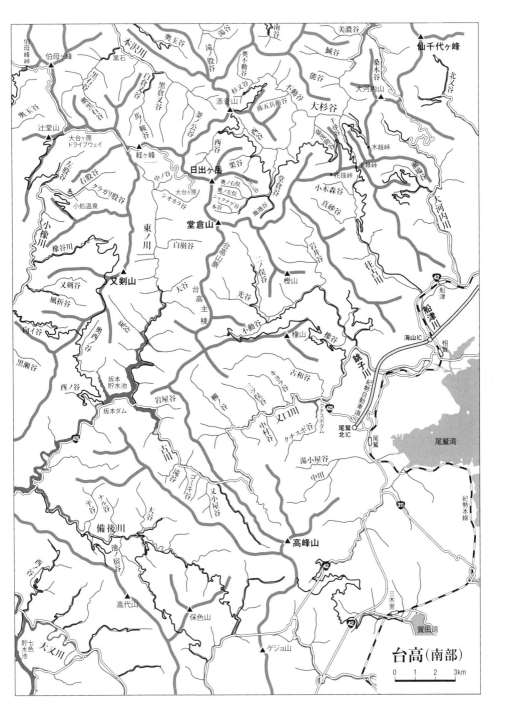

台高（南部）

0 1 2 3km

宮川水系
大杉谷 **堂倉谷本谷**
（どうくら）

中級	2級上／Ⅲ
適期	5月中旬〜10月中旬
日程	2日（遡行7.5〜8.5時間）*

特異な景観の奥七ツ釜が魅力で、水量多く豪壮な谷

大杉谷の本谷と目される谷で、大杉谷の七ツ釜に続いて中七ツ釜、奥七ツ釜の名称があるほど、滝と釜と淵が連続する豪壮な谷。本流だけあって水量も多く、降雨による増水には充分注意したい。美渓としてよく知られ、中ほどから上流で6本の谷に枝分かれするが、支谷のミネコシ谷、奥ノ右俣、奥ノ左俣、石楠花谷はともに遡行価値が高く、二俣をベースに分け入るのもおもしろい。本谷は穏やかな流れから傾斜を強めて数多くの滝を懸ける。上流域の連瀑帯は出てくる滝のほとんどが直登できるが、なかには手ごわい滝もあるので、ロープで確保して慎重に登りたい。

堂倉滝から上流しばらくの間を除いて、林道が横切るまでの斜面は伐採されてしまい、一部はスギ・ヒノキの植林となり昔の幽邃さは薄れたが、まだまだ気品と格調の高さは失われていない。

（注）日出ヶ岳からの大杉谷コースは平成16年の台風被害で寸断。現在は復旧されて吊橋なども新しく架け替えられたが、一部に荒れている箇所もあり、通行の際には注意したい。

・・・・・・・・ **アプローチ** ・・・・・・・・

日出ヶ岳から大杉谷登山道を下って堂倉滝の懸かる出合に至る。谷を渡り道を少し行った堂倉吊橋から右手に上がる小道を登り、架線場跡からガレを下り、堂倉滝の上流に下り立つ。山上駐車場から約3時間。

・・・・・・・・ **下降ルート** ・・・・・・・・

中道遊歩道を経て大台ヶ原駐車場へ徒歩約35分。

アクセス 行き・帰り：大和上市駅（奈良交通バス1時間51分）大台ヶ原
マイカー情報 西名阪道郡山ICから国道24号・169号で熊野・大台ヶ原方面へ向かい、新伯母峰トンネル手前から大台ヶ原ドライブウェイを大台ヶ原へ。山上駐車場は500台、無料。
参考タイム 堂倉谷出合（2時間30分）アザミ谷出合（2時間40分）二俣（2時間）奥の二俣（35分）尾鷲辻
標高差 840m（水平距離6.0km）
装備 基本装備＋宿泊用具
地図 大杉峡谷、大台ヶ原山、河合
温泉 ホテル杉の湯（水曜休）☎0746-52-0006

上／瀬滝は流水がきつく足がすくわれそうになる
下／斜滝10mは左岸を直登

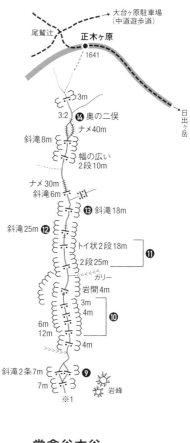

石楠花谷
※1
斜滝4m
3m
1058
二俣 8
伏流
奥ノ左俣
奥ノ右俣
ミネコシ谷
地池谷
1023
岩間3m
斜滝5m
粟谷小屋
長い淵
斜滝15m
4m
2m
斜滝4m
2段8m
奥七ツ釜 6
船津
アザミ谷
ナメ滝5m
ビバーク適地
5
斜滝10m
ゴーロ状
斜滝8m
3m
中七ツ釜
3m
3
3m
斜滝6m
ガリー
日出ヶ岳
2
斜滝30m
瀬滝7m
堂倉滝
架線場跡 1
18m
堂倉吊橋
西谷
堂倉滝吊橋
大杉谷
大杉谷登山道

大台ヶ原駐車場
(中道遊歩道)
尾鷲辻
正木ヶ原
1641
3m
3:2
14 奥の二俣
ナメ40m
斜滝8m
幅の広い
2段10m
ナメ30m
斜滝6m
13 斜滝18m
斜滝25m 12
トイ状2段18m
11
2段25m
ガリー
岩間4m
3m
4m
10
6m
12m
4m
斜滝2条7m
9
7m
※1
岩峰

日出ヶ岳

堂倉谷本谷

遡行：2009.10
作図：吉岡 章

❶ 架線場跡から、谷側のガレを残置ロープを頼りに谷に下り立つ。

❷ 7m滝の左側を直登すると、この谷最大の30m斜滝の前面に立つ。左岸を大きく巻く。

❸ 斜滝に続く小滝と釜を徒渉やへつりで通過していく。出合からこのあたりまでを中七ツ釜と呼ぶ。

❹ 10m斜滝は右側にピトンが連打されているので、ロープを使って直登できる。

❺ アザミ谷が出合う。朝発の場合、1日目はこのあたりで谷中泊となる。

❻ 奥七ツ釜はナメ滝のあちこちに釜が穿たれ特異な景観だ。15m斜滝は右側を直登。

❼ 林道が横切る。日帰りの場合はここで切り上げて林道を粟谷小屋へ向かう。

❽ 1058m地点の二俣。右の谷は奥ノ右俣・左俣に分かれ、どちらも遡行価値が高い。

❾ 連瀑帯へ突入し2条斜滝は左を直上する。

❿ 12mの滝は右側を直登。6m、4m、3m滝はいずれも水際が直登できる。

⓫ 2段25m滝は右から取り付き、中ほどで左に転じて直上するがバランスを要する。2段18m滝はシャワーを浴びての登攀となる。

⓬ 斜滝25mもシャワーを頭からかぶる。ロープを出して慎重に登りたい。

⓭ 斜滝18mは滝身を直登する。

⓮ 奥の二俣を左にとって原生林の中を登りつめると正木ヶ原に飛び出す。

宮川水系 大杉谷 堂倉谷奥ノ右俣

初級 2級／II＋
適期　4月下旬〜11月上旬
日程　1日（遡行3〜3.5時間）

ほかの支谷と組み合わせて継続遡下降するプランも楽しい

中七ツ釜、奥七ツ釜の名称があるほど、滝と釜と淵とが連続する堂倉谷は美渓としてよく知られた谷で、中ほどから6本の谷に枝分かれするが、支谷の奥ノ右俣、奥ノ左俣、石楠花谷、ミネコシ谷はともに遡行価値が高く、大台ヶ原駐車場をベースにすれば、前夜発日帰りで2本の沢が遡下降できる。ここではミネコシ谷を下降して奥ノ右俣を遡行するガイドとするが、奥ノ左俣を下降するのもおすすめだ。

ミネコシ谷は2段20mの滝を筆頭に、18m、13m、10m、2段L10m斜滝など15本ほどの滝を懸けるが、18m滝のみ懸垂下降を強いられる。下降時間は大台ヶ原山上駐車場から約3時間。

奥ノ右俣は40mの滝を筆頭に3mから13mの滝が10数本懸かり、3.5時間程度だが、充実した沢登りを楽しめる。

……………… アプローチ ………………

大杉谷道を下り、P1525手前付近からミネコシ谷を下降する。出合まで約3時間。

……………… 下降ルート ………………

最後のツメは谷芯を外れ草付の斜面をはい上がれば、日出ヶ岳近くの登山道に出る。遊歩道を大台ヶ原駐車場まで約30分。

アクセス　行き・帰り：大和上市駅（奈良交通バス1時間51分）大台ヶ原
マイカー情報　西名阪道郡山ICから国道24号・169号で熊野・大台ヶ原方面へ向かい、新伯母峰トンネル手前から大台ヶ原ドライブウェイを大台ヶ原へ。山上駐車場は500台、無料。
参考タイム　奥ノ右俣出合（45分）40m滝直下（1時間）左岸からの大きい枝谷（1時間）二俣（20分）登山道　※ミネコシ谷下降約3時間
標高差　627m（水平距離2.2km）
装備　基本装備＋40mロープ
地図　大台ヶ原山、大杉峡谷
温泉　ホテル杉の湯（水曜休）☎0746-52-0006

入口に懸かる3段斜滝は水際を直登

この谷最大の40m美瀑

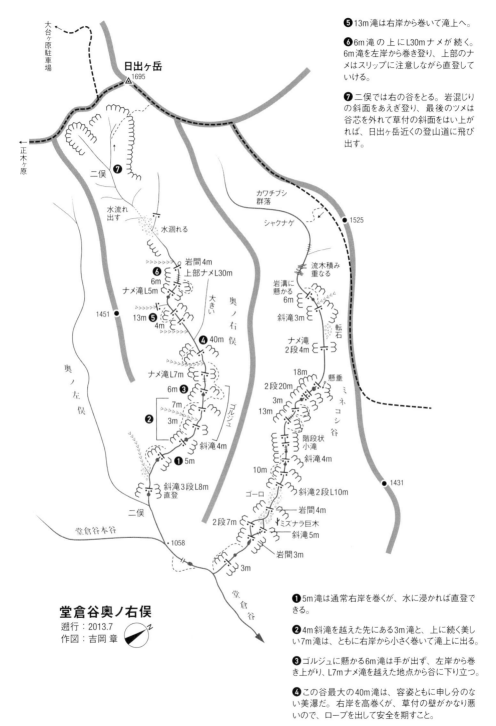

❺ 13m滝は右岸から巻いて滝上へ。

❻ 6m滝の上にL30mナメが続く。6m滝を左岸から巻き登り、上部のナメはスリップに注意しながら直登していける。

❼ 二俣では右の谷をとる。岩混じりの斜面をあえぎ登り、最後のツメは谷芯を外れて草付の斜面をはい上がれば、日出ヶ岳近くの登山道に飛び出す。

大台ヶ原駐車場

日出ヶ岳
△1695

← 正木ヶ原

二俣

❼

水流れ出す
水涸れる

カワチブシ群落

シャクナゲ
● 1525

岩間4m
上部ナメL30m
❻
6m
ナメ滝L5m

大きい

奥ノ右俣

流木積み重なる

岩溝に懸かる
6m

斜滝3m

転石

● 1451
13m
❺
4m

❹ 40m

ナメ滝2段4m

ナメ滝L7m

6m **❸**

7m
❷
3m

ゴルジュ

18m

2段20m

3m

13m

懸垂

ミネコシ谷

奥ノ左俣

斜滝4m

❶ 5m

階段状小滝

斜滝4m

● 1431

斜滝3段L8m
直登

10m

二俣

斜滝2段L10m

堂倉谷本谷

ゴーロ

岩間4m

● 1058

2段7m

ミズナラ巨木

斜滝5m

岩間3m

3m

堂倉谷

堂倉谷奥ノ右俣

遡行：2013.7
作図：吉岡 章

N

❶ 5m滝は通常右岸を巻くが、水に浸かれば直登できる。

❷ 4m斜滝を越えた先にある3m滝と、上に続く美しい7m滝は、ともに右岸から小さく巻いて滝上に出る。

❸ ゴルジュに懸かる6m滝は手が出ず、左岸から巻き上がり、L7mナメ滝を越えた地点から谷に下り立つ。

❹ この谷最大の40m滝は、容姿ともに申し分のない美瀑だ。右岸を高巻くが、草付の壁がかなり悪いので、ロープを出して安全を期すこと。

宮川水系
大熊谷　東俣谷（ひがしまた）

初・中級　2級／Ⅱ
適期　4月上旬〜10月下旬
日程　1日(遡行4.5時間)

圧巻の大滝と多彩な滝群が遡行者を有頂天にする

台高山脈の迷岳から桃ノ木平へと続く稜線から南へと急落する東俣谷は、地形図にも描かれている2本の大滝を含め、谷中が滝といっても過言ではなく、遡行終了点の林道までまったく飽きる場面がない。大滝には巻き道もあって技術的にはそれほど難しくはなく、手軽なわりに充実感のある、コストパフォーマンスに優れた谷だ。

・・・・・・・・・・ アプローチ ・・・・・・・・・・

バス利用の場合は、国道（大熊バス停）から東俣谷出合まで徒歩約25分。林道から踏み跡を伝って出合へ下りる。

・・・・・・・・・・ 下降ルート ・・・・・・・・・・

林道を下って国道422号へと至る。途中P890付近から東俣谷の左岸尾根をとれば時間の短縮が可能。尾根にはシカよけネット沿いに道があって、620m付近まで続い

アクセス　行き・帰り：三瀬谷駅（大台町営バス39分）大熊
マイカー情報　国道422号を宮川ダム方面へと向かい、大熊谷川の出合から大熊谷林道へ入る。東俣谷出合付近、または大熊谷川の出合に駐車スペースあり。大阪から約3時間30分。
参考タイム　東俣谷出合（45分）不動滝（1時間）夢幻滝（1時間）二俣（1時間10分）奥の二俣（30分）林道合流
標高差　660m（水平距離2.5km）
装備　基本装備
地図　七日市
温泉　奥伊勢フォレストピア（無休）☎0598-76-1200

ている。国道まで約2時間30分。車が複数台ある場合は、矢知山林道に1台回しておけば下山が楽になる。

3段60mの不動滝が高みから落ちる

082

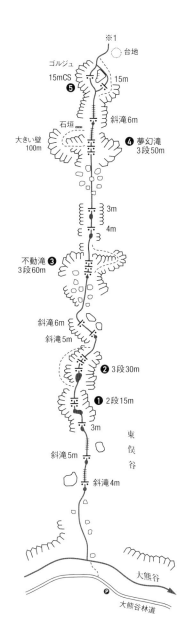

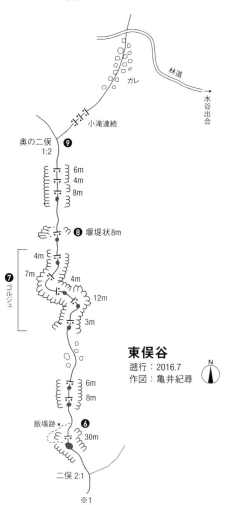

❼ 3m滝を越えてゴルジュに入る。中は連瀑となっているが、シャワーを覚悟すればほぼ水線沿いの突破が可能。

❽ 堰堤状の8m滝は左右どちらからでも巻ける。

❾ 奥の二俣を右へと進み、いくつかの小滝を越えて林道合流点で遡行を打ち切る。

東俣谷

遡行：2016.7
作図：亀井紀尋

❶ 出合からしばらくはゴーロだが両岸が立ってくるころ2段15m滝が現われる。快適に直登できるから小手調べにもちょうどよい。

❷ 2段30m滝はあっさりと右岸の巻き道を伝う。

❸ ここまで暗かった谷が開けると3段

60mの不動滝が高みから落ちる。左岸の斜面から巻きに入り、壁に詰まったところで頭へと折り返す。

❹ 3段50mの夢幻滝はこの谷の盟主たる存在。右岸からの巻きは傾斜の強い部分もあるから慎重に。見上げると100mはあろう壁が頭上に覆いかぶさってすごみを感じる。

❺ 険悪そうなゴルジュに15mCS滝が落ちる。幸い左岸側が開けており、階段状の岩場が上流へと導いてくれる。

❻ 二俣を左にとって30m滝を迎える。右岸を簡単に巻き上がり、レンガ造りの釜が残る飯場跡を通過する。

宮川
水系
大和谷本谷 (川上谷)

やまと

かわかみ

初級	2級／III
適期	4月下旬〜11月上旬
日程	2日(遡行5.5〜6.5時間)

銚子谷、弥次平谷などと合わせて継続遡下降がおすすめ

大和谷は宮川最大の支流であるにもかかわらず、ロクロ谷出合より上流は開発の手が伸びておらず、ありがたいことに現在まだ自然林のままで、林道も滝ノ谷の出合までで終わっている。本谷の見るべき滝としては巴滝と夫婦滝の2本にすぎないが、左右から入る支流には連瀑で構成された谷が多い。特に左岸から入る谷は際立っている。本谷のよいところは、それらの飛瀑を眺めながら、美しい自然林の中を遡行していく楽しさにある。陽春であれば、弥次平峰から池木屋山に至る尾根筋ではアケボノツツジが群生する桃源郷があり、秋には谷筋を彩る紅葉がすばらしい。

技術的には難しい谷ではなく、初級から中級者まで充分楽しめる。弥次平谷、杉沢、銚子谷などと組み合わせて継続遡下降をするのもよい。ただ、夏場はヒルが多く、対策は万全にしたい。また、マイカー利用の場合は、下降ルートの山道が不明瞭なので地図読みは要注意。

アプローチ

大和谷林道を終点まで歩き、さらに左岸の山道に入って上流に向かい、大和谷ダム（ロクロ谷出合）から入渓する。所要時間は、堰堤前バス停（40分）大和谷橋（1時間）林道終点（1時間15分）大和谷ダム。

下降ルート

弥次平峰から池木屋山へと縦走し、焼山ノ尾を下り、六丁峠を経由して大和谷橋ゲートへ下山。約6時間30分。交通機関利用の場合は池木屋山から宮ノ谷へ下山してもよい。弥次平峰から宮ノ谷林道終点登山口まで約4時間45分。

アクセス　行き・帰り：三瀬谷駅（大台町営バス1時間13分）堰堤前
マイカー情報　国道422号・県道53号を宮川ダム方面へと向かい、宮川ダムの堰堤前で右折して大和谷林道に入り、大和谷橋ゲート付近に駐車。
参考タイム　大和谷ダム（1時間10分）巴滝（15分）夫婦滝（2時間30分）弥次平谷出合（40分）15mの滝（1時間20分）弥次平峰
標高差　710m（水平距離4.6km）
装備　基本装備＋宿泊用具
地図　宮川貯水池、大和柏木
温泉　①奥伊勢フォレストピア（無休）☎0598-76-1200　②森のホテルスメール（無休）☎0598-45-0003

杉沢に懸かる夫婦滝（雌滝）2段50m

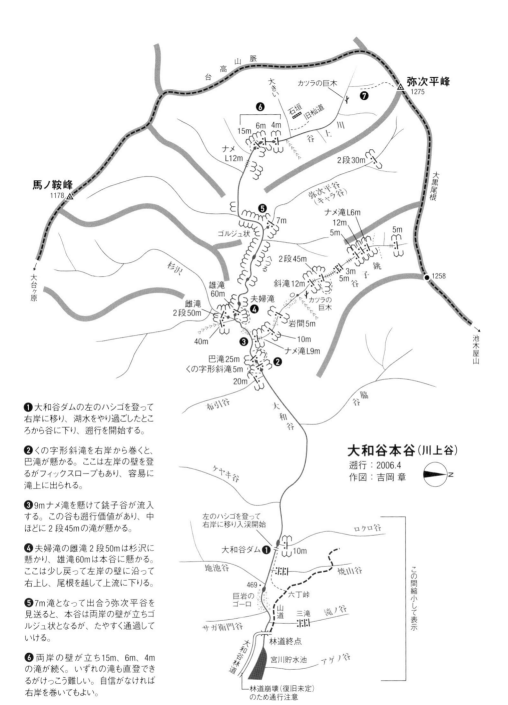

台高山脈

弥次平峰
△ 1275

⑥
大きい
カツラの巨木
石垣
旧仙道 **⑦**

15m 6m 4m
谷 上 川
ナメ
L12m

2段30m

馬ノ鞍峰
△ 1178

弥次平谷
（キャラ谷）

⑤
7m
ナメ滝L6m

12m
5m
5m

ゴルジュ状

2段45m
3m
5m
5m
銚

杉沢

斜滝12m
子

1258

雄滝
60m
夫婦滝

雌滝
2段50m
④
カツラの
巨木

岩間5m
谷

40m
③
10m
ナメ滝L9m

巴滝25m
②
くの字形斜滝5m

20m

大台ヶ原

布引谷

大和谷

谷脇

大和谷本谷（川上谷）

遡行：2006.4
作図：吉岡 章

ケヤキ谷

池木屋山

左のハシゴを登って
右岸に移り入渓開始

ロクロ谷

①
大和谷ダム
10m

地池谷

焼山谷

469
巨岩の
ゴーロ

六丁峰

この間縮小して表示

サガ衛門谷

山道
三滝
滝ノ谷

林道終点

宮川貯水池
アゲノ谷

大和谷林道

林道崩壊（復旧未定）
のため通行注意

❶ 大和谷ダムの左のハシゴを登って
右岸に移り、湖水をやり過ごしたとこ
ろから谷に下り、遡行を開始する。

❷ くの字形斜滝を右岸から巻くと、
巴滝が懸かる。ここは左岸の壁を登
るがフィックスロープもあり、容易に
滝上に出られる。

❸ 9mナメ滝を懸けて銚子谷が流入
する。この谷も遡行価値があり、中
ほどに2段45mの滝が懸かる。

❹ 夫婦滝の雌滝2段50mは杉沢に
懸かり、雄滝60mは本谷に懸かる。
ここは少し戻って左岸の壁に沿って
右上し、尾根を越えて上流に下る。

❺ 7m滝となって出合う弥次平谷を
見送ると、本谷は両岸の壁が立ちゴ
ルジュ状となるが、たやすく通過して
いける。

❻ 両岸の壁が立ち15m、6m、4m
の滝が続く。いずれの滝も直登でき
るがけっこう難しい。自信がなければ
右岸を巻いてもよい。

❼ カツラの巨木を見て、次の二俣で
は右の谷をとって登り続けると弥次
平峰に着く。

宮川水系 父ヶ谷本谷
（ちち　たに）

初級 2級／Ⅲ
適期 4月下旬〜11月上旬
日程 1日（遡行4〜5時間）

豪壮な鎌滝と上流に展開する神秘な釜とゴルジュ

父ヶ谷は台高主稜の地池越から父ヶ谷ノ高までの水を集め、宮川貯水池に注ぐ渓谷で、中流域で北谷と南谷に分かれる。父ヶ谷が一般に知られるようになったのは、昭和に入って西岡一雄・諏訪田栄蔵氏らが『RCC報告』第5号に記録を紹介してからのこと。この谷は流域の大きさにおいては大杉谷に及ばないが、その規模と悪さにおいては劣らないものがあり、本流沿いに林道が施設された現在でも、豪壮な鎌滝や、上流の一ノ壺、牛鬼淵など、連続した釜と滝は健在で、前夜発日帰りの日程でダイナミックな遡行が味わえる。

·············· アプローチ ··············

ガガ谷出合から鎌滝下降地点まで徒歩約20分。林道からガリーの右手斜面を下降すると、約15分で滝の頭に下り立つ。バス利用の場合、大杉から約1時間40分。

·············· 下降ルート ··············

北谷の奥の二俣で遡行を打ち切り、南谷出合まで谷筋を引き返し、南谷に少し入った朽ちた木橋から踏み跡をたどって林道に上がり、駐車地点へ戻る。遡行終了点から南谷出合付近まで約1時間、ガガ谷出合へさらに約1時間20分。

アクセス　行き・帰り：三瀬谷駅（大台町営バス1時間）大杉、または三瀬谷駅（タクシー約1時間20分、約38km）ガガ谷出合
マイカー情報　紀勢道大宮大台ICから大台町に向かい、国道422号・県道53号を宮川第3発電所方面へと走る。新大杉橋を渡った地点で右折して父ヶ谷林道に入るが、荒れていてガガ谷出合付近までしか入れない。
参考タイム　鎌滝落ち口（45分）鎌ヶ谷出合（1時間25分）嘉平山谷出合（1時間25分）牛鬼淵上流（5分）南谷出合（15分）奥の二俣・遡行終了点
標高差　350m（水平距離3.1km）
装備　基本装備　地図　宮川貯水池
温泉　①奥伊勢フォレストピア（無休）☎0598-76-1200　②森のホテルスメール（無休）☎0598-45-0003

父ヶ谷の核心部、二ノ壺の斜滝10m

吊橋の下に懸かる滝を泳いで突破していく

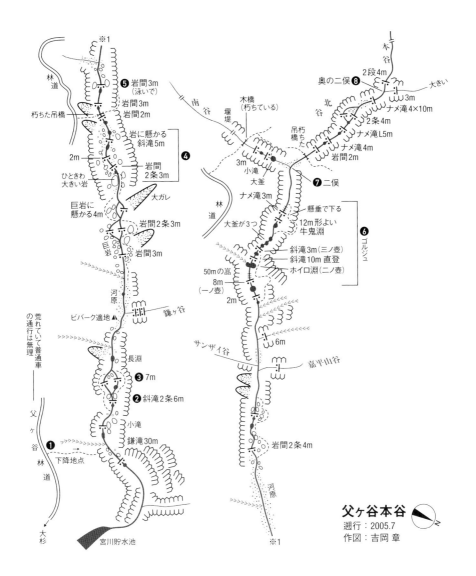

父ヶ谷本谷

遡行：2005.7
作図：吉岡 章

N

❶鎌滝への下降点は地形図で確かめて下る。

❷2条6m斜滝の釜は深く立派。右岸から巻いて通過する。

❸7m滝は左右どちらもトラバースしていけるが、ロープを出し安全を期すこと。

❹ひときわ大きく目立つ岩を右手から絡み、岩間に懸かる2条3m滝、5m斜滝と越えていく。このあたりを「くぐり」と呼び、巨岩の下を流れがぐぐって滝となっている。

❺岩間3m滝は泳いで通過する。

❻核心部のゴルジュ。8m滝（一ノ壺）の左岸を高巻くと二ノ壺（ホイロ淵）がある。右岸に50mはある嘉が立ち、滝壺は深く浸食され10m斜滝を形成している。ロープを出して滝の右側を直上。続く3m斜滝（三ノ壺）は釜を飛び越し右岸に転じて突破する。上流に大釜が3つ並び、谷が右に曲がると深い釜と12m滝の牛鬼淵となる。大杉谷開祖

の猟師・嘉平次がこの淵に棲む「牛鬼」なる妖怪を退治したという伝説がある。

❼二俣では右の北谷へと入る。

❽奥の二俣から上流は平凡なので遡行を打ち切る。引き返して、南谷に少し入った朽ちた木橋から林道に上がり駐車地点へ。

櫛田川水系
名倉谷川　中ノ谷 <ruby>中ノ谷<rt>なか</rt></ruby>

初級	1級上／II
適期	4月下旬〜11月中旬
日程	1日（遡行3〜4時間）

ときにはしぶきを浴びて沢登りの楽しさを存分に味わう

　名の知れた谷が多い櫛田川の流域だが、中ノ谷は迷岳から東に湯谷峠に至る稜線の水を集め、塩ヶ瀬で名倉谷川に注ぐ。流域は扇状に広がり、5本の谷に枝分かれするが、その大半は植林されている。中ほどにゴルジュ帯が2カ所あり大タイ滝、七ツ釜、三壺ノ滝などの見せ場もある。特に左岸から流入する第1支流の出合には45mの美瀑もあって威容を誇っている。第2支流出合より上流は植林してあり平凡となるので、通常はそこで遡行を打ち切り、右岸に続く山道をたどり中ノ谷出合へ下山する。

　遡行時間も短く、日帰りで沢登りの楽しさを存分に味わえる。ただし、シーズンには釣り師も入るのでトラブルのないように。

・・・・・・・・・・・・ アプローチ ・・・・・・・・・・・・

　スメールバス停から中ノ谷出合まで徒歩約10分。林道と山道をたどり入渓する。

・・・・・・・・・・・・ 下降ルート ・・・・・・・・・・・・

　第2支流出合で遡行を打ち切り、右岸に

アクセス　行き・帰り：松阪駅（三重交通バス1時間34分）スメール　※交通機関利用の場合は1泊2日行程となる

マイカー情報　名阪国道針ICから国道369号・県道31号を南下し、菟田野から国道166号に入り松阪方面をめざす。高見トンネルを抜け、飯高町森で右折してホテルスメール方面へと走り中ノ谷出合まで。出合に4〜5台の駐車スペースがある。

参考タイム　中ノ谷出合（45分）大タイ滝（1時間）七ツ釜ゴルジュ上流（30分）第1支流出合（50分）第2支流出合・遡行終了点

標高差　290m（水平距離1.9km）
装備　基本装備　**地図**　七日市、絵馬
温泉　①森のホテルスメール（無休）☎0598-45-0003　②いいたかの湯（水曜休）☎0598-46-1114

続く草深い山道をたどり、中ノ谷出合へと下山する。途中、桟道が朽ちていたり、崩壊している箇所があるので注意すること。中ノ谷出合まで約1時間20分。

右／ゴルジュの中に懸かる三壺ノ滝25m
左／第1支流に懸かる45mの大滝に圧倒される

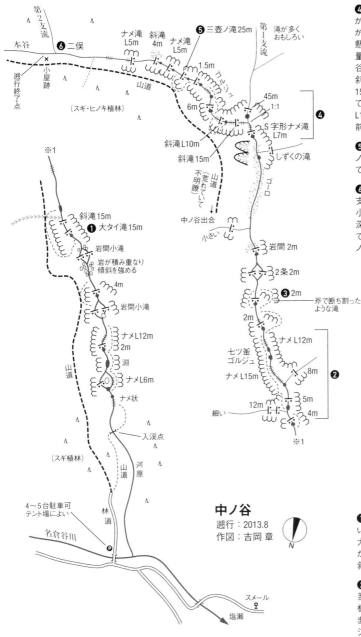

❹ 大釜を従えたS字形ナメ滝が現われ、その上に長い滝が眺められる。第1支流に懸かる大滝で落差45m。水量もあって見事な滝だ。本谷はここで左に折れ斜滝15m、斜滝L10mと連ねる。斜滝15mはフリクションを利かせて直登できるが、次の斜滝L10mは左側を巻いて6m滝の前面に下り立つ。

❺ 本谷きっての長瀑・三壺ノ滝。ここは右岸から高巻いて滝の上に下り立つ。

❻ 二俣となり、右手から第2支流が出合う。左側台地に小屋跡があり、谷に沿って草深い山道が通じている。ここで遡行を打ち切り、山道を中ノ谷出合へと下山する。

中ノ谷

遡行：2013.8
作図：吉岡 章

❶ 転石の積み重なりを越えていくと、地図にも記号のある大タイ滝が落ちている。左側から巻き登り、上に続く15m斜滝の頭へと斜下降する。

❷ ゴルジュに入る。4m滝の釜をへつり、5m滝は左の岩棚を登り、続くナメと淵はそのまま左側を伝い七ツ釜のゴルジュを抜ける。

❸ 高さは2mにすぎないが斧で断ち割ったような滝。釜を腰まで浸かってへつり、左の水際を直登する。左岸を巻いてもよい。

櫛田川水系
蓮川 **唐谷川**（からたに）

中級	2級上／Ⅲ
適期	4月下旬～11月上旬
日程	1日(遡行5.5～6.5時間)

迷岳と合わせてぜひとも訪れてみたい蓮川の秀渓

　唐谷川は台高支稜の隠れた山として定評のある迷岳に源を発して北東に流れ下り、塩ヶ瀬で蓮川に合流する。流域の半分は植林されているが、迷岳周辺のブナ林は健在で、春の芽吹きのころと、秋の紅葉の時期に訪れたい沢である。

　中ほどに一ノ滝、二ノ滝、三ノ滝の大滝を中心に数多くの滝と釜を連ね、ときにはゴルジュも横たわる。しかし、大滝を除くほとんどの滝は楽しく直登でき、技術的にさしたる困難はない。グレードは2級上としたが、2本の大滝の登り方によっては1ランク上になる。中級者の足のそろったパーティなら前夜発日帰りも可能だが、初級者がいる場合は1泊2日の行程となる。

················ **アプローチ** ···············

　スメールバス停から唐谷橋まで徒歩約15分。左岸の山道を上流にたどり、流れを渡るところから入渓する。

················ **下降ルート** ···············

　迷岳から布引谷との分水尾根上にある登山道を下り、飯盛山を越え、往路に見送った山道に出て唐谷橋へと下山する。迷岳から約2時間50分。

アクセス　行き・帰り: 松阪駅（三重交通バス1時間34分）スメール　※交通機関利用の場合は1泊2日行程となる
マイカー情報　名阪国道針ICから国道369号・県道31号を南下し、菟田野から国道166号に入り松阪方面をめざす。高見トンネルを抜け、飯高町森で右折してホテルスメールを過ぎ、唐谷川に架かる橋の手前の広場に駐車する。
参考タイム　入渓点（40分）一ノ滝（1時間40分）二俣（30分）三ノ滝（50分）奥の二俣（1時間40分）迷岳
標高差　1030m（水平距離3.8km）
装備　基本装備
地図　七日市
温泉　①森のホテルスメール（無休）☎0598-45-0003　②いいたかの湯（水曜休）☎0598-46-1114

ナメ滝L8mは水際を直登する

一ノ滝2段60mが圧倒的な高さで懸かる

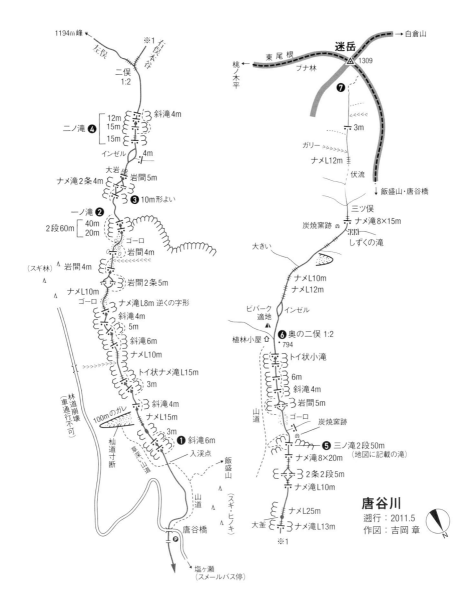

唐谷川

遡行：2011.5
作図：吉岡 章

❶ 山道が右岸に転じるところから遡行開始。さっそく現われる6m斜滝は左岸を小さく巻いて通過する。上流に連続する滝とナメはほとんどが直登できる。

❷ ゴーロ帯に入ると一ノ滝直下に立つ。通常は右岸を大きく巻くが、ロープを結んで滝身に沿って斜上する登攀ルートもある（3ピッチ、Ⅳ）。

❸ 10m滝は左側を直登するが、バランスが要求される。

❹ インゼルを過ぎると15m、15m、12mと続く連瀑帯で、総称して二ノ滝と呼ぶ。左岸から巻き登るが緊張する箇所もあるので、ロープを出して安全を期すこと。

❺ 三ノ滝は地形図に記載のある滝で、取り囲む嵓もすばらしい。右岸、左岸ともに巻き上がれるが慎重を期したい。

❻ 奥の二俣は右岸に植林小屋が立ち、山道が寄ってきている。唐谷橋に通じる山道でエスケープルートに利用できる。迷岳には右俣をとり遡上する。

❼ 最後のツメは、左岸の支稜をわずかのササヤブこぎで迷岳山頂に飛び出す。

091

櫛田川水系 蓮川 絵馬小屋谷（えまごや）

上級　3級／IV
適期　4月下旬〜10月下旬
日程　1日（遡行4.5〜6時間）

困難な五ヶ所滝の大ゴルジュを秘める奥香肌峡の名渓

白倉山に源を発して北流するこの谷は、長瀑こそないが、豪壮な側壁が立ち並ぶなかに、ほとばしる流れや碧々とした淵・瀞を繰り返す。見どころはなんといっても、今にも触れ合わんばかりに狭まった行合（いきあい）と、五ヶ所滝の大ゴルジュである。行合は簡単に通過できるが、五ヶ所滝の大ゴルジュはまったく手がつけられない。洞窟のようにえぐられたスラブが浸食の激しさを物語っているが、いまだにこのゴルジュを完全突破した記録を見ない。

上流には3本の滝が行く手を拒み、これまたやっかいなところである。それだけに、心ゆくまで沢登りの醍醐味を満喫できる豪渓といえる。昔の記録では1泊2日の日程であったが、白倉山登山道の開通により下山ルートが楽になり、足のそろったパーティならば前夜発日帰りで可能だ。

･･････････ アプローチ ･･････････

白倉山登山道から左に分かれる踏み跡に入り、すぐ先から入渓する。

･･････････ 下降ルート ･･････････

白倉山から尾根を西にとり、1226mピークから右に折れて尾根道を登山口へ下る。白倉山から約2時間。

アクセス　行き・帰り：三瀬谷駅（タクシー約1時間20分、約39km）林道終点　※利用距離が長すぎるため、適していない

マイカー情報　国道166号で高見トンネルを抜け、舟戸口で右折して加杖坂峠経由で蓮川に入る。県道569号を進み、観光絵図が立つところで絵馬小屋谷沿いの林道へ入り左へ下る。赤い橋で蓮川を渡り10分ほどの林道終点まで。駐車スペース（5〜6台）あり、キャンプ適地。大阪から約3時間。

参考タイム　林道終点（20分）行合（40分）五ヶ所滝入口（1時間）3段18m滝（45分）石谷滝（45分）白倉滝（1時間）白倉山

標高差　826m（水平距離3.5km）

装備　基本装備＋登攀具、40mロープ

地図　七日市、宮川貯水池

温泉　①森のホテルスメール（無休）☎0598-45-0003　②いいたかの湯（水曜休）☎0598-46-1114

五ヶ所滝ゴルジュの入口。谷は右に曲がる

上流域のナメ滝L40mをフリーで楽しく登る

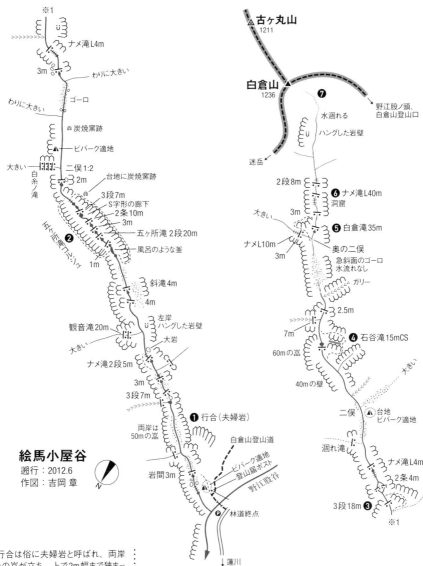

※1

ナメ滝L4m

3m

わりに大きい

わりに大きい

ゴーロ

＠炭焼窯跡

ビバーク適地

大きい

白糸ノ滝

二俣1:2

2m

台地に炭焼窯跡

3段7m

S字形の廊下

2条10m

3m

五ヶ所滝 2段20m

風呂のような釜

1m

斜滝4m

4m

観音滝20m

左岸
ハングした岩壁

大岩

大きい

ナメ滝2段5m

3m

3段7m

❶行合（夫婦岩）

両岸は
50mの嵓

岩間3m

古ヶ丸山
1211

白倉山
1236

❼

水涸れる

ハングした岩壁

迷岳

2段8m

❻ナメ滝L40m
洞窟

3m

❺白倉滝35m

奥の二俣

急斜面のゴーロ
水流れなし

ナメL10m

ナメL10m

3m

ガリー

2.5m

7m

60mの嵓

40mの壁

❹石谷滝15mCS

大きい

二俣

台地
ビバーク適地

涸れ滝

ナメ滝L4m

2条4m

3段18m ❸

※1

野江股ノ頭、
白倉山登山口

白倉山登山道

ビバーク適地
登山届ポスト

野江股谷

P

林道終点

↓蓮川

絵馬小屋谷

溯行：2012.6

作図：吉岡 章

N

❶ 行合は俗に夫婦岩と呼ばれ、両岸
50mの嵓が立ち、上で2m幅まで狭まっ
て今にも触れそう。下はゴーロで簡単
に通過できる。

❷ 大きな淵が横たわり、右に曲がって
五ヶ所滝が懸かるが、岩壁に隠れて滝
の全貌は見えない。一般的には壁の
切れるところまで戻って左岸の高巻き
ルートをたどる。五ヶ所滝の全貌を見る
なら右岸の巻きのほうがよいが、危
険な箇所もあるので、ロープを出して安
全を期すこと。右岸の巻きは1時間以
上を要する。

❸ 3段18m滝は両壁が立っていて難し
い。右の草付バンドに取り付いて登る
が、ロープを出して安全を期したい。

❹ 石谷滝（15mCS滝）が両岸の岩壁
を圧して懸かる。少し戻ってガリーを直
上し、張り出したコルからルンゼを下っ
て上流に出る。左岸の枝谷まで戻って
高巻くルートもあり、赤テープなどの目
印がある。

❺ 奥の二俣で、右の本谷に白倉滝が
懸かる。左谷から大きく巻き登って上に
抜ける。

❻ L40mナメ滝は快適に直上できて楽し
い。

❼ ヤブこぎもなく白倉山山頂に飛び出
す。

櫛田川水系 蓮川 ヌタハラ谷

初級 2級上／Ⅲ
適期 4月中旬〜11月中旬
日程 1日（遡行5〜6.5時間）

遡行の醍醐味を堪能し、三重県内一の高峰を訪ねる

桧塚・赤嵓に水源を発し、東南に流下して蓮の上方で千石谷に合する。奥香肌峡では奥ノ平谷に次ぐ名渓として知られ、その内容はすばらしいものをもっている。3段100mの夫婦滝、2段50mの不動滝をはじめ、連瀑に次ぐ連瀑、それにゴルジュと、渓谷のエッセンスが凝集されていて、遡る者を有頂天にさせること請け合いである。源頭には三重県一の桧塚奥峰があり、高原気分に満ちたホウガン平が明るく開ける。

よく登られている谷だけに、近年、遭難騒ぎも数件あり、滑落死亡事故も起きている。万全な計画のもとに入渓してほしい。夫婦滝、不動滝の高巻きでは不安を感じたらロープを出して安全を期したい。

……………… アプローチ ………………

左岸の杣道をたどり、ゴルジュが終わったところから入渓する。

……………… 下降ルート ………………

桧塚から山道を拾って下ると、夫婦滝上部の林道終点に出て、そこから林道を駐車地へと下山する。桧塚から約2時間。タクシー利用の場合は、明神平に出て大又へ下山してもよい。桧塚から大又バス停まで約3時間40分。

アクセス　行き：三瀬谷駅（タクシー約1時間25分、約41km）ヌタハラ谷出合　※距離が長すぎるため、適していない　帰り：大又（東吉野村営バス50分〈予約制〉）菟田野（奈良交通バス20分）榛原駅

マイカー情報　国道166号で高見トンネルを抜け、舟戸口で右折して加杖坂峠経由で蓮川に入る。県道569号を蓮（廃村）からさらに奥へ進み、蓮川の流れを離れて右へ曲がるとヌタハラ谷に架かる橋がある。橋を渡らず谷の左岸林道に入り、右へアピンカーブする付近に駐車。大阪から約3時間。

参考タイム　ヌタハラ谷出合（1時間）夫婦滝（1時間45分）不動滝（50分）ネコ滝（1時間40分）桧塚

標高差　902m（水平距離2.9km）

装備　基本装備＋40mロープ

地図　七日市、大豆生

温泉　①森のホテルスメール（無休）☎0598-45-0003　②たかすみ温泉（木曜休）☎0746-44-0777

6m滝は右岸のガリーを直上。残置ロープがある

夫婦滝3段100mの雄姿

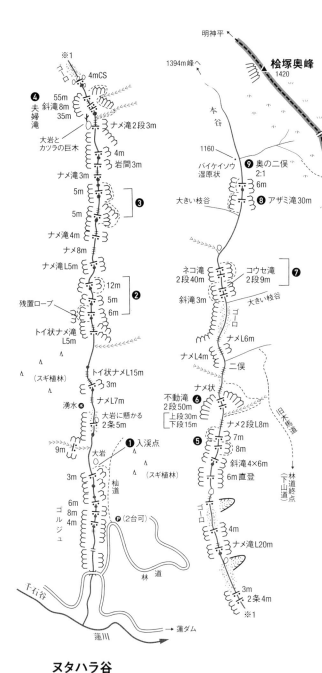

❼ コウセ滝は右岸を巻き、ネコ滝は左岸から巻き登る。右岸を巻いてもよい。

❽ アザミ滝は右岸の壁に沿って巻き、途中で立ち木を手がかりに壁の中を攀じて滝の頭に出る。上の6m滝は左側を登る。

❾ 奥の二俣。本谷は左だが、桧塚へは右の谷をとったほうが近い。

❶ 駐車地から左岸の杣道をたどり、ゴルジュをやり過ごしたところから入渓する。

❷ 6m滝は右岸のガリーを直上。続く5m滝を越え、12m滝は左岸を巻き登る。

❸ 5m滝2つはともに左岸から巻く。

❹ 夫婦滝3段100m。左岸に入るルンゼに取り付き、左手の壁の弱点を縫って巻き登り、下段の滝の頭へ出る。8m斜滝をトラバースして上段の滝の直下に出たあと、左岸の岩場を縫って高巻き、上流へと下り立つ。この巻きで死亡事故が起こっており、壁が立っているのでロープを使い安全を期したい。高巻きしすぎると谷の核心部を見逃してしまうので、できるだけ小さく巻くこと。

❺ 8m滝は左岸を巻き、上に続く7m滝は右岸から越える。

❻ 不動滝は左岸を大きく巻き登る。

ヌタハラ谷
遡行：2010.10
作図：吉岡 章

095

櫛田川水系 蓮川　奥ノ平谷（おくのひら）

上級　3級／Ⅲ＋
適期　5月上旬〜10月下旬
日程　2日（遡行8〜10時間）

蓮渓谷でも悪絶をもって聞こえる上級者向きの沢

奥ノ平谷は台高主稜の千石山から奥ノ平峰にかけての稜線に源を発し、蓮川本流の千石谷に合する谷である。源流一帯は、その名の示すように穏やかな流れで、植林が入っているが、下流から中流域にかけては両岸はV字に切れ込み、魚止ノ滝、ほら貝ノ滝、サスケ滝、大石滝といった名のある滝を落とす。きわどいへつりと滝の直登を重ね、遡行していく気分は最高。難しい箇所も多く、特に魚止ノ滝のゴルジュは高巻くと上へと追いやられ、下降できなくなるから要注意だ。遡行に関しては充分な経験と注意が必要。登攀具は必携である。

……… アプローチ ………

南ゲートの10数m先に奥ノ平谷へ下りる踏み跡がある。

アクセス　行き：三瀬谷駅（タクシー約1時間25分、約41km）ヌタハラ谷出合　※距離が長すぎるため、適していない　**帰り**：大又（東吉野村営バス50分〈予約制〉）菟田野（奈良交通バス20分）榛原駅
マイカー情報　国道166号で高見トンネルを抜け、舟戸口で右折して加杖坂峠経由で蓮川に入る。県道569号を奥へ進み、ヌタハラ谷に架かる橋を渡った先、千石谷の林道ゲートまで入る。大阪から約3時間。
参考タイム　千石谷林道ゲート（2時間）ほら貝ノ滝ゴルジュ入口（1時間10分）鎌滝（40分）金谷出合下流（30分）サスケ滝（1時間20分）黒滝谷出合（1時間）最後の25m滝（1時間25分）主稜線
標高差　900m（水平距離4.6km）
装備　基本装備＋登攀具、40mロープ、宿泊用具
地図　大和柏木、宮川貯水池、七日市、大豆生
温泉　森のホテルスメール（無休）☎0598-45-0003

……… 下降ルート ………

千石山から北へ下った笹ヶ峰との鞍部（旧瀬戸越）から喜平小屋谷へしばらく下り、スギ林に入ると間伐用につけられた杣道が出てくる。それを伝い約45分で千石谷出合、林道へ上がって約1時間で駐車地に戻る。千石山から約2時間20分。明神平へ出て大又へ下山すると約3時間10分。

鎌滝30mが堂々と落下している

釜を従えて懸かる魚止ノ滝5m

097

高見山
千石山
(奥ノ迷峰) △1380
台高主稜 ●1360
池木屋山

❻ サスケ滝は右岸にルートをとって高巻く。「右端のルンゼから」と過去の記録にあるが、水量が多いと無理。

❼ 美しい15m滝は右岸の草付を攀じる。

❽ 25m滝は右岸のガレた斜面が登れる。

❾ 黒滝谷が2連瀑となって出合い、少し離れて7m滝が本谷に懸かる。釜を腰まで浸かって通過したあと、ルンゼに入って左岸から巻き登り、そのまま左岸を伝って20m斜滝の上に下り立つ。

❿ 最後の25m滝は中段まで滝身を直上、あとは右に逃げて灌木を手がかりに滝上へ。

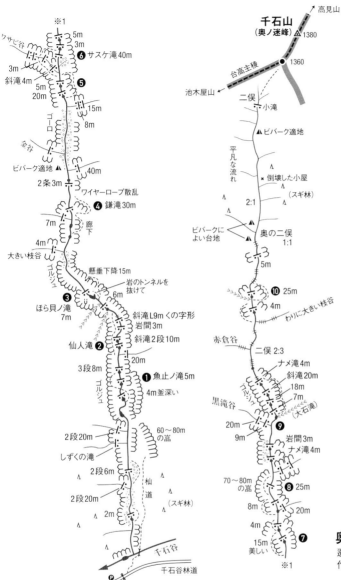

※1
ワサビ谷
5m
3m
❻ サスケ滝40m
3m
斜滝4m ❺
5m
20m
ゴーロ
15m
8m
ビバーク適地
40m
2条3m
ワイヤーロープ散乱
❹ 鎌滝30m
7m
廊下
4m
大きい枝谷
懸垂下降15m
ゴルジュ
岩のトンネルを抜けて
6m
❸
ほら貝ノ滝 7m
斜滝L9m くの字形
岩間3m
仙人滝 ❷
斜滝2段10m
20m
3段8m
❶ 魚止ノ滝5m
ゴルジュ
4m釜深い
60〜80mの嵓
2段20m
しずくの滝
2段6m
2段20m
2m
杣道
(スギ林)
千石谷
P
千石谷林道

二俣
小滝
ビバーク適地
平凡な流れ
倒壊した小屋
(スギ林)
2:1
ビバークによい台地
奥の二俣 1:1
5m
❿ 25m
4m
わりに大きい枝谷
赤倉谷
二俣2:3
ナメ滝4m
斜滝20m
18m
ゴルジュ
7m
黒滝谷
(大石滝)
20m
❾
9m
岩間3m
ナメ滝4m
70〜80mの嵓
❽ 25m
8m
20m
4m
15m美しい
❼
※1

奥ノ平谷
遡行：2013.8
作図：吉岡 章

❶ ゴルジュの4m滝は左岸の残置ロープを伝って抜け、魚止ノ滝は右岸の岩棚へ攀じ登って草付を左上し、上流へ下り立つ。釜を泳げば直登も可能。ロープ使用のこと。

❷ 仙人滝は左壁にルートを求めるが難しい。左岸を巻き上がったほうが楽だ。

❸ ほら貝ノ滝のゴルジュ。洞窟のような岩壁がかぶさり7m滝が捻じれて飛沫を上げ、ほら貝の名にふさわしい景観だ。左岸沿いに少し戻って岩の間をくぐり抜けたところの岩場を巻き上がり、テラスに出て、3m上にある立ち木にスリングを掛け一気に攀じ登る。あとは滝の落ち口まで進んで懸垂下降する。

❹ 鎌滝は左岸を高巻いて上流に下り立つ。

❺ 20m滝の直登は無理で、左岸を高巻き、上に続く5m滝を越えた地点から谷に下る。

吉野川水系
本沢川　黒石谷（くろいし）

中級　2級上／Ⅲ
適期　5月上旬〜10月下旬
日程　2日（遡行8.5〜10時間）

名のある滝と連続するゴルジュに豪快な遡行を楽しむ

　黒石谷は、大迫ダムの上流で北股川を分けたあと、最初に入る本沢川最大の支流である。吉野川筋では古くから知られた谷で、菅平谷出合までの間に巨瀑と深淵を連ね、この流域中最大の霞滝45mを懸ける。奥黒石谷に入ってからは鬼谷の連瀑があり、これを全部通して遡行すれば、沢登りの醍醐味を十二分に体験できる。ただこの流域は昔から植林が盛んで、自然林は谷筋を除いてほとんど見られない。源流は凡谷になるので、二俣で遡行を打ち切り、右岸の植林帯を登って黒石岳から南に延びる尾根を伝い、大台ヶ原ドライブウェイに出る。

アプローチ

　入渓地点の林道終点まで徒歩約20分。

下降ルート

　二俣から大台ヶ原ドライブウェイへ約1時間45分、大台ヶ原へさらに約1時間30分。車利用の場合は1台を回送しておくと、下山の時間が大幅に短縮できる。二俣から黒石谷出合へ戻る場合は、黒石岳の頂上を踏み、北に延びる支尾根を下る。出合まで約4時間。なお、黒石谷右岸に通じていた山道は桟道が朽ちており、途中、崩落地などがあって、下降ルートに利用するのは困難。

アクセス　**行き**：大和上市駅（タクシー約1時間10分、約36km）黒石谷出合　**帰り**：大台ヶ原（奈良交通バス1時間51分）大和上市駅

マイカー情報　国道169号の大迫ダムで左折して入之波大橋を渡り、本沢川沿いの県道を直進する。民家が数軒立つところで大きく右にカーブし、左に切り返したところで黒石谷に架かる橋を渡る。右に分かれる林道に入り、車止めゲート付近に駐車。

参考タイム　林道終点（2時間15分）明神滝（1時間）深切谷出合（40分）菅平谷出合（1時間15分）鬼滝（1時間40分）二俣（1時間45分）大台ヶ原ドライブウェイ

標高差　873m（水平距離4.7km）
※大台ヶ原ドライブウェイまで

装備　基本装備＋40mロープ、宿泊用具
地図　大台ヶ原山
温泉　①山鳩湯（4〜10月水曜休、ほか火・水曜休）☎0746-54-0262　②ホテル杉の湯（水曜休）☎0746-52-0006

腰まで浸かって淵をへつる

8mの滝に続いて鬼滝が2条になって懸かる

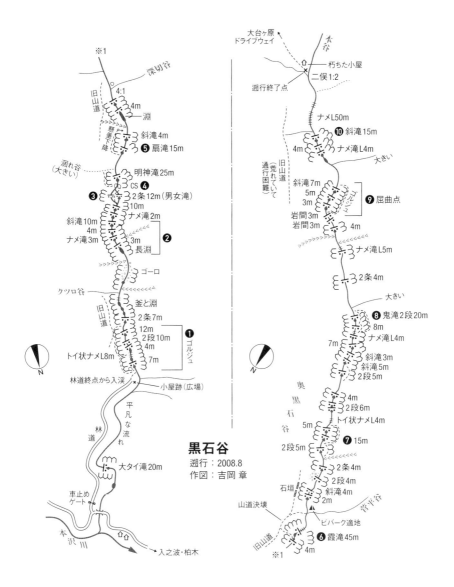

黒石谷

遡行：2008.8
作図：吉岡 章

❶ 入渓するとすぐ手のつけられない廊下・連瀑となる。右岸の山道に上がって巻く。

❷ 長淵をへつり、3m、4m、10m斜滝はすべて直登できる。

❸ 10m滝をこなすと男女滝が懸かり、ここは中央のリッジを登る。

❹ 明神滝手前のチョックストーンの乗り越しはやっかいで、お助けひもが必要。明神滝は左側のルンゼを直上して上流に出る。

❺ 扇滝は裏側を通り抜け、右岸を巻き登り、4m斜滝を越えたところから懸垂下降。

❻ 霞滝の左を巻くと山道に出る。初日は菅平谷出合のあたりで幕営となる。

❼ 幅広く懸かる15m滝は左岸から巻き、5m滝をやり過ごしてから沢身に下る。鬼滝までの滝はいずれも直登していける。

❽ 鬼滝は通常左岸を巻き登るが、ロープを使用して滝の右手を直上できる。

❾ 地形図上の屈曲点。約3mと狭まった中に3m、5m、7m斜滝を懸ける。左岸から巻き登るが、直登も可能。

❿ 15m斜滝をこなし、ナメを進むと二俣に着く。ツメは遡行価値もないので、ここで遡行を打ち切る。

吉野川水系
本沢川
白倉又谷 （馬ノ鞍谷）

中級 2級／Ⅲ＋

適期　5月上旬～10月下旬

日程　1日（遡行7～8時間）

黒石谷と並ぶ本沢川筋の優れた渓谷で中級者向き

本沢川流域では黒石谷に次いで大きな谷である。西大台の経ヶ峰に源を発し、途中、右俣である白倉又谷を合わせて本沢川に流入する。入口から滝を連ねた悪い廊下が横たわり、廊下を抜けてからも釜を有した10～25mの滝が要所要所に立ち塞がる。いずれも直登は困難で、高巻きルートのとり方がキーポイントになる。本ガイドでは左俣の馬ノ鞍谷を紹介するが、右俣の白倉又谷も20～30mの大滝3本と、5～10mの滝が数多く懸かりおもしろい。両谷とも最後は大台ヶ原ドライブウェイに出る。

・・・・・・・・・・ アプローチ ・・・・・・・・・・

白倉又谷林道に入り、林道終点まで徒歩約20分。

・・・・・・・・・ 下降ルート ・・・・・・・・・

交通機関利用の場合は大台ヶ原ドライブウェイを左へ向かい、大台ヶ原バス停まで約1時間。車利用の場合は車2台で、1台

アクセス　行き：大和上市駅（タクシー約1時間20分、約39km）白倉又谷出合　帰り：大台ヶ原（奈良交通バス1時間51分）大和上市駅

マイカー情報　大迫ダムから入之波大橋を渡り、本沢川沿いの県道を進み、筏場を過ぎた先にある駐車場（有料）に車を停める。白倉又谷林道入口にはゲートがあり、一般車は通行できない。

参考タイム　白倉又谷林道終点（1時間）末広がりの10m滝（35分）馬ノ鞍谷出合（1時間10分）右岸からの枝谷（1時間45分）二俣（2時間10分）8m滝（20分）作業林道

標高差　880m（水平距離3.2km）

装備　基本装備

地図　大台ヶ原山

温泉　①山鳩湯（4～10月水曜休、ほか火・水曜休）☎0746-54-0262　②ホテル杉の湯（水曜休）☎0746-52-0006

を大台ヶ原ドライブウェイに回送しておかないと、前夜発日帰りは無理。

右／7mの滝に続いて25mの滝が堂々と飛散する

左／均整のとれた15mの美瀑

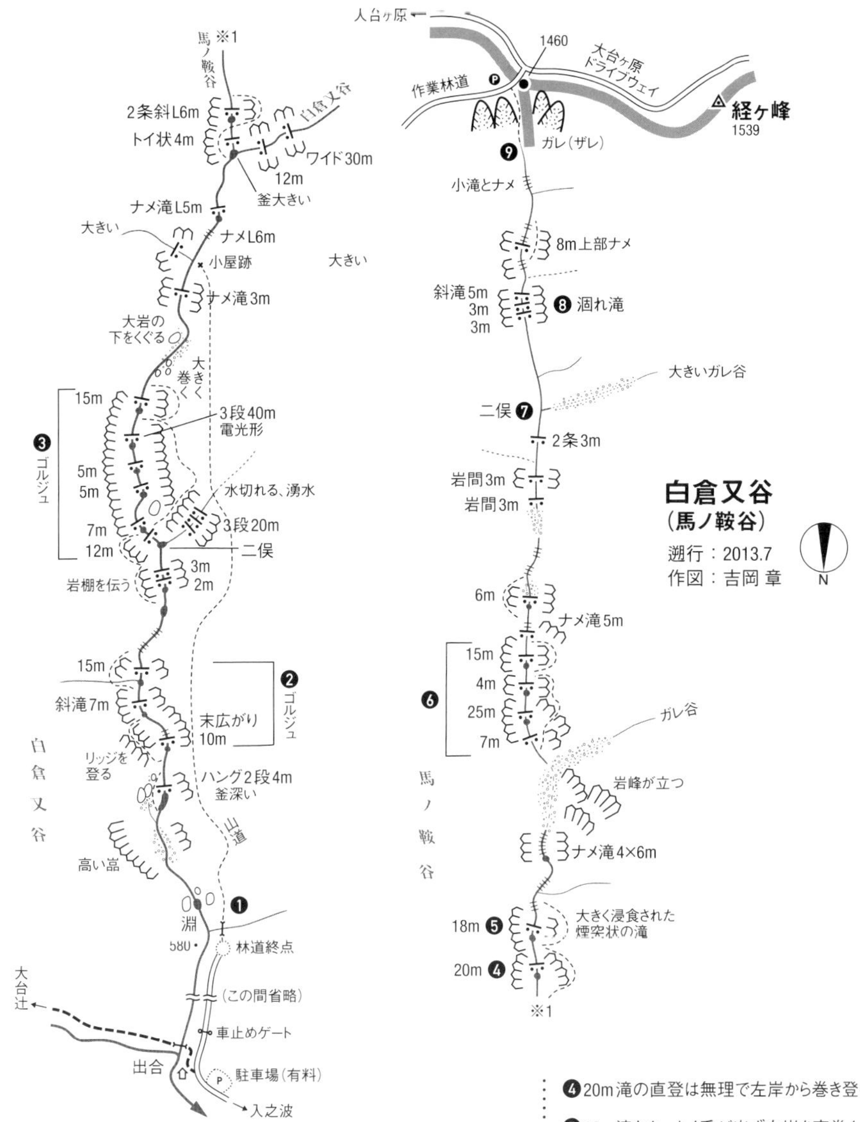
白倉又谷
（馬ノ鞍谷）
遡行：2013.7
作図：吉岡 章
N
人台ヶ原
1460
大台ヶ原ドライブウェイ
作業林道
経ヶ峰
1539
ガレ（ザレ）
❾
小滝とナメ
8m上部ナメ
斜滝5m
3m
3m
❽ 涸れ滝
大きいガレ谷
二俣 ❼
2条3m
岩間3m
岩間3m
6m
ナメ滝5m
15m
4m
25m
7m
❻
ガレ谷
岩峰が立つ
ナメ滝4×6m
大きく浸食された煙突状の滝
18m ❺
20m ❹
※1
馬ノ鞍谷
馬ノ鞍谷 ※1
白倉又谷
2条斜L6m
トイ状4m
ワイド30m
12m
釜大きい
ナメ滝L5m
ナメL6m
大きい
大きい
小屋跡
ナメ滝3m
大岩の下をくぐる
大きく巻く
15m
3段40m
電光形
❸ ゴルジュ
5m
5m
水切れる、湧水
7m
12m
3段20m
二俣
3m
2m
岩棚を伝う
15m
斜滝7m
末広がり
10m
❷ ゴルジュ
リッジを登る
ハング2段4m
釜深い
山道
高い嵓
白倉又谷
❶
淵
580
林道終点
（この間省略）
車止めゲート
大台辻
出合
駐車場（有料）
入之波

❶林道終点から入渓。いきなり巨岩の鎮座する淵があり、胸までの水をこいで進む。

❷末広がりの10m滝は左側のリッジを登るが、ロープで確保したい。続く7m斜滝はそのまま岩上を伝うが、15m滝はまったく手が出ず、右岸を大きく巻いて上流へ。

❸右俣が3段20mの滝となって出合う二俣。左俣の馬ノ鞍谷はゴルジュの中の連瀑帯で谷通しには進めない。12m滝を左から巻き、次の大岩をもった7m滝は右の斜面へと逃げて、電光形になって奔走する3段40m滝を下に眺めてトラバース。15m滝を越えた地点から沢身に下り立つ。

❹20m滝の直登は無理で左岸から巻き登る。

❺18m滝もまったく手が出ず左岸を高巻く。

❻連瀑帯で、7m滝の上方に25m滝が堂々と飛散。まとめて左岸から巻き登り、上に続く4m滝を越えてから沢身に下るが、次の15m滝も左岸を大きく巻かされる。

❼ガレ谷が出合う二俣。左の谷をとるが、上流は流れも途絶えがちとなる。

❽3段の涸れ滝は直登できる。

❾ツメは傾斜も強まり、ガレに入るところでスギ植林の小尾根を登る。

吉野川水系 本沢川 黒倉又谷
（くろくらまた）

川幅いっぱいのナメと滝場の連続に酔いしれる

適期　4月下旬〜11月中旬
日程　1日（遡行2.5〜3時間）

黒倉又谷は、西大台の大和岳（国見山）の北面から流れ出て、本沢川に流入する。出合から連瀑で構成されたゴルジュを横たえ、谷幅いっぱいのナメに無数の滝場が連続して、すばらしい渓流美が楽しめる。二俣より上流は植林に覆われ、凡谷で遡行価値がないので、通常は二俣で遡行を打ち切り杣道をとって下山する。

技術的にはさしたる困難もなく、遡行時間も短いので、日帰りで気軽に遡行を楽しむにはうってつけの谷といえよう。シーズンには釣り師も入るので、トラブルのないようにしたい。

アクセス　行き・帰り：大和上市駅（タクシー約1時間20分、約39km）白倉又谷出合
マイカー情報　大迫ダムから入之波大橋を渡り、本沢川沿いの県道を進み、筏場を過ぎた先にある駐車場（有料）に車を停める。
参考タイム　黒倉又谷出合（20分）ゴルジュを抜ける（1時間20分）4段ノ滝直下（1時間）二俣・遡行終了点
標高差　340m（水平距離1.8km）
装備　基本装備
地図　大台ヶ原山
温泉　①山鳩湯（4〜10月水曜休、ほか火・水曜休）☎0746-54-0262　②ホテル杉の湯（水曜休）☎0746-52-0006

……… アプローチ ………

大台ヶ原へ向かう筏場道をたどり、黒倉又谷に架かる吊橋のたもとから入渓する。徒歩約20分。

……… 下降ルート ………

下山は左岸山腹に続く杣道を伝うが、取付付近がガレていて不明瞭なので注意を要する。二俣から駐車場まで約1時間30分。

上部のナメを快適に伝う

岩間2段4mは右手を登る

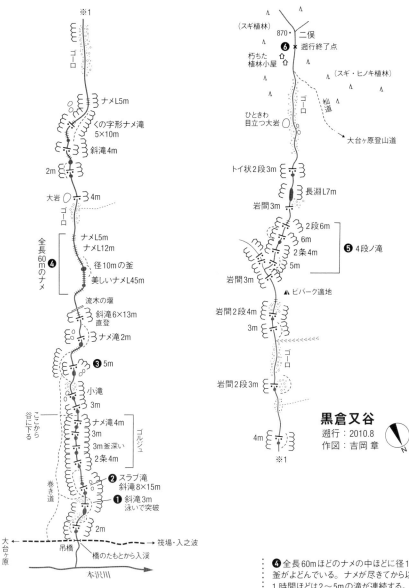

黒倉又谷

遡行：2010.8
作図：吉岡 章

❶ 吊橋のたもとから入渓すると、いきなりのゴルジュ。釜を従えた3m斜滝は、水量にもよるがへつりは悪く、突破するには泳ぎを強いられる。巻き道は右岸にある。

❷ 8×15m斜滝が美しく懸かる。直登は難しく、通常は右岸の巻き道に上がり、上に続くゴルジュをやり過ごして沢身に下り立つ。この間ゴルジュ内には2条4m、3m、3m、4mナメ滝と4つの滝が懸かっている。

❸ 5m滝が大きな岩塊に懸かる。右岸のコーナーを攀じて滝上へ。

❹ 全長60mほどのナメの中ほどに径10mの釜がよどんでいる。ナメが尽きてから以後も1時間ほどは2〜5mの滝が連続する。

❺ 谷は右に90度折れて4つの滝を連続させる。最初の5mは右壁を登り、次の2条4mは滝身を直上。3つ目の6m滝は右岸を巻くがちょっぴり緊張させられる。最後の2段6mは右側を直登できる。

❻ 右岸に壊滅した植林小屋を見ると、すぐ先が二俣になる。上流は凡谷となるので、ここで遡行を打ち切る。

103

吉野川水系 本沢川 釜ノ公谷（かま こう）

亀ノ子谷とも呼ばれる、本沢川流域の名渓谷を遡る

　亀ノ子谷とも呼ばれ、大台ヶ原山の北面、三津河落山の北面から流れ出て本沢川に入る。本沢川筋では最奥の谷である。岩壁が発達したなかに数多くの滝や淵を有し、圧巻は50mの大滝が締めくくる。技術的には渋い登攀やへつりを必要とする箇所もあり、本沢川流域中最もレベルの高い谷である。通常は1泊2日の日程で登られるが、早朝出発すれば前夜発日帰りも可能。

·········· アプローチ ··········

　大台ヶ原へ向かう筏場道をたどり、釜ノ公谷に架かる吊橋から入渓する。徒歩約30分。

·········· 下降ルート ··········

　登りつめた三津河落山から南へ主稜線の踏み跡をたどり、川上辻に出て、筏場道を駐車場へと下る。約3時間40分。交通機関利用の場合は大台ヶ原ドライブウェイに下り、大台ヶ原バス停へ約1時間。なお、

アクセス　行き： 大和上市駅（タクシー約1時間20分、約39km）白倉又谷出合　**帰り：** 大台ヶ原（奈良交通バス1時間51分）大和上市駅
マイカー情報　大迫ダムから入之波大橋を渡り、本沢川沿いの県道を進み、筏場を過ぎた先にある駐車場（有料）に車を停める。
参考タイム　釜ノ公谷吊橋（1時間10分）大岩（1時間15分）奥の二俣・840m（1時間15分）左岸からの大きい枝谷（1時間20分）50m大滝直下（1時間15分）稜線1630m
標高差　1030m（水平距離3.7km）
装備　基本装備＋40mロープ、宿泊用具
地図　大台ヶ原山
温泉　①山鳩湯（4〜10月水曜休、ほか火・水曜休）☎0746-54-0262　②ホテル杉の湯（水曜休）☎0746-52-0006

大台辻〜三十三荷間はかなり傷んでおり、橋なども決壊していて復旧の見込みは薄く、現在も通行止めになっているので通行の際は注意を要する。

右／大滝50mが岩上に飛沫を上げる
左／逆くの字形5×17mの滝

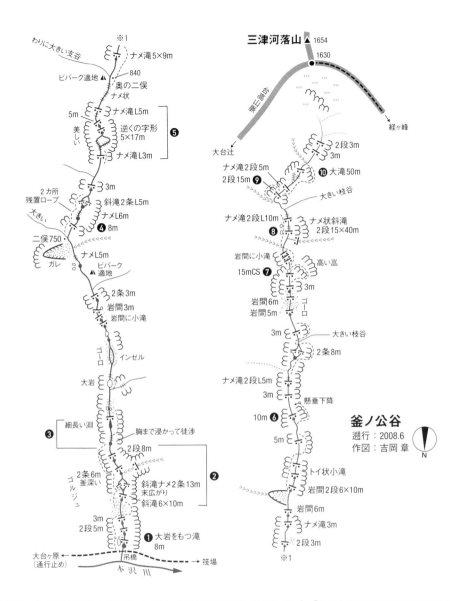

三津河落山 ▲1654

1630

経ヶ峰

大台辻

わりに大きい支谷

※1

ナメ滝5×9m

ビバーク適地 ▲ 840

奥の二俣

ナメ状

5m ナメ滝L5m

美しい

逆くの字形 5×17m ❺

ナメ滝L3m

2ヶ所残置ロープ 3m

斜滝2条L5m

大きい ナメL6m ❹ 8m

二俣750

ナメL5m

ガレ ビバーク適地

2条3m

岩間3m

岩間に小滝

ゴーロ

インゼル

大岩

細長い淵 ❸ 胸まで浸かって徒渉

2段8m

2条6m 釜深い ❷

ゴルジュ 斜滝ナメ2条13m 末広がり

斜滝6×10m

3m 2段5m

大岩をもつ滝 ❶ 8m

大台ヶ原 ← ---- （通行止め） 吊橋 → 筏場

本沢川

ナメ滝2段5m 2段15m ❾

2段3m 3m

❿ 大滝50m

大きい枝谷

ナメ滝2段L10m ❽ ナメ状斜滝 2段15×40m

岩間に小滝 15mCS ❼ 高い窯

3m

岩間6m 岩間5m ゴーロ

3m 大きい枝谷

2条8m

ナメ滝2段L5m

5m 懸垂下降

10m ❻

5m

釜ノ公谷

遡行：2008.6

作図：吉岡 章

N

トイ状小滝

岩間2段6×10m

岩間6m

ナメ滝3m

2段3m

※1

---

❶ 吊橋の下に巨岩が鎮座し8m滝が落ちている。沢床へはすんなり下りれず、右岸を小さく捲いて巨岩の上に出る。

❷ 斜滝2つは右岸沿いに登り、深い釜をもった2条6m滝と上に続く2段8m滝は右岸の草付の壁を捲き上がるが、けっこう難しい。

❸ 両岸の壁が立った釜に行く手を阻まれる。ここは胸まで浸かって徒渉。次の細長い淵は左岸のバンドを伝う。

❹ 8m滝は右岸の残置ロープを使い越える。

❺ 小滝が数本連なる連瀑帯。左岸を捲き気味に登り、5m滝の上流に下り立つ。

❻ 10m滝は左岸を捲き登り、懸垂下降で下る。

❼ 落ち口にチョックストーンをもった15mの滝。ここは左岸を捲いて上流へ。

❽ 2段ナメ状斜滝は右岸沿いが登れる。

❾ 2段15m滝は右岸のルンゼに入り、捲き気味に落ち口に出る。

❿ この谷最大の大滝が飛沫を上げる。中ほどまで直上していけるが、スリップすれば停止は困難なので、ロープを出して安全を期すこと。中ほどからは右岸・左岸どちらかを捲くことになる。

吉野川水系
三之公川

明神谷（馬ノ鞍谷）

初級　1級上／Ⅱ
適期　4月中旬〜11月中旬
日程　1日（遡行3〜4時間）

一見の価値がある名瀑・明神滝と後南朝の宮跡を訪ねる

明神谷は馬ノ鞍峰と山ノ神ノ頭に至る台高主稜線の水を集め、流域は扇状に広がり6本の谷に枝分かれする。名瀑・明神滝や二ノ滝をはじめ、馬ノ鞍谷に入ってからも3段25mの滝などが見もので、登りつめた馬ノ鞍峰は静観的な気分に浸れる。初夏にシロヤシオの花が迎えてくれるのもうれしい。また、下降ルートのカクシ平谷は後南朝の宮跡と伝えられる尊秀王の墓所などが残り、訪れる登山者も多い。ツメはヤブこぎもなく馬ノ鞍峰に上がる。入門者が最初に滝登りを経験するのに適した谷だ。

アプローチ

明神滝までは登山道をたどる。対岸にキノコ股谷を見送り、右手前方に明神滝が望まれたら、道標を見て植林の中を駆け下り滝の前面に立つ。駐車場から約45分。

下降ルート

馬ノ鞍峰から西に派生する尾根道を下り、カクシ平谷の源頭へと向かう。下降地点に道標がある。下るにしたがい水も流れ出し、左側の台地に「三之公行宮跡」と刻まれた石標がある。ここからは右岸山腹沿いの整備された登山道を下り、林道終点へと戻る。馬ノ鞍峰から約2時間。

アクセス　行き・帰り：大和上市駅（タクシー約1時間40分、約40km）三之公林道終点　※距離が長く適していない

マイカー情報　国道169号の大迫ダムで左折して、入之波大橋を渡り、二ノ股出合で左折して北股川林道に入る。三之公出合で右の林道をとり、八幡平を過ぎた林道終点の駐車場へ。大阪から約2時間30分。

参考タイム　明神滝直下（1時間）カクシ平谷出合（50分）770m二俣（1時間20分）馬ノ鞍峰

標高差　608m（水平距離2.1km）

装備　基本装備

地図　大和柏木

温泉　①山鳩湯（4〜10月水曜休、ほか火・水曜休）☎0746-54-0262　②ホテル杉の湯（水曜休）☎0746-52-0006

二ノ滝8mは左岸を巻き登る

イリハシ谷出合の先に懸かる9m滝

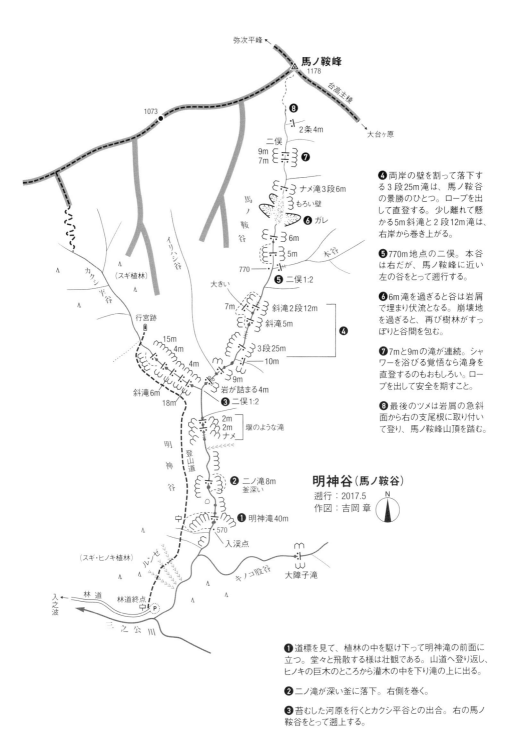

弥次平峰←
馬ノ鞍峰
△ 1178
台高主稜
大台ヶ原

❽
2条4m

二俣
9m
7m ❼

ナメ滝3段6m
馬ノ鞍谷
もろい壁
❻ ガレ

6m

5m
770 本谷
❺ 二俣1:2

大きい
斜滝2段12m
7m
斜滝5m ❹
3段25m
10m

9m
岩が詰まる4m
❸ 二俣1:2

1073

イリハシ谷
（スギ植林）
カクシ平谷
行宮跡
15m
4m
4m
斜滝6m
18m

2m
2m 堰のような滝
ナメ

登山道
二ノ滝8m
❷ 釜深い

明神谷
明神滝40m
❶
570
入渓点

（スギ・ヒノキ植林）
ルンゼ
キノコ収谷
大障子滝

林道
林道終点 P
入之波←
三之公川

❹両岸の壁を割って落下する3段25m滝は、馬ノ鞍谷の景勝のひとつ。ロープを出して直登する。少し離れて懸かる5m斜滝と2段12m滝は、右岸から巻き上がる。

❺770m地点の二俣。本谷は右だが、馬ノ鞍峰に近い左の谷をとって遡行する。

❻6m滝を過ぎると谷は岩屑で埋まり伏流となる。崩壊地を過ぎると、再び樹林がすっぽりと谷間を包む。

❼7mと9mの滝が連続。シャワーを浴びる覚悟なら滝身を直登するのもおもしろい。ロープを出して安全を期すこと。

❽最後のツメは岩屑の急斜面から右の支尾根に取り付いて登り、馬ノ鞍峰山頂を踏む。

明神谷（馬ノ鞍谷）

遡行：2017.5
作図：吉岡 章

N

❶道標を見て、植林の中を駆け下って明神滝の前面に立つ。堂々と飛散する様は壮観である。山道へ登り返し、ヒノキの巨木のところから灌木の中を下り滝の上に出る。

❷二ノ滝が深い釜に落下。右側を巻く。

❸苔むした河原を行くとカクシ平谷との出合。右の馬ノ鞍谷をとって遡上する。

吉野川水系
北股川

不動谷・南股谷
（ふどう・みなみまた）

初級 2級／Ⅱ＋

適期 4月下旬〜11月上旬

日程 2日（遡下行10.5〜12時間）

秋の紅葉の時期に訪れたい、楽しい遡下降が味わえる谷

　馬ノ鞍峰から弥次平峰に至る西面の水を集めるこの谷は、南股谷を合わせて下に名瀑・南股ノ滝を懸ける。不動谷は不動滝と滝の連なるゴルジュが、南股谷は滝の数こそ少ないが、形のよい滝がいくつかあって楽しく遡行できる。北股川左岸の谷は台高主稜へ最短距離で取り付けるので、大和谷や父ヶ谷への下降、池木屋山への縦走、または大台ヶ原への縦走など、ここを起点にして組み合わせることができる。南股谷と合わせて入渓する場合は、不動谷を登り、南股谷を下降するとよい。

·············· **アプローチ** ··············

　林道を南股谷出合まで徒歩約1時間20分。山ノ神を過ぎた先にある切通しの20m先が南股谷の出合で、15m先に谷へ下る踏み跡がある。

·············· **下降ルート** ··············

　稜線コースからの下降は長く一般的でないため、本ガイドでは隣の南股谷を下るプ

アクセス　行き・帰り：大和上市駅（タクシー約1時間20分、約37km）三之公橋

マイカー情報　国道169号の大迫ダムで左折して、入之波大橋を渡り、二ノ俣で左へ橋を渡って北股川林道を北進、三之公橋の先にある林道ゲートまで（林道決壊のため通行止め、復旧未定）。三之公出合付近の広場に駐車する。

参考タイム　入渓点（30分）南股谷出合（40分）不動滝（1時間15分）12m滝（30分）二俣（2時間）弥次平峰（1時間50分）馬ノ鞍峰（2時間30分）20m斜滝直下（1時間）不動谷出合（20分）北股川林道

標高差　遡行720m（水平距離2.8km）
　　　　　　下降678m（水平距離3.3km）

装備　基本装備＋宿泊用具

地図　大和柏木

温泉　①山鳩湯（4〜10月水曜休、ほか火・水曜休）☎0746-54-0262　②ホテル杉の湯（水曜休）☎0746-52-0006

ランとした。馬ノ鞍峰から南股谷を下降して駐車地までは約5時間。

右／不動滝2段35mは右岸に入るガリーから高巻く　左／紅葉のなかに懸かる南股ノ滝3段50m

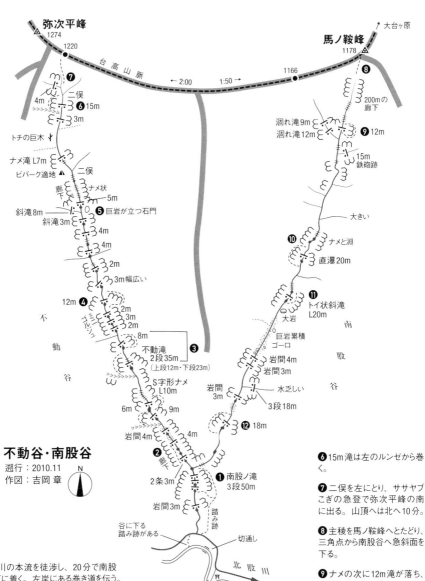

不動谷・南股谷

遡行：2010.11
作図：吉岡　章

N

弥次平峰
△1274
1220

馬ノ鞍峰
1178△
大台ヶ原

台高山脈
← 2:00　1:50 →
1166

❼
二俣
4m　❻15m
3m

トチの巨木
ナメ滝 L7m
ビバーク適地
二俣
廊下　ナメ状
5m
斜滝8m　巨岩が立つ石門
斜滝3m
4m
4m
2m
3m幅広い
12m ❹
2m
3m
2m
ゴルジュ
8m
S字形ナメ
L10m
6m　9m
岩間4m
4m
2条3m
岩間3m
不動谷
❸
不動滝
2段35m
（上段12m・下段23m）
岩間3m
岩間4m
岩間3m
❷
廊下
❶南股ノ滝
3段50m
谷に下る
踏み跡がある

200mの
廊下
涸れ滝9m
涸れ滝12m ❾12m
15m
鉄砲跡
大きい
ナメと淵
❿
直瀑20m
❶❶
トイ状斜滝
L20m
大岩
巨岩累積
ゴーロ
岩間4m
岩間3m
水乏しい
3段18m
❶❷ 18m

不　動　谷

南　股　谷

踏み跡
切通し

北　股　川
二ノ股
山ノ神と鳥居

❶ 北股川の本流を徒渉し、20分で南股ノ滝直下に着く。左岸にある巻き道を伝う。

❷ 出たところは南股谷の出合。不動谷に入ると廊下となり小滝を懸けるが、容易にへつって進める。

❸ 不動滝は右岸のガリーから取り付き、斜面を絡んで滝の頭に出る。上に続く8m滝は左岸を巻いて上流に下り立つ。

❹ ミニゴルジュの先の12m滝は左岸を巻く。

❺ 右岸から滝を懸けた支谷が入ると石門がある。5m滝を懸けるが難なく越えられる。

❻ 15m滝は左のルンゼから巻く。

❼ 二俣を左にとり、ササヤブこぎの急登で弥次平峰の南に出る。山頂へは北へ10分。

❽ 主稜を馬ノ鞍峰へとたどり、三角点から南股谷へ急斜面を下る。

❾ ナメの次に12m滝が落ち、左岸を巻いて下降する。すぐ先に鉄砲跡を見る。

❿ S字形の淵が横たわり、その下に20m直瀑が切れ落ちる。右岸の踏み跡を拾い下る。

❶❶ 右岸の壁がハングした中にトイ状斜滝が出てくる。ロープを使い左側の岩壁を下る。

❶❷ 18m滝は右岸の踏み跡を伝って下れる。

吉野川水系 神之谷川 大栃谷
おおとち

中級 2級上／Ⅲ　適期 5月上旬〜11月上旬　日程 1日（遡行7時間）

圧巻のゴルジュに陶酔する隠れた名渓

神之谷川の本流として白鬚岳へと突き上
こうのたに　　　　　　　　　　しらひげ
げる大栃谷は、これまで遡行対象として注
目されることは少なかった。しかし、いざ
入渓してみると中流域には圧巻のゴルジュ、
上流に入ってからも2段25m滝の連瀑など
があって、すばらしい渓相に驚かされた。
直登から巻きのルート読みまで、遡行のお
もしろさがほどよく配置されており、日帰
りの遡行ルートとしては最高に楽しい一本
となろう。

アプローチ

交通機関利用の場合は、神之谷林道を終
点まで5kmほど歩く。約1時間20分。

アクセス　行き：大和上市駅（R169ゆうゆ
うバス1時間〈土休日運行〉）北和田口
帰り：柏木（R169ゆうゆうバス59分〈土
休日運行〉）大和上市駅
マイカー情報　国道169号を南下して柏木
集落から神之谷林道へと入り、林道終点に
駐車する。大阪から約2時間30分。
参考タイム　神之谷林道終点（1時間40分）
植林小屋（1時間50分）880m二俣（1時間
35分）2段25m滝（2時間）白鬚岳
標高差　800m（水平距離3.0km）
装備　基本装備＋40mロープ
地図　大和柏木
温泉　ホテル杉の湯（水曜休）☎0746-52-
0006

下降ルート

登山道を柏木バス停へ約3時間。入渓点
へ戻る場合は、白鬚岳から少し西に進んで
標高1310m付近の小ピークから南に派生
する尾根を下る。小ピークへ登る手前の緩
斜面から尾根へと回り込むのが楽だろう。
小ピークの直下にあるモノレール軌道をう
まく見つけられれば、あとはそれを伝うだ
けだ。最後は転がるような急斜面だが、忠
実に追えば入渓点へと導いてくれる。山頂
から出合まで約2時間。

15m滝が懸かる圧巻のゴルジュは左岸高巻き

下部の連続する滝群を快適に進む

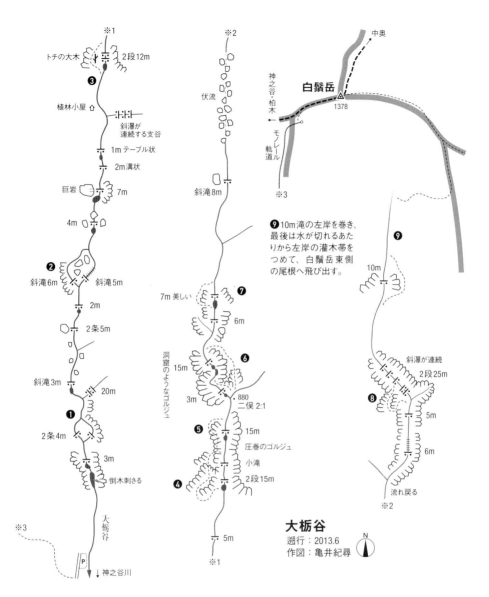

❾10m滝の左岸を巻き、最後は水が切れるあたりから左岸の灌木帯をつめて、白鬚岳東側の尾根へ飛び出す。

大栃谷

遡行：2013.6
作図：亀井紀尋

❶入渓してすぐに3m滝が見える。手前には深い淵があって泳ぎで越えた。

❷ここから先、5mから7mほどの滝が適度に配置されて楽しく遊べるところ。

❸トチの大木（谷名の由来か？）が鎮座する2段12m滝。通常右岸を巻くが、シャワー覚悟なら直登も可能だろう。

❹2段15m滝は見応えがある。右岸の壁沿いを下り気味に回り込んで上段壁との基部へ。すると土砂に埋まるルンゼがあって小尾根へと導かれる。

❺深いゴルジュの奥に15m直瀑が見える。正面突破は厳しそうだ。そのまま右岸を斜上していくが、泥壁混じりのトラバースは気が抜けない。場合によってはロープ確保も必要だろう。ここを抜けると880m二俣となる。

❻洞窟のようなゴルジュ入口の3m滝を左岸からへつって中へ。奥を見れば袋小路に15m滝が水煙を巻き上げている。地球のつくりだした奇跡とも呼べる空間は感動モノであるが、まったく歯が立たず二俣まで戻って左岸から巻き登る。

❼気品のある7m滝は右岸から巻く。

❽2段25m滝は登れそうに見えるが、ヌルヌルでかなり渋い。踏査時は右岸の草付へ逃げる羽目となった。前衛5m滝も含めて少し手ごわく、初心者がいる場合はしっかりとサポートしたい。

吉野川水系 中奥川 戸倉谷（とくら）

中級　2級上／Ⅲ＋
適期　4月中旬～11月中旬
日程　1日（遡行4～5時間）

短いながらも城塞に守られた中に廊下と滝が連続する谷

戸倉谷は赤嵓山から西に派生する尾根の高塚から戸倉山、登尾に至る稜線の水を集め北に下り、中奥川に合流する。地形図にも水線が入っていない小さい谷であるが、出合付近は城塞のような嵓が立ち並び威容を誇っている。谷はその岩壁を割って急落しており、廊下の中に滝を連続させる。手ごわい滝が多く、巻きのルート取りがカギを握る。過去には廊下の高巻きで滑落事故も起きているので要注意だ。ゴルジュ帯を抜けると、上流はいたって平坦な流れが続くが、稜線近くなると次第に傾斜を強め、ナメや斜滝の中を高度を稼ぎ戸倉山近くの稜線に飛び出す。二俣から上流は植林されて変化に乏しいので、通常は二俣で遡行を打ち切る場合が多いようだ。

アプローチ

車道から斜面を下り、対岸の出合へ本流を徒渉する。

アクセス　行き・帰り：大和上市駅（タクシー約1時間10分、約33km）戸倉谷出合

マイカー情報　国道169号を白川渡で左折して中奥川沿いの県道に入る。瀬戸の集落を過ぎると、ほどなく本流左岸に威圧的な嵓がそそり立つのが見える。そこが戸倉谷で、本流のすぐ上には広い河原になった堰堤がある。出合近くの林道脇に駐車可能。

参考タイム　戸倉谷出合（1時間40分）吊橋（30分）二俣（2時間）戸倉山

標高差　681m（水平距離1.8km）

装備　基本装備＋40mロープ

地図　大和柏木

温泉　①ホテル杉の湯（水曜休）☎0746-52-0006　②中荘温泉（月・最終火曜休）☎0746-32-0501

下降ルート

戸倉山から北に派生する支尾根を二俣まで下降し、吊橋を渡って仕事道をモノレールに沿って下る。戸倉山から吊橋まで約1時間、さらに戸倉谷出合へ約30分。

右／吊橋の上方に懸かる25mの滝
左／ナメ滝2条50mが美しく懸かる。戸倉谷で一番の見せ場

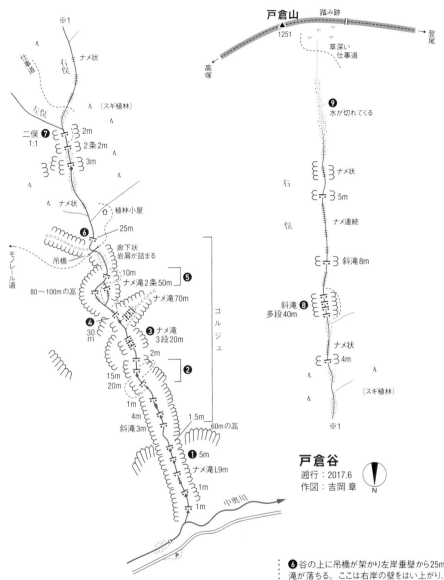

戸倉山
▲
1251

踏み跡

高塚

登尾

草深い
仕事道

❾
水が切れてくる

ナメ状

5m

ナメ連続

斜滝8m

斜滝
多段40m ❽

ナメ状

4m

右

俣

（スギ植林）

※1

戸倉谷

遡行：2017.6
作図：吉岡 章

N

※1

仕事道

右俣

ナメ状

（スギ植林）

左俣

二俣 ❼
1:1

2m
2条2m
3m

ナメ状

植林小屋

❻ 25m

吊橋

モノレール道

廊下状
岩屑が詰まる

80～100mの嵓

10m
ナメ滝2条50m ❺

ナメ滝70m

❹
30
m

ナメ滝
3段20m ❸

2m

❷

15m
20m

1m

4m

斜滝3m

1.5m

60mの嵓

❶ 5m

ナメ滝L9m

1m

1m

中奥川

ゴ
ル
ジ
ュ

P

❶ゴルジュが始まり、5m滝はシャワーを浴びて直登。右岸もたどれる。

❷20m滝は右岸から高巻き、次の15m滝は左岸を巻く。

❸3段20mナメ滝はロープを使用して直登。

❹30m滝は左岸のルンゼから巻くが、厳しいのでロープを出して安全を期すこと。

❺2条50mナメ滝と、その上方に10m直瀑を懸ける。下段は左からシャワークライム、途中から滝の間の草付を登る。10m直瀑は左岸を巻いて上流へ下り立つ。

❻谷の上に吊橋が架かり左岸垂壁から25m滝が落ちる。ここは右岸の壁をはい上がり、吊橋を利用して滝上に出る。これで500mほど続いたゴルジュが終わる。

❼二俣で遡行を打ち切り引き返す人が多い。右の谷に入るとナメが出てくる。

❽多段40mの斜滝。右から立ち木を頼りに登る。このあたりから傾斜が強まる。

❾源流は流れも途絶えがちになり、やがて草深い仕事道が沢を横切る。仕事道をたどり戸倉山近くの稜線に出る。

北山川水系 小橡川 又剣谷（またつるぎ）

中級 2級上／Ⅲ＋
適期　4月下旬～11月上旬
日程　1日（遡行4～5時間）

ゴルジュ内の連瀑の突破や深い釜のへつりはスリル満点

小橡川の下流から見て、最初に右から入る谷が風折谷で、その途中で左に分岐する谷が又剣谷である。地元河合では「またつる谷」と呼び、険しい谷という意味合い。その名のとおり3つのゴルジュが横たわり、40mの大滝を筆頭に数多くの滝を秘めていてけっこう楽しめる谷である。ただ残念なことに、周囲はスギ・ヒノキの植林で覆われているのと、源頭に林道が延ばされたため、源流一帯は崩壊箇所が目立ち薄汚いのが難点。ヒル対策と、釣り師も入るのでトラブルのないように心がけたい。

━━━━━ アプローチ ━━━━━

本流を対岸に渡り、堰堤上の河原から入渓する。

ゴルジュに懸かる2段17m滝から見下ろす

アクセス　行き・帰り： 大和上市駅（タクシー約1時間40分、約50km）又剣谷出合 ※距離が長く適していない

マイカー情報　国道169号の河合で左折して北山川を渡り、小橡川左岸の県道を進む。右手に北山宮を見るところで風折谷が右から流れ込む。橋の手前を右折して林道に入り、1kmほど走ると対岸に又剣谷が出合う。大阪から3時間弱。

参考タイム　又剣谷出合（1時間45分）第2のゴルジュ入口（25分）第3のゴルジュ入口（1時間35分）小屋跡・遡行終了点（25分）稜線

標高差　670m（水平距離3.2km）

装備　基本装備＋登攀具、40mロープ

地図　河合

温泉　①小処温泉（週1～4日休、12～GW前は冬季休業）☎07468-3-0256　②薬師湯（第1・3火・水曜休）☎07468-3-0001

━━━━━ 下降ルート ━━━━━

最後は風折谷の右岸尾根（架線場跡）に出るので、尾根道を西へたどり、奥畑山を経て尾根の末端まで下ればよいが、奥畑山から先は踏み跡が消える。架線場跡から又剣谷出合まで約1時間45分。車を終了点近くの林道に回送しておけば下山の時間が短縮できる。

斜滝7×17mはフリクションを利かせて直登

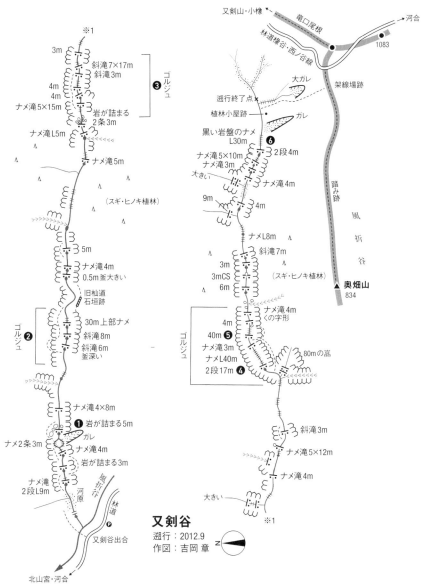

又剣谷

遡行：2012.9
作図：吉岡 章

❶ 岩の詰まった5m滝。へつりでこなせるが、右岸を巻いてもよい。

❷ 最初のゴルジュ。6m斜滝は右岸から巻いて通過する。ゴルジュはS字にカーブし、8m斜滝を懸け、その奥に30m滝が飛沫を上げる。高巻きながら進むと、巻き出たところが30m滝の中

段付近で、ここから滝身を直登していくが、高度感もありロープ使用のこと。落ち口に立ち、後続を引き上げる。

❸ 第2のゴルジュ。中には小滝が4つと、左に曲がり返して7×17m斜滝が懸かるが、難なく通過できる。

❹ 第3のゴルジュ。両岸が垂壁の中に2段17m滝が飛沫を上げる。シャワークライムで直登できるが、無理なら左岸

が高巻ける。

❺ 40m直瀑は手が出ず左岸から巻き登る。続く4m滝とくの字形ナメ滝をこなすとゴルジュが終わる。

❻ 黒い岩盤に走るL30mナメを過ぎると、左岸にガレを見る。その先左岸に入る枝谷で遡行を打ち切り、枝谷を登って風折谷との分水尾根の架線場跡に出る。

北山川水系 東ノ川本流 ひがし　かわ

中級 2級上／III
適期　5月上旬～10月下旬
日程　2日(遡行9.5～11時間)

"日本百名谷" にも取り上げられた台高の名渓を遡る

　東ノ川は大台ヶ原西方一帯の水を集め、南流して北山川に流入する長大な川である。大杉谷と並んで最も名の知れた渓谷で、両岸にそそり立つ峭壁、累積する巨岩、ほとばしる急流と優れた渓谷美を見せ、右岸からの西ノ滝、中ノ滝の長瀑は関西随一を誇り、堂々たる風格を見せてくれる。上流でシオカラ谷と名を変えてからもゴルジュの中に数々の滝を連続させ、東ノ滝が最後を締めくくる。現在、池原からの林道は崩壊により通行止めが続いているが、尾鷲道から白崩谷を下降するルートをとれば、谷中で1泊して、翌日大台ヶ原に至る。

・・・・・・・・・・・・ アプローチ ・・・・・・・・・・・・

　ビジターセンターの横から遊歩道(中道)に入って尾鷲辻に出る。ここであずまや脇の三差路を左にとって、尾鷲道を南にたどる。堂倉山の山腹を絡み、道が南西から南に向きを変えるあたりから、白崩谷へと下降する。本谷が合流してからは巨岩の積み

アクセス　行き・帰り：大和上市駅(奈良交通バス1時間51分)大台ヶ原
マイカー情報　国道169号を新伯母峰トンネル口まで南下し、右に分岐する大台ヶ原ドライブウェイを山上駐車場(無料)まで走る。大阪から約3時間。
参考タイム　薬師堂(50分)白崩谷出合(2時間20分)中崩谷出合(3時間)西ノ滝直下(3時間30分)シオカラ谷吊橋
標高差　1020m(水平距離5.0km)
装備　基本装備＋宿泊用具
地図　河合、大台ヶ原山
温泉　①きなりの湯(火曜休) ☎07468-5-2001　②薬師湯(第1・3火・水曜休) ☎07468-3-0001

重なりを巻き下ったり、流れを徒渉するなど、悪戦苦闘の末に東ノ川本流に下り着く。大台ヶ原駐車場から約5時間30分。

・・・・・・・・・・・・ 下降ルート ・・・・・・・・・・・・

　シオカラ谷吊橋から遊歩道をたどり、大台ヶ原駐車場まで約40分。

右／岩壁を割って落下する13m滝。正面には千石嵓
左／西ノ滝150mの雄姿

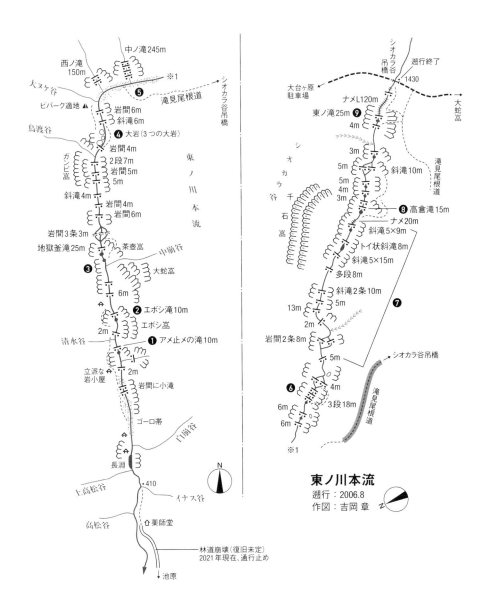

東ノ川本流

遡行：2006.8
作図：吉岡 章

❶ 2つ目の岩小屋を見送ると、谷通しの通過が困難になり、アメ止メの滝に出くわす。右岸を巻いて清水谷を過ぎる。

❷ エボシ滝も右岸を巻いて通過する。

❸ 右岸の高巻きを終えると中崩谷出合で、初日はこのあたりで谷中泊となるだろう。すぐ上の地獄釜滝は左岸を巻く。

❹ 鳥渡谷出合先の大岩の左岸を巻く

と、谷は右に折れて西ノ滝の直下に出る。西ノ滝と並んで上方に長く懸かるのは中ノ滝で、落差は245mあるという。

❺ シオカラ谷に入るところで滝見尾根道が下ってきており、エスケープに利用できる。

❻ シオカラ谷に入ると狭い谷に変わり、滝場の連続となる。ゴルジュに懸かる3段18m滝は左岸を巻く。

❼ 正面に千石嵓の大岩壁が迫る。谷は傾斜を強めいくつかの滝が出てくるが、そのほとんどが直登していける。

❽ 高倉滝の直登は難しく、左岸を巻き登る。

❾ 東ノ滝は左岸を巻き滝見尾根道に上がる。上流はナメ床となりシオカラ谷吊橋へと続く。

北山川水系
古川　**岩屋谷**（いわや）

中級	2級上／III＋
適期	4月上旬〜11月下旬
日程	1日（遡行5.5〜6.5時間）

出合から仰ぐ不動滝と懸崖に守られた銚子滝に武者震い

　台高南部のアゲグチ峠付近から西走して、坂本貯水池で東ノ川に流入する古川の最初の支谷。流域は小さく短いが、文字どおり荒々しい岩壁の中に幾段もの滝を懸け、出合の不動滝、中流部の銚子滝の大滝は迫力満点。不動橋から見る渓相は険悪そのもので、それゆえに遡行意欲をかき立てる秀渓だ。沢2級、巻き3級といった感じで、銚子滝2段50mと25m滝の巻きは難しくルート取りがカギとなる。上流の凡谷をカットすれば、左岸の仕事道を利用して、日帰りで岩屋谷の醍醐味を堪能できる。

　基本装備のほか40mロープも必携。大滝を高巻きする場合は登攀用具類は必要としないが、急峻で高度感もあるので、40mロープを持参したほうが安心できる。

·················· **アプローチ** ··················

　不動滝を右岸から巻いて入渓する。遡行ガイド参照。

··············· **下降ルート** ···············

　滝場が終わって平凡となり、植林の飯場跡を見てしばらく進むと左岸に仕事道が下りてくる。この道をたどり、不動橋のたもとまで約1時間。

アクセス　行き・帰り：大和上市駅（タクシー約2時間、約69km）不動橋　※距離が長く適していない

マイカー情報　国道169号の河合からサンギリトンネル越えの迂回路で坂本ダムに出て、出合橋を渡り、古川右岸沿いを進むと岩屋谷出合の不動橋に着く。大阪から4.5〜5時間。※国道425号の備後橋〜坂本ダム間は道路決壊のため通行止め。復旧未定

参考タイム　不動橋（1時間30分）銚子滝直下（2時間30分）2条V字形8m滝（1時間30分）仕事道出合・遡行終了点

標高差　400m（水平距離1.5km）

装備　基本装備＋登攀具、40mロープ

地図　河合、高代山

温泉　①きなりの湯（火曜休）☎07468-5-2001　②薬師湯（第1・3火・水曜休）☎07468-3-0001

出合から眺める不動滝30m

銚子滝2段50mの雄姿

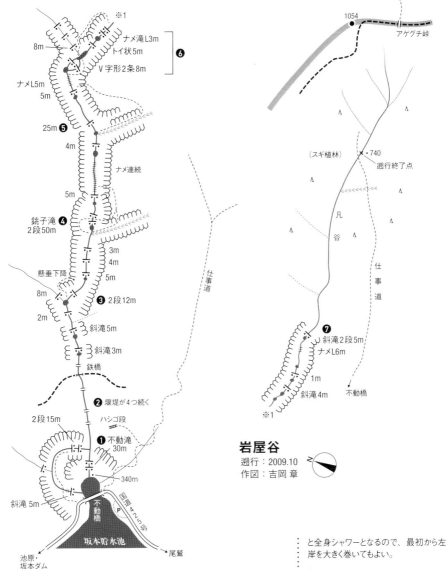

※1

ナメ滝L3m
トイ状5m ❻
V字形2条8m

8m

ナメL5m
5m

25m ❺

4m

ナメ連続

5m

銚子滝 ❹
2段50m

3m
4m
5m

懸垂下降

8m
❸ 2段12m
2m

斜滝5m

斜滝3m

鉄橋

❷ 堰堤が4つ続く

2段15m

ハシゴ段

❶ 不動滝
30m

340m

斜滝5m

不動橋

P

坂本貯水池

池原・
坂本ダム

尾鷲

仕事道

1054

アゲグチ峠

(スギ植林) ╳・740
遡行終了点

凡

谷

仕事道

❼

斜滝2段5m
ナメL6m

1m

斜滝4m

不動橋

※1

岩屋谷

遡行：2009.10
作図：吉岡 章

❶ 不動滝は、不動橋の坂本ダム側たもとの踏み跡をたどる。小尾根を越えて斜面を下ると、不動滝左岸側の枝谷に下りる。この枝谷は右に回って岩壁の裏に2段15mの滝を懸ける。その右岸を巻き登ると不動滝の落ち口。

❷ 堰堤が4基連続し、3つ目には鉄橋が架かる。第3・第4の堰堤は左岸を簡単に巻ける。

❸ 右岸枝谷に8m滝を見ると、本谷は右に折れて2段12mの滝を懸ける。ここは手が出ず、真ん中から取り付いて、左の8m滝の落ち口へ抜けたあと、右の斜面を登って2段12m滝の上流へ懸垂下降する。

❹ 銚子滝2段50mは右岸から巻いて上段の滝の下を左岸に移り、上に続く5m滝の落ち口に下りる。水量が多い

と全身シャワーとなるので、最初から左岸を大きく巻いてもよい。

❺ 25m滝は左岸のルンゼに取り付いて巻き上がるが、ロープを出して安全を期すこと。

❻ 2条V字形8m滝。ここは左岸滝横のリッジを登る。このあとは右岸の踏み跡を伝って、8m滝を懸けて出合う枝谷を横切り、本谷の2つの滝もいっしょに巻いて上流へ下りる。

❼ 最後の2段斜滝5mを右手から登ると、ようやく悪場から開放される。

北山川水系
古川

ゴミキ谷・滝谷

大峰

台高

南紀

奥高野

奥美濃

鈴鹿

比良

中国

四国

3段90mの鹿ノ子滝を筆頭に数多くの滝を懸ける

　東ノ川支流の古川にはたくさんの枝谷が左右から流入し、大小さまざまの滝を懸けて本流に落下する。いずれも流域は短く、ほんの2〜3時間で終わる谷が多いが、このゴミキ谷と隣の滝谷は、数多くの滝を懸け遡行価値は高い。特に滝谷の入口に懸かる鹿ノ子滝は3段90mの落差を誇り、一見の価値がある。このあたりの谷は東ノ川の名声に隠れて人の訪れないところだが、決して期待を裏切らないことだろう。

　大阪からはアプローチが遠く、マイカー利用でないと無理だが、前夕発日帰りで2本の谷を遡下降できる。

・・・・・・・・・・・・ **アプローチ** ・・・・・・・・・・・・

　右岸の作業道跡から谷に下りる。

・・・・・・・・・・・・ **下降ルート** ・・・・・・・・・・・・

　滝谷を下降する。参考タイムおよび遡行ガイド参照。

アクセス　行き・帰り：大和上市駅（タクシー約2時間15分、約73km）ゴミキ橋
※距離が長く適していない
マイカー情報　国道169号の河合からサンギリトンネル越えで坂本ダムに出て、国道425号を古川上流へと進む。名古瀬橋で左岸に転じて、次に右から大滝を懸けて出合う谷が滝谷、すぐ先のトンネルを抜けて右から入る谷がゴミキ谷である。出合近くに駐車できる。大阪から4.5〜5時間。
参考タイム　ゴミキ谷出合（1時間10分）二俣（1時間）奥の二俣（50分）稜線（45分）滝谷二俣（1時間15分）鹿ノ子滝落ち口（1時間）滝谷出合
標高差　遡行575m（水平距離1.7km）
　　　　　下降580m（水平距離1.7km）
装備　基本装備＋40mロープ
地図　高代山
温泉　①きなりの湯（火曜休）☎07468-5-2001　②薬師湯（第1・3火・水曜休）☎07468-3-0001

ゴミキ谷下部の20m滝はアンザイレンして右側を直登

120

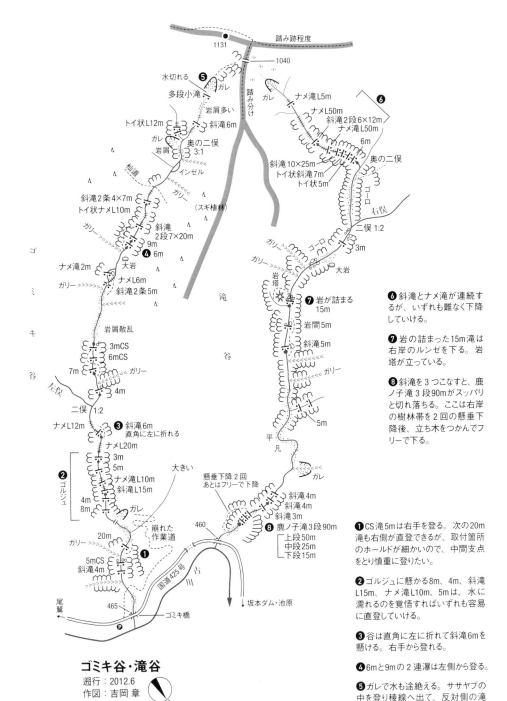

踏み跡程度

1131

1040

水切れる ❺
ガレ
多段小滝
岩屑多い
トイ状L12m 斜滝6m
ガレ
岩屑 奥の二俣
3:1
インゼル
仙道
ガリー
斜滝2条4×7m
トイ状ナメL10m
ガリー
斜滝
2段7×20m
9m
❹ 6m
ナメ滝2m 大岩
ナメL6m
ガリー 斜滝2条5m
岩屑散乱

3mCS
6mCS
7m ガリー
4m
二俣 1:2
ナメL12m
❸ 斜滝6m
直角に左に折れる
ナメL20m
3m
❷ 5m
ナメ滝L10m
ゴルジュ 斜滝L15m
4m 大きい
8m ガレ
20m 崩れた
ガリー 作業道
5mCS 460
斜滝4m
尾鷲 465
P ゴミキ橋

ナメ滝L5m ❻
ガレ
ナメL50m
斜滝2段6×12m
ナメ滝L50m
6m
斜滝10×25m 奥の二俣
トイ状斜滝7m
トイ状5m ゴーロ
右俣
二俣 1:2
ガリー ゴーロ 3m
塔岩 大岩
❼ 岩が詰まる
15m
岩間5m
斜滝5m
ガリー

5m
平
凡
ガレ
斜滝4m
斜滝4m
斜滝3m
❽ 鹿ノ子滝3段90m
懸垂下降2回 上段50m
あとはフリーで下降 中段25m
下段15m

（スギ植林）

滝

谷

❻ 斜滝とナメ滝が連続す
るが、いずれも難なく下降
していける。

❼ 岩の詰まった15m滝は
右岸のルンゼを下る。岩
塔が立っている。

❽ 斜滝を3つこなすと、鹿
ノ子滝3段90mがスッパリ
と切れ落ちる。ここは右岸
の樹林帯を2回の懸垂下
降後、立ち木をつかんでフ
リーで下る。

❶CS滝5mは右手を登る。次の20m
滝も右側が直登できるが、取付箇所
のホールドが細かいので、中間支点
をとり慎重に登りたい。

❷ゴルジュに懸かる8m、4m、斜滝
L15m、ナメ滝L10m、5mは、水に
濡れるのを覚悟すればいずれも容易
に直登していける。

❸谷は直角に左に折れて斜滝6mを
懸ける。右手から登れる。

❹6mと9mの2連瀑は左側から登る。

❺ガレで水も途絶える。ササヤブの
中を登り稜線へ出て、反対側の滝
谷へ下降する。

国道425号
川
↓坂本ダム・池原

ゴミキ谷・滝谷

遡行：2012.6
作図：吉岡 章

N

121

北山川水系 備後川　ナル谷

上級	3級／IV+
適期	4月中旬〜11月中旬
日程	1日（遡行4〜5時間）

大滝60mの登攀がカギとなる備後川の悪渓

備後川を取り巻く峰は1000mそこそこの高さであるが、全体に側壁の発達した険しい谷を形成している。流域中のいくつかの支流のうち、ナル谷は60mの落差を誇る長瀑を筆頭に、ゴルジュの中に数多くの飛瀑や淵を連ねて変化に富み、水量も豊か。上流一帯はその名のとおりナル（勾配の少ない）流れとなり、植林も入っているが、入口から中流域にかけては自然林が残り訪れる人を魅了する。

ナル谷の遡行は入口に懸かる大滝の登攀と、ゴルジュの突破が厳しく、中級から上級向きといえる。滝の登攀と遡行を同時に満足できる谷としては出色のものだろう。下山は左岸に敷設された林道を利用すれば日帰り可能だ。

・・・・・・・・・・・・・・・・・・ アプローチ ・・・・・・・・・・・・・・・・・・

対岸の林道から大滝をめざしてガレ場を下り、本流を徒渉する。約15分。

・・・・・・・・・・・・・・・・・・ 下降ルート ・・・・・・・・・・・・・・・・・・

つめ上がった林道をたどって、備後川沿いの林道へと下る。ナル谷対岸の駐車スペースへ約1時間10分。

> **アクセス　行き・帰り：** 大和上市駅（タクシー約3時間、約77km）ナル谷出合、または尾鷲駅（タクシー約2時間10分、約52km）ナル谷出合　※タクシー利用は、距離が長すぎて適していない
>
> **マイカー情報**　国道169号の池原ダムから国道425号を尾鷲方面に向かい、備後川に架かる橋の手前で右折してしばらく走り、トンネルを抜けた先で右岸にナル谷の大滝が目に留まる。対岸の林道脇に駐車スペースがある。池原ダムから約30分。
>
> **参考タイム**　大滝直下（1時間30分）大滝の落ち口（40分）ゴルジュ入口の5mCS滝（1時間35分）二俣（30分）林道
>
> **標高差**　390m（水平距離1.9km）
>
> **装備**　基本装備＋登攀具、40mロープ
>
> **地図**　高代山
>
> **温泉**　①きなりの湯（火曜休）☎07468-5-2001　②薬師湯（第1・3火・水曜休）☎07468-3-0001

廊下の中に懸かるCS滝5mは左側を登る

城塞のように立ちはだかる60mの大滝

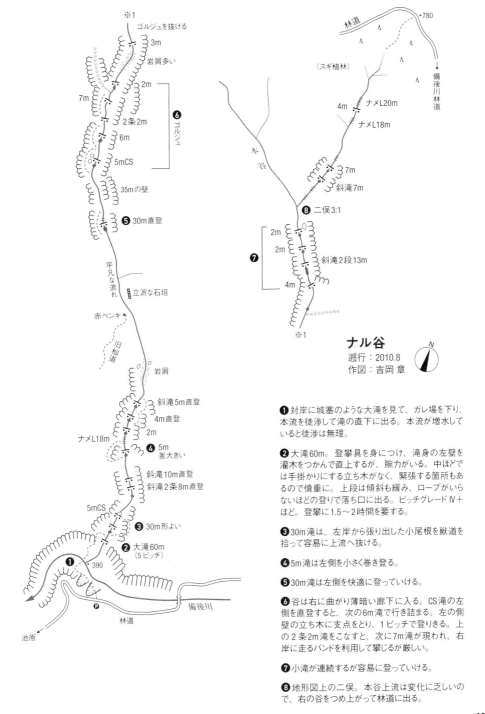

※1
ゴルジュを抜ける

3m

岩屑多い

7m 2m

❻ ゴルジュ

2条2m

6m

5mCS

35mの壁

❺ 30m直登

平凡な流れ

立派な石垣

赤ペンキ

旧杣道

岩屑

斜滝5m直登

4m直登

2m

ナメL18m

❹ 5m
釜大きい

斜滝10m直登
斜滝2条8m直登

5mCS

❸ 30m形よい

❷ 大滝60m
（5ピッチ）

❶

390

P

林道

備後川

池原

林道
・780

備後川林道

（スギ植林）

4m ナメL20m

ナメL18m

7m

斜滝7m

❽ 二俣3:1

本谷

2m
2m

❼

斜滝2段13m

4m

※1

ナル谷

遡行：2010.8
作図：吉岡 章

N

❶ 対岸に城塞のような大滝を見て、ガレ場を下り、本流を徒渉して滝の直下に出る。本流が増水していると徒渉は無理。

❷ 大滝60m。登攀具を身につけ、滝身の左壁を灌木をつかんで直上するが、腕力がいる。中ほどでは手掛かりにする立ち木がなく、緊張する箇所もあるので慎重に。上段は傾斜も緩み、ロープがいらないほどの登りで落ち口に出る。ピッチグレードⅣ＋ほど。登攀に1.5〜2時間を要する。

❸ 30m滝は、左岸から張り出した小尾根を獣道を拾って容易に上流へ抜ける。

❹ 5m滝は左側を小さく巻き登る。

❺ 30m滝は左側を快適に登っていける。

❻ 谷は右に曲がり薄暗い廊下に入る。CS滝の左側を直登すると、次の6m滝で行き詰まる。左の側壁の立ち木に支点をとり、1ピッチで登りきる。上の2条2m滝をこなすと、次に7m滝が現われ、右岸に走るバンドを利用して攀じるが厳しい。

❼ 小滝が連続するが容易に登っていける。

❽ 地形図上の二俣。本谷上流は変化に乏しいので、右の谷をつめ上がって林道に出る。

北山川水系
大又川　西ノ谷 (にし)

中級　2級／Ⅲ－
適期　4月上旬～11月下旬
日程　1日(遡行3.5～4.5時間)

天空から降りかかる蛇ノ目滝の壮観に圧倒される

大又川流域は、台高山脈の最南部に位置し、尾根を隔てた備後川と背中合わせの渓谷で、台高というよりは、熊野山塊の色彩が濃い。流域中のいくつかの支流のうち、西ノ谷は深く大きな峡谷が曲折する中に、連続した廊下と数々の滝を秘め変化に富む谷である。なかでも45m大滝と60mの落差を誇る蛇ノ目滝は圧巻で、「南紀の谷十選」に選ばれている。

この流域も林道が奥まで敷設され、二俣より上流はスギ・ヒノキの植林帯で遡行価値がないので、二俣までの中流域が遡行の対象となる。大滝以外の大抵の滝は、積極的に水に入るなら直登でき、技術的にさしたる困難はない。グレード2級としたが、2本の大滝の登り方で1グレード上になる。また、ヒルの対策が必要だ。

・・・・・・・・・・アプローチ・・・・・・・・・・

車止めゲート手前の踏み跡から入渓する。

アクセス　行き・帰り：大和上市駅（タクシー約2時間40分、約75km）車止めゲート、または尾鷲駅（タクシー約1時間、約26km）車止めゲート　※距離が長く適していない
マイカー情報　国道169号を南下して池原から熊野市方面へ走り、土場隧道を抜けたところで左から西ノ谷林道が入る。林道へ左折して1.6kmほど入ると車止めゲートに着き、付近に駐車スペースがある。
参考タイム　車止めゲート（45分）行合（25分）45m滝直下（45分）蛇ノ目滝直下（50分）蛇ノ目滝上流（50分）二俣
標高差　320m（水平距離2.5km）
装備　基本装備＋40mロープ
地図　七色貯水地、高代山
温泉　きなりの湯（火曜休）☎07468-5-2001

・・・・・・・・・・下降ルート・・・・・・・・・・

堰堤の上の二俣で遡行を打ち切り、下山は林道を引き返す。車止めゲートまで約4km、約1時間。

右／大滝45m。峭立する岩壁とともにすばらしい
左／行合の長淵は泳いで突破したほうが容易だ

124

二俣 ❽
東谷林道
伏流
540
林道に上がる
遡行打ち切る

※二俣より林道ゲート
まで3.9km

ガレ

ナメL8m

20mの壁

ナメ滝L10m
釜深い

炭焼窯跡

8m ❼

立派な石積みが
残る(旧杣道)

ナメ滝多段L12m

2条2m

ガレ

10m 12m

2.5m
釜を泳いで突破

9m

80mの高

蛇ノ目滝
2段60m ❻

2段12m

6m

斜滝4m

斜滝4m
へつる

❺ 大滝45m

斜滝3段8m

8m ❹

細い滝 L15m

巨岩累積

2段3m
行合

❸

2段2m
釜を泳いで突破

8m

斜滝4m

❷
廊下

径15mの釜

30m

岩間2m大釜

西ノ谷林道

腰まで浸かって
へつる

斜滝
2段7m
釜深い

❶

2条2m

廊下

淵

腰まで浸かって
へつる

水流れ出す

旧杣道

河原 伏流

大きい

220

入渓地点 車止めゲート(開放)

土場・国道169号

西ノ谷

遡行：2005.7
作図：吉岡 章

N

❶ 廊下の出口に懸かる斜滝は
右岸を巻く。

❷ 腰までの徒渉で大釜をへつる
と第2の廊下に入る。大釜を
従えた8m滝と斜滝4mは、いず
れも容易に登れる。

❸ 行合の廊下。両岸ハングし
た壁が立ち並び、頭上で触れ
合わんばかりに狭まって、2m滝
を従えた長淵が横たわる。ここ
は泳いで突破したほうが容易で
安全だ。高巻くと滝の頭へ懸
垂下降することになる。

❹ 8m滝は狭まって険悪そうだが、
左の斜上バンドを伝えば直登で
きる。

❺ 大滝45m。堂々と飛散しすば
らしいの一語に尽きる。滝壺を
囲むように左から張り出してきて
いる岩稜を1ピッチ登り、樹林
に入って直上するが、気の抜け
ない登りだ。最後は滝身に寄っ
て滝頭を乗り越すが、すばらし
い高度感である。

❻ 蛇ノ目滝2段60m。白布を
かけたような美しい滝で、左の
岩稜から取り付き、壁の間を縫っ
て大きく巻く。途中で左から入
るルンゼを越え、9m滝の頭に
下るが、少し緊張する悪場もあ
る。

❼ 岩溝に懸かる8m滝は左から
巻き登る。

❽ 堰堤の上で二俣となる。ここ
で遡行を打ち切り、右の林道に
上がる。

125

銚子川水系 岩井谷（いわい）

上級	4級下／IV＋
適期	4月下旬～11月上旬
日程	3日（遡行13.5～15時間）

選りすぐりのパーティのみに許される台高随一の名渓

銚子川は、大台ヶ原に源を発して南へ急激に落ち込み、わずかの距離で熊野灘に流入する。どの谷も巨瀑で構成されていて、岩壁はいたるところに露呈し、いずれも険しい渓谷となっている。なかでも岩井谷は谷の長さ、規模、美観、険しさなど総合的に見て、台高随一と折り紙付きの渓谷といえる。三平滝の大滝をはじめ、中ほどの連瀑帯など滝は数知れず、廊下と淵が横たわり、おいそれとは遡行できぬ厳しさと迫力がある。遡行は、足のそろったパーティならば前夜発1泊2日でも可能だが、できれば2泊3日の余裕ある日程にしたい。

………… アプローチ …………

発電所対岸から踏み跡を下り、岩井谷出合の少し上流へ下り立つ。

斜滝20mが岩肌を滑るように懸かる

アクセス 行き：相賀駅（タクシー約25分、約10km）岩井谷出合 帰り：大台ヶ原（三重交通バス1時間51分）大和上市駅

マイカー情報 国道169号を南下し、309号・42号を経て尾鷲の市街を抜け、銚子川に架かる銚子橋を渡ったところで左折して、銚子川左岸に沿った車道を上流へと向かう。10km強で対岸に発電所と導水管が見え、その下が岩井谷の出合。大阪から約5時間。

参考タイム 岩井谷出合（2時間20分）三平滝直下（1時間30分）三平滝ノ頭（2時間）小瀬谷出合（50分）梅ノ木谷出合（3時間45分）十字峡（2時間30分）3段30m滝直下（25分）最後の二俣（25分）稜線

標高差 1170m（水平距離6.3km）

装備 基本装備＋登攀具、40mロープ、宿泊用具

地図 引本浦、大杉峡谷

温泉 きなりの湯（火曜休）☎07468-5-2001

………… 下降ルート …………

地池高と加茂助谷ノ頭を結ぶ稜線を北上し、いったん鞍部に下りてから緩やかに登っていくと、絨毯を敷き詰めたような苔で覆われた広場に出る。そこが地形図の山道との出合で、山道は広場の右奥を通っている。山道を下り花抜峠（はなぬき）を経て町道大台線へ出るが、地形図の破線路は廃道に近い状態で、崩壊した箇所もあり、地形図と磁石は手放せない。町道大台線（林道）まで約2時間40分。町道大台線の花抜峠取付地点に別の車をデポしておくと便利。これには往復1時間30分ほど要する。

交通機関利用の場合は、山道出合を左に下ると堂倉谷側の林道に出る。左にたどり、堂倉避難小屋から日出ヶ岳山頂を経て大台山上駐車場へ。約3時間。

❶ 10m滝を右から高巻いて、上に続くナメを越えていく。

❷ 20mの直瀑は右岸を大きく高巻いて、最後は岩の割れ目をすり抜けて滝上へ。

❸ 斜滝20mの突破は胸まで釜に入り、滝身の左にあるガリーに沿って直上する。

❹ 前方に発電所巡視路の吊橋が見え、ここから三平滝までは巡視路を伝う。深淵に落下する20mの滝を脚下に2番目の吊橋を渡り、三平滝の直下に達する。

❺ 三平滝の滝壺は取水口になっていて堰堤がある。昔は滝壺が深く立派な釜を有していたが、土砂が堆積して半分以上埋まっている。ここの突破がこの谷のカギとなる。堰堤に打たれた鉄筋から滝壺に下り立ち、左岸の細い流れのある岩壁を2ピッチ攀じ、枝谷に懸かる100m滝の中ほどあたりまで登り、トラバースして滝身に寄って、10数m登ったところから岩場の弱点を下るとトラロープがあり、ロープに沿っていくと滝の頭に出る。

❻ 15m滝は左岸に垂れ下がるトラロープをよじ登り、ガリーを8mほど直上してから、左の壁を攀じて岩上に出たあと、リッジを下降して上流に下り立つ。

❼ 小瀬谷出合から両岸の壁が狭まった廊下となり、淵が横たわるが、泳いで突破していく。

❽ 梅ノ木谷との出合。水量比は3対2ぐらいで地形図の510m地点。出合には大岩が鎮座し、大きな岩小屋となっていて10人くらい泊まれる広さがある。初日はこのあたりで谷中泊となる。

❾ 連瀑帯。6m、15m滝は右岸を巻き、連続して懸かる18mと10m滝は左岸を巻き登る。次の18m滝は左岸のガリーに入り巻き登る。残置ピトンあり。滝上には下からでは眺められない斜滝5mがあってそれを越えたところから谷間に下る。上流はさらに滝場が続き、15mの滝、左に振って斜滝3mが懸かる。

❿ 15mの滝は右岸からたやすく巻けるが、次のCSを従えた8m滝は両岸いずれを巻くのも手ごわく、ここは釜を泳ぎシャワーを浴びて滝身の左壁を強引に登る。

岩井谷(1)

遡行：2005.8
作図：吉岡 章

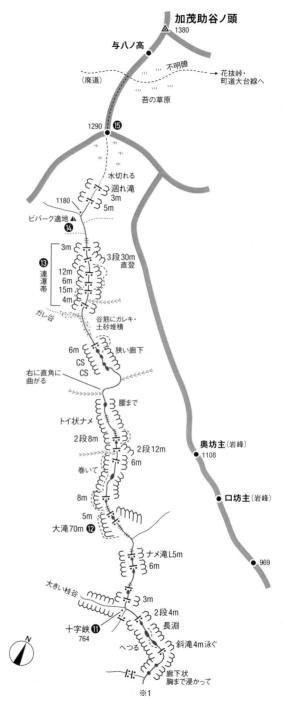

⑪十字峡。地図の764m地点で、本谷は右に直角に折れ、数本の滝を連続させている。

⑫70mの大滝。この谷の第2の見せ場で、周囲に高い岩壁を従えて懸かる。突破は左のルンゼに入り、壁が切れたあたりから灌木の中を直上して滝の頭に下り立つ。滝上には深い釜をもった5m滝と8m滝があり、いずれも右岸から小さく巻いて抜ける。

⑬最後の連瀑帯。4mの滝に続いて15mの滝、ここは右岸を巻き登り、上に続く6mは左岸を巻き、続く12mもついでに巻いて谷床に下りると、3段30mの滝の直下に立つ。ここは直登していける。

⑭最後の二俣。1180m地点で、周辺はヒメシャラの疎林が美しく、幕営地としても絶好のロケーションだ。日暮れまで時間もたっぷりあるが、2日目はこのあたりで幕営するとよい。

⑮テント場からは25分ほどで稜線に飛び出す。尾根を北にたどり山道出合へ。

岩井谷(2)

遡行：2005.8
作図：吉岡 章

加茂助谷ノ頭
△ 1380

与八ノ高

不明瞭 → 花抜峠・町道大台線へ

(廃道)

苔の草原

1290 ⑮

水切れる

涸れ滝
3m
5m

1180

ビバーク適地 ⑭

3m

連瀑帯

12m
6m
15m
4m

3段30m
直登

谷筋にガレキ・土砂堆積

ガレ谷

6m
CS
CS

狭い廊下

右に直角に曲がる

腰まで

トイ状ナメ

2段8m

2段12m
6m

巻いて

8m

5m

大滝70m ⑫

ナメ滝L5m
6m

大きい枝谷

3m

2段4m

十字峡 ⑪
764

長淵

へつる

斜滝4m泳ぐ

廊下状胸まで浸かって

※1

奥坊主(岩峰)
1108

口坊主(岩峰)

969

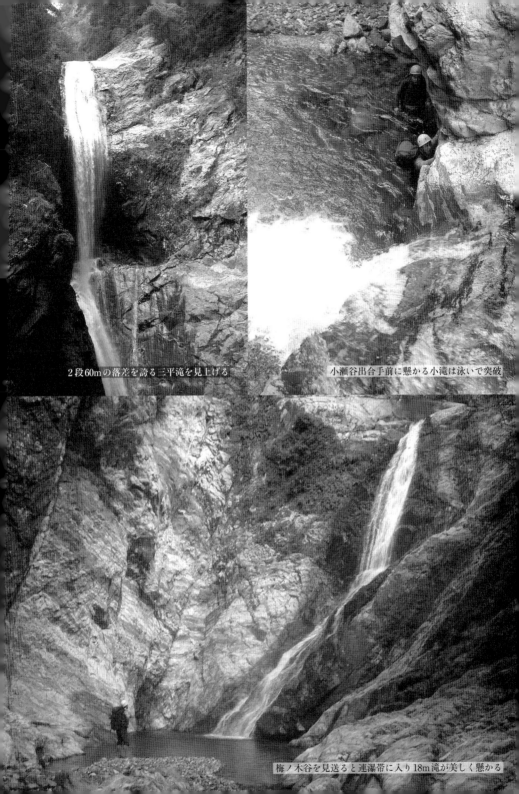

2段60mの落差を誇る三平滝を見上げる

小瀬谷出合手前に懸かる小滝は泳いで突破

梅ノ木谷を見送ると連瀑帯に入り18m滝が美しく懸かる

銚子川
水系 **光谷**（ひかり）

中級 2級／III
適期 4月中旬〜11月中旬
日程 1日(遡行4.5〜5.5時間)

快適な大滝の登攀が魅力の中級向きの谷

　光谷は東ノ川の大谷と台高主稜を挟んで背中合わせになっていて、コブシ嶺から木組峠あたりまでの領域の水を集める。左俣と右俣に分かれるが、左俣は変化はなく平凡である。右俣は滝また滝の連続で、両岸狭まった行合（いきあい）や、光滝80mに続く3段の滝と、大きな見せ場もあり楽しい谷である。技術的にはさして難しい谷ではなく、大滝も快適に直登でき、爽快な気分に浸れる。朝入渓すれば昼すぎには稜線に立てるが、登山道を利用しての下降ルートがなく、下山に時間がかかるので前夜発1泊2日の行程となる。

・・・・・・・・・・・ **アプローチ** ・・・・・・・・・・・

　林道を進むと約20分で光谷に架かる光澤橋、さらに入渓点の二俣まで約25分。

・・・・・・・・・・・ **下降ルート** ・・・・・・・・・・・

　コブシ嶺の北肩の稜線に出たあと、尾鷲道を木組峠まで南下し、東に派生する尾根の地形図上の破線路（廃道）をたどり、1070m地点から光谷出合近くに没する枝尾根を下って林道に下り立ち、不動谷出合のゲートに戻る。約4時間。

　または、足のそろったパーティなら、木組峠の南肩から不動谷を下降するのがおすすめだ。不動谷には50mの滝に続いて清五郎滝（せいごろう）が100mの落差をもって懸かり、眼前に展開する迫力に圧倒される。不動谷出合のゲートまで4.5〜5.5時間。

アクセス　行き・帰り：相賀駅（タクシー約45分、約13.3km）不動谷出合
マイカー情報　国道169号を南下し、309号・42号を経て尾鷲の市街を抜け、銚子川に架かる銚子橋を渡ったところで左折し、銚子川左岸沿いの車道を上流へと向かう。岩井谷を過ぎて、さらに林道を奥へ向かうと、左手前方の高みに不動谷に懸かる清五郎滝が見えてくる。不動谷出合の車止めゲート付近に駐車する。
参考タイム　光谷二俣・入渓点（45分）行合（1時間10分）30m滝（40分）光滝直下（1時間）奥の二俣（45分）稜線
標高差　740m（水平距離2.0km）
装備　基本装備＋40mロープ、宿泊用具
地図　引本浦、河合
温泉　①きなりの湯（火曜休）☎07468-5-2001　②薬師湯（第1・3火・水曜休）☎07468-3-0001

左／不動谷に懸かる名瀑・清五郎滝100m
右／圧倒的な岩壁が立ちはだかり光滝80mが飛沫を上げる

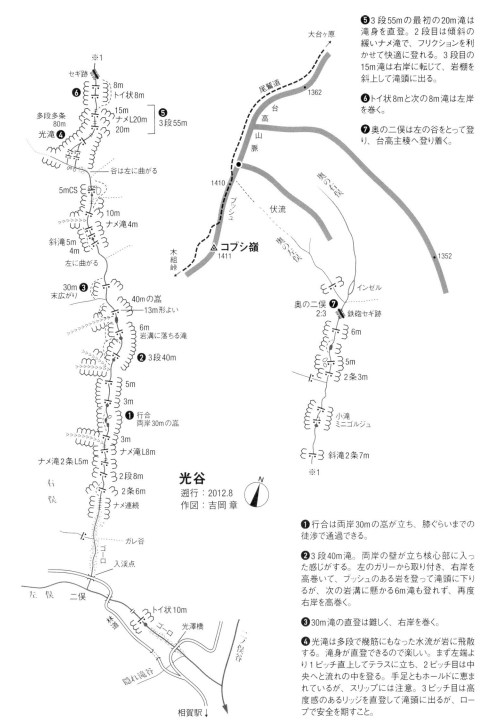

❺ 3段55mの最初の20m滝は滝身を直登。2段目は傾斜の緩いナメ滝で、フリクションを利かせて快適に登れる。3段目の15m滝は右岸に転じて、岩棚を斜上して滝頭に出る。

❻ トイ状8mと次の8m滝は左岸を巻く。

❼ 奥の二俣は左の谷をとって登り、台高主稜へ登り着く。

光谷

遡行：2012.8
作図：吉岡 章

N

❶ 行合は両岸30mの嵓が立ち、膝ぐらいまでの徒渉で通過できる。

❷ 3段40m滝。両岸の壁が立ち核心部に入った感じがする。左のガリーから取り付き、右岸を高巻いて、ブッシュのある岩を登って滝頭に下りるが、次の岩溝に懸かる6m滝も登れず、再度右岸を高巻く。

❸ 30m滝の直登は難しく、右岸を巻く。

❹ 光滝は多段で幾筋にもなった水流が岩に飛散する。滝身が直登できるので楽しい。まず左端より1ピッチ直上してテラスに立ち、2ピッチ目は中央へと流れの中を登る。手足ともホールドに恵まれているが、スリップには注意。3ピッチ目は高度感のあるリッジを直登して滝頭に出るが、ロープで安全を期すこと。

131

銚子川水系 又口川　三ツ俣谷

初級　2級下／II＋
適期　4月中旬〜11月中旬
日程　1日（遡行4〜5時間）

大滝45mの圧巻と、上流域に見る長大なナメとナメ滝

三ツ俣谷は台高主稜の南端東側を洗う又口川の支流にあって、古和谷と並んで遡行価値がある谷として知られている。下流域はゴーロの中に小滝ばかりで大した変化がないが、中ほどに懸かる45mの大滝から上流は7m前後の滝が適度に配置されていて、そのほとんどが直登できるから実に楽しい。また、上流域に入り花崗岩の岩床を走る長大なナメとナメ滝は遡行者を有頂天にさせる魅力をもっている。グレード2級下としたが、沢が1級上、下降ルートの地図読みが2級上といった感じだ。

・・・・・・・・・ アプローチ ・・・・・・・・・

国道から三ツ俣谷出合へ下り、又口川本流を徒渉して入渓する。

・・・・・・・・ 下降ルート ・・・・・・・・

稜線からは、地形図上の破線路を柳谷へと下り又口に下山するが、途中からブッシュに踏み跡が隠れて不明瞭となり、地図読みが要求される。強引に下降して県境となっている柳谷本流に出ると、しばらくで送水路があり、そこからは明瞭な道となる。10分もたどれば林道終点に出て、又口までは2.9kmの道程だ。稜線から又口を経て三ツ俣谷出合まで約3時間45分。

アクセス　行き：尾鷲駅（タクシー約18分、約9km）三ツ俣谷出合　帰り：又口（タクシー約22分、約11km）尾鷲駅
マイカー情報　国道169号の河合からサンギリトンネル越えで坂本ダムに出て、国道425号を尾鷲方面へと向かう。八幡トンネルを抜けて尾鷲市に入り、三ツ俣谷の出合に至る。大阪から約4時間30分。または尾鷲市方面から国道425号経由で約25分。
参考タイム　三ツ俣谷出合（1時間10分）大滝直下（1時間）枝谷出合・390m地点（55分）大杉を従えた5m滝（30分）二俣・850m地点（40分）県境尾根
標高差　830m（水平距離3.4km）
装備　基本装備
地図　引本浦、河合、高代山、尾鷲
温泉　①きなりの湯（火曜休）☎07468-5-2001　②薬師湯（第1・3火・水曜休）☎07468-3-0001

大滝45mの上段、流れの中を直登する

上流域に広がる長大なナメ床を行く

❶3段7mの滝は流れに入り左を越えていく。

❷大滝45mは幾段にもなって懸かる。左壁に取り付きモンキークライムで上がる。2ピッチ目は滝身に沿って灌木の中を登り、落ち口手前から流れの中を登って滝頭に立つ。高度感があるのでロープで確保したい。

❸8m滝は右から巻いて上流へ。

❹ゴルジュに懸かる3つの滝はいずれも滝身が直登できる。

❺7m滝を越えると、長いナメがトイ状の中に50mほど続き、さらに上流にも幅の広いスラブの中にナメが300mほど続いて美しい景観を見せる。快適にこなしていける。

❻7m滝は左側が直登できる。

❼巨杉を従えた5m滝。スギの根元を小さく絡んでこなしていく。

❽標高850m地点の二俣は、左俣をとってつめ上がる。

三ツ俣谷

遡行：2008.9
作図：吉岡 章

※1
岩間2m
ゴルジュ
❹
2m
大岩
大きい
・390
4m
ゴーロ
ナメ状
斜滝5m
❷大滝45m
10m
2m
3m ❶3段7m
2m
2m大岩に懸かる
岩間3m
インゼル
岩間小滝
テーブル状大岩
岩堆積
大岩
岩間5m
逆くの字形

7m
9m
7m
6m
❸8m
8m

仕事道（廃道）
又口
1010
大杉
樹齢400〜500年
炭焼窯跡
1:1
二俣 ❽
・850
炭焼窯跡
平流
ナメ状小滝
9m
ナメ滝L4m
ゴーロ
階段状小滝
大杉 ❼5m
❻7m
ナメL20m
ナメ滝2段5m
ナメL40m
スラブ
美しいナメが続く
トイ状5m
ナメL300m
❺トイ状ナメL50m
大きい
7m
・620
2段4m
階段状小滝
※1

← 池原
又
国道425号
尾鷲 ↓
（伐採）
170
出合
本流を徒渉して

133

船津川水系 往古川 小木森谷（おごもり）

上級	3級／IV
適期	4月下旬〜11月上旬
日程	2日（遡行8〜9時間）

小木森滝2段120mの景観と滝頭からの高度感に酔う

　往古川流域は銚子川と同じく規模の大きい巨瀑で構成された谷がそろっている。小木森滝（おごもり）は真砂谷に懸かる八町滝（はっちょう）と並んで100mを超す大滝。その端正な姿は麓の町からも遠望され人気を博している。この谷のポイントは小木森滝の巻き上がりで、右岸側のルンゼの滝を登るが、なかなか手ごわく時間がかかる。小木森滝を越えてからも個性のある15m滝をはじめ30m滝もあって気の抜けない遡行が2時間余り続く。最後まで谷をつめ上げてもおもしろくないので、適当な地点で遡行を打ち切り、右斜面から花抜峠への山道に上がる。

　足のそろったパーティなら日帰りも可能だが、余裕をもって1泊2日の日程にしたい。また、夏場はヒル対策が必要。

・・・・・・・・・ アプローチ ・・・・・・・・・

　ヘアピンカーブの曲がり口が小木森谷と真砂谷の下降地点で、小道を拾って斜面を下ると、約10分で往古川本流の真砂谷出合に下り着く。

・・・・・・・・・ 下降ルート ・・・・・・・・・

　尾根から地形図の山道に出て、花抜峠へとたどるが、廃道に近い状態で、崩壊した箇所もあり不明瞭。峠からは道もはっきりしてきて、45分ほどで大台線の林道に出る。あとは4.6kmの林道歩きで駐車地点の真砂谷出合へ戻る。約2時間50分。

アクセス　行き・帰り：船津駅（タクシー約15分、約7.2km）真砂谷出合、または徒歩約2時間

マイカー情報　国道42号を紀北町海山区の船津へと走り、往古川に出たら左岸沿いの町道大台線へと入る。集落を抜けてほどなく林道は右に大きく曲がり、U字ヘアピンカーブとなる。ここが下降地点で、カーブミラーが目印。大阪から約4時間30分。

参考タイム　真砂谷出合（3時間）小木森谷出合（1時間）小木森滝直下（50分）小木森滝上（2時間30分）遡行終了点（1時間15分）尾根

標高差　1004m（水平距離4.0km）

装備　基本装備＋登攀具、40mロープ、宿泊用具

地図　引本浦、大杉峡谷

温泉　きなりの湯（火曜休）☎07468-5-2001

左／両岸狭まった中に懸かる8m滝。手前には長淵が横たわる
右／堂々と落下する小木森滝2段120mを見上げる

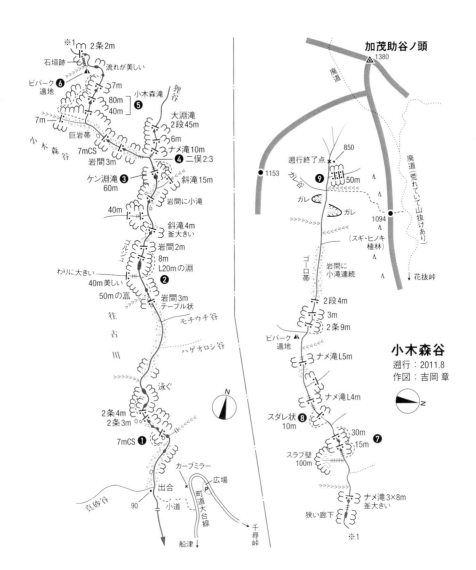

加茂助谷ノ頭

小木森谷
遡行：2011.8
作図：吉岡 章

❶ 7mCS滝は左側からショルダーで越える。

❷ ゴルジュ内にL20mの淵と8m滝。ここはあっさりと左岸を巻く（踏み跡あり）。

❸ 端正な形をしたケン淵滝は立派な釜をもつ。左岸から灌木を頼りに巻き登る。

❹ 二俣はまっすぐの狸谷と、左の小木森谷に分かれる。狸谷のほうが水量が多い。

❺ 小木森滝の突破は、下段40mは右

岸のリッジが登れるが、上部はスラブとなり登攀は厳しい。通常は直進するルンゼに入り、ガレから7mの細い滝を直登し、滝の頭から右手の斜面に取り付き、灌木の茂る中を直上して小木森滝の頭に下り立つ。滝頭から下をのぞき込むと目もくらむような高度感だ。

❻ 谷は左に曲がって右岸からルンゼが出合い、砂地のよいビバーク地がある。1日目はこのあたりか、さらに1時間30分ほど行った、右岸からの枝谷出合の平坦地が適地だ。

❼ 右岸に高度100mのスラブ壁を仰ぐと、15m滝を見る。左岸を巻き登ると、次に30m滝が懸かる。少し戻ったところから左岸を高巻いて上流に下り立つ。

❽ スダレ状10m滝は滝身が直登できるが、手ごわいので右岸を巻いてもよい。

❾ 源流はおもしろみも薄れるので、左岸に連段50m滝が出合うところで遡行を打ち切り、下流側のルンゼから上部山道へ。

大峰
台高
南紀
奥高野
奥美濃
鈴鹿
比良
中国
四国

船津川水系 大河内川　瀬場谷（せば）

初・中級　2級／Ⅲ＋
適期　4月中旬〜11月中旬
日程　1日（遡行7〜8時間）

伝説のオイマ滝を秘めた大河内川を代表する渓谷

　大河内川の流域は本流、支流ともに林道が奥へと延ばされ昔の幽邃さは失われたが、瀬場谷だけはオイマ滝をはじめ、40mクラスの見栄えのする滝が2本と、いくつかの滝を連続させていて、大台渓谷の面目を保っている。千尋峠と千尋ノ頭を結ぶ尾根の狭い範囲の水を集めて東走し、枝谷の大郷谷（おお）と合して本流に流入するもので、支流としては最も大きい。

················· **アプローチ** ·················

　瀬場谷右岸の林道を500mほど歩いた先の堰堤を越えたあたりから入渓する。

················· **下降ルート** ·················

　つめ上がった林道をたどり、瀬場谷の駐車地点まで徒歩約2時間。

アクセス　行き・帰り：船津駅（タクシー約18分、約7km）大郷谷出合、または徒歩約2時間
マイカー情報　国道42号を紀北町海山区方面へと走り、船津駅を過ぎた先の両郷橋北で左折して大河内川の右岸に沿う県道へと入る。左に押ヶ谷を見送り、次に左から入るのが瀬場谷。左折して林道を進むと大郷谷が左から流入してくる。瀬場谷に沿って林道が延びているがゲートがあって入れないので、手前の橋付近に駐車する。
参考タイム　堰堤の上流・入渓点（50分）最初の連瀑帯（2時間）オイマ滝（1時間30分）40m滝（2時間）二俣（45分）林道
標高差　580m（水平距離3.2km）
装備　基本装備　**地図**　大杉峡谷
温泉　①古里温泉（無休）☎0597-49-3080
②ホテル季の座（不定休）☎0597-46-2111

連瀑帯に懸かるねじれた8m滝（写真：佐々木）

オイマ滝2段30mは左岸を巻く

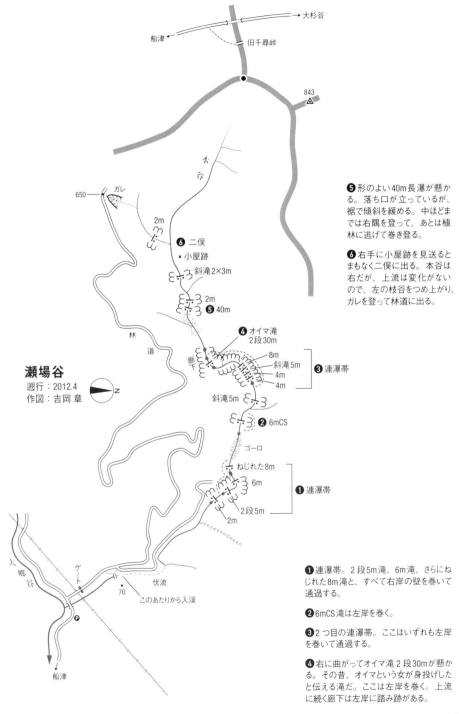

→ 大杉谷

船津 ←

旧千尋峠

843

❺ 形のよい40m長瀑が懸かる。落ち口が立っているが、裾で傾斜を緩める。中ほどまでは右隅を登って、あとは植林に逃げて巻き登る。

❻ 右手に小屋跡を見送るとまもなく二俣に出る。本谷は右だが、上流は変化がないので、左の枝谷をつめ上がり、ガレを登って林道に出る。

650 ── ガレ

2m

❻ 二俣

× 小屋跡

斜滝2×3m

2m

❺ 40m

❹ オイマ滝
2段30m

廊下

8m

斜滝5m

4m

4m

❸ 連瀑帯

斜滝5m

❷ 6mCS

ゴーロ

ねじれた8m

6m

❶ 連瀑帯

2段5m

2m

瀬場谷

遡行：2012.4
作図：吉岡章

N

林

道

大
谷

ゲート

伏流

70

このあたりから入渓

P

船津

❶ 連瀑帯。2段5m滝、6m滝、さらにねじれた8m滝と、すべて右岸の壁を巻いて通過する。

❷ 6mCS滝は左岸を巻く。

❸ 2つ目の連瀑帯。ここはいずれも左岸を巻いて通過する。

❹ 右に曲がってオイマ滝2段30mが懸かる。その昔、オイマという女が身投げしたと伝える滝だ。ここは左岸を巻く。上流に続く廊下は左岸に踏み跡がある。

南紀の谷

南紀の谷の範囲は、奈良県と和歌山県との県境にまたがる果無山脈以南の山地を指し、東は北山峡の南、西は中辺路あたりまでをいう。高い山でも果無の冷水山で1262m、大塔山で1122m、そのほかにあっては高いところでも900m程度にすぎないが、両岸の岩壁が立ち、廊下あり、淵あり、滝ありのすばらしい渓谷が数多く見られる。地域的にまとめると、大塔山周辺、大雲取山周辺、子ノ泊山周辺と果無山脈に分かれ、いずれの谷も熊野川水系である。この地は気候が暖かく、冬を含めほぼ年間を通じて沢登りを楽しむことができる。

熊野川水系

[大塔山周辺] ここではなんといっても野竹法師から流れ下る黒蔵谷が筆頭で、次いで高山谷、出谷。和田川の奥山谷、鳴谷、白谷も遡行価値が高い。特に黒蔵谷は南紀を代表する渓谷で、『日本百名谷』のひとつに選ばれている。

[大雲取山周辺] 魅力ある谷が集中している。白見山に突き上げる高田川の内鹿野谷、ナル谷、大越谷と白見谷、烏帽子山に上がる栂谷。滝本では小口川の静閑瀞の廊下をはじめ、宝竜瀑の懸かる滝本本谷、滝本北谷、杉谷、ガマ谷、越前谷など、初級から中級向きの谷がめじろ押しにある。

[子ノ泊山周辺] 両岸スラブの立つ中に巨瀑をいくつも懸けるスケールの大きい立間戸谷と、相野谷川を紹介した。

[果無山脈] 東西に連なる山脈で、遡行価値の高い谷は東端に集中している。八木尾谷左俣・右俣、それに雲音谷、果無谷などがあり、初級から中級向き。

その他、北山峡南岸の古和谷、妙見山周辺では赤倉谷、妙見川、市木川、古座周辺では成見川の那智ヶ谷、栃山谷、赤滝谷、大手谷などが初級者向きで、いずれも日帰りで楽しめる。ほかにも那智四十八滝など魅力ある谷がそろっているが、紙面の関係で紹介できないのが残念である。

相野谷川中ノ谷、200m続くナメ床を行く

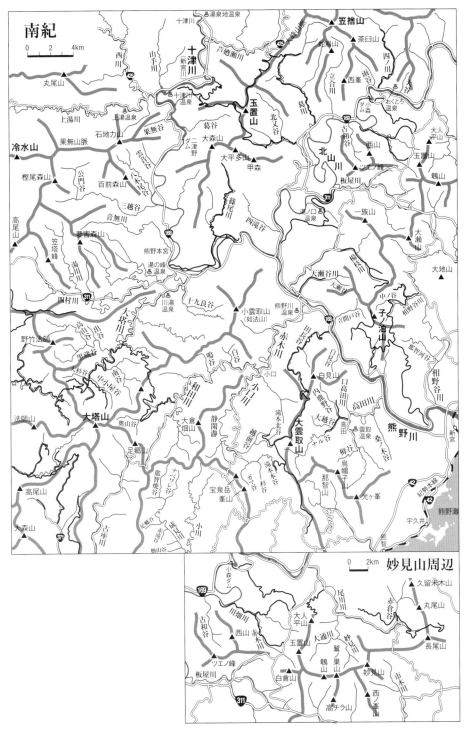

南紀

0 2 4km

妙見山周辺

0 2km

139

熊野川水系
相野谷川 中ノ谷 <small>なか</small>

初級 1級上／II＋
適期 3月中旬〜11月下旬
日程 1日(遡行4.5〜5.5時間)

レベルの高い2本の美瀑、長く続くナメ床も魅力

中ノ谷は、熊野川の河口近くに注ぐ相野谷川の右俣で、立間戸谷と同じ子ノ泊山付近を源頭とする。地形図にも記されているように、落打滝のほかにも30m滝が懸かるし、上流はナメが連続して楽しい遡行を約束してくれる。下山も子ノ泊山から出合近くへ登山道が下っているので、日帰りでも余裕をもって楽しめる。

左岸上部を林道が横切り、風情が半減したが、ここでは下流の一ノ滝からの遡行を紹介する。時間を節約する場合は中ノ谷橋から入渓してもよい。また、この谷だけで物足りない場合は左俣の地蔵谷を下降しても楽しい。

・・・・・・・・・・・・・・・ アプローチ ・・・・・・・・・・・・・・・

中ノ谷橋を渡った少し先には下山予定の「子ノ泊山登山口」の道標が立つ。一ノ滝から遡行する場合は林道を桐原方面へと下り、標識から猪渡谷を下降する。中ノ谷橋から約30分。

・・・・・・・・・・・・・・・ 下降ルート ・・・・・・・・・・・・・・・

子ノ泊山から地蔵谷登山道を下る。途中で道が分岐するので、左の中ノ谷道に進路をとる。登山口まで約1時間10分。

アクセス　行き・帰り：新宮駅（紀宝町営バス35分）上桐原（徒歩1時間10分）中ノ谷橋、または新宮駅（タクシー約50分、約19km）中ノ谷橋
マイカー情報　国道168号を新宮市で左折して国道42号に入り、熊野川を渡りすぐ左折して相野川沿いの県道を桐原へと向かう。上桐原で左折して本流沿いの林道をさかのぼり、中ノ谷橋まで約4km。橋手前に駐車スペースがある。大阪から約5時間。
参考タイム　中ノ谷出合・一ノ滝（45分）中ノ谷橋（1時間30分）30mの滝（1時間）二俣580m（25分）奥の二俣（45分）子ノ泊山
標高差　697m（水平距離3.2km）
装備　基本装備
地図　大里
温泉　①熊野川温泉さつき（月曜休）☎0735-44-0193　②庵の湯（火曜休）☎0746-64-1100

ナメ滝7×15mをフリクションを利かせて遡上

中流部に現われる30mの美しい滝

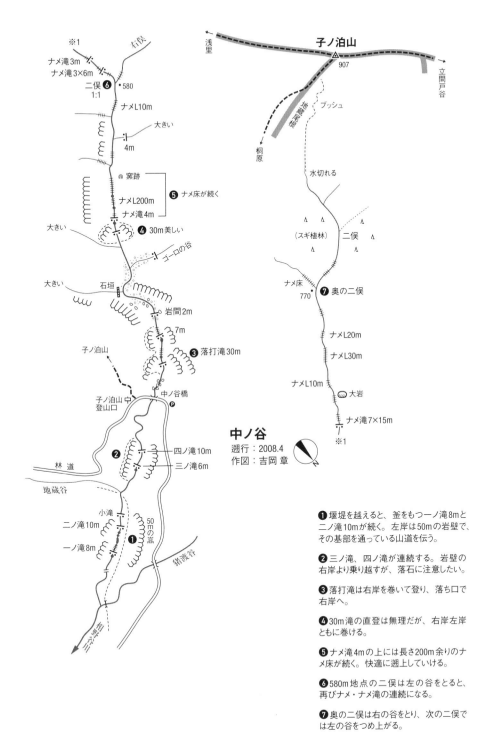

子ノ泊山
△ 907

浅里

立間戸谷

桐原

ブッシュ

水切れる

（スギ植林）　二俣

ナメ床

⑦ 奥の二俣
770

ナメL20m

ナメL30m

ナメL10m

◎ 大岩

ナメ滝7×15m
※1

※1
ナメ滝3m
ナメ滝3×6m

右俣

二俣 ⑥　•580
1:1

ナメL10m

大きい
4m

⑩ 窯跡

ナメL200m
ナメ滝4m

大きい

④ 30m美しい

ゴーロの谷

大きい
石垣

岩間2m

7m

③ 落打滝30m

子ノ泊山

中ノ谷橋

子ノ泊山
登山口

四ノ滝10m

② 三ノ滝6m

林　道

地蔵谷

小滝

二ノ滝10m

一ノ滝8m

50mの
岩

中ノ谷

遡行：2008.4
作図：吉岡　章

① 堰堤を越えると、釜をもつ一ノ滝8mと
二ノ滝10mが続く。左岸は50mの岩壁で、
その基部を通っている山道を伝う。

② 三ノ滝、四ノ滝が連続する。岩壁の
右岸より乗り越すが、落石に注意したい。

③ 落打滝は右岸を巻いて登り、落ち口で
右岸へ。

④ 30m滝の直登は無理だが、右岸左岸
ともに巻ける。

⑤ ナメ滝4mの上には長さ200m余りのナ
メ床が続く。快適に遡上していける。

⑥ 580m地点の二俣は左の谷をとると、
再びナメ・ナメ滝の連続になる。

⑦ 奥の二俣は右の谷をとり、次の二俣で
は左の谷をつめ上がる。

141

熊野川水系
高田川　**栂谷**（とが）

初級　1級上／II＋
適期　4月上旬〜11月下旬
日程　1日（遡行3〜4時間）

屹立するヤケベ嵓の特異な景観と美しいナメ床の連続

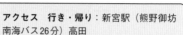

栂谷は新宮市と那智勝浦町の境界尾根の烏帽子山の北面を源頭として、高田川に注ぐ谷であるが、烏帽子山への登山コースとしてもよく使われ、変化に富んだバリエーションルートを提供してくれる。目立った大滝や直瀑こそないが、出合から始まる長いナメとヤケベ嵓の景観は遡行する者を魅了する。そして登りつめた烏帽子山は一等三角点がある南紀の名峰で、玉置山、法師山をはじめとする紀伊半島南部の山々が展望され、鬼ヶ城から大島に至る熊野灘を見はるかす眺めもすばらしい。

アクセス　行き・帰り：新宮駅（熊野御坊南海バス26分）高田
マイカー情報　国道168号を南下して新宮市に入り、相賀橋北詰の信号を右折し、高田川沿いの県道230号を西進。高田郵便局前で内鹿野谷への道を右に見送り、里高田川に沿う車道を3kmほど進むと栂谷出合に着く。近くのスペースに駐車できる。大阪から4時間強。
参考タイム　栂ノ平橋（50分）ヤケベ嵓（1時間）三俣（1時間20分）稜線
標高差　660m（水平距離3.1km）
装備　基本装備
地図　新宮
温泉　①雲取温泉（不定休）☎0735-29-0321　②熊野川温泉さつき（月曜休）☎0735-44-0193

········ アプローチ ········

バス利用の場合は、終点の高田バス停から徒歩約45分。出合の車道に架かる橋に、「栂ノ平橋」と記されている。

········ 下降ルート ········

登りつめた稜線から東へ急傾斜を登り、帽子岩を経て烏帽子山山頂まで約20分。烏帽子山からは東へ登山道を下り俵石（たわらいし）に出て、里高田川右岸の道をたどり出合の駐車地に戻る。烏帽子山から約1時間30分。

ヤケベ嵓の基部をナメ滝が流れ落ちる

一枚岩の谷床となってナメが続く

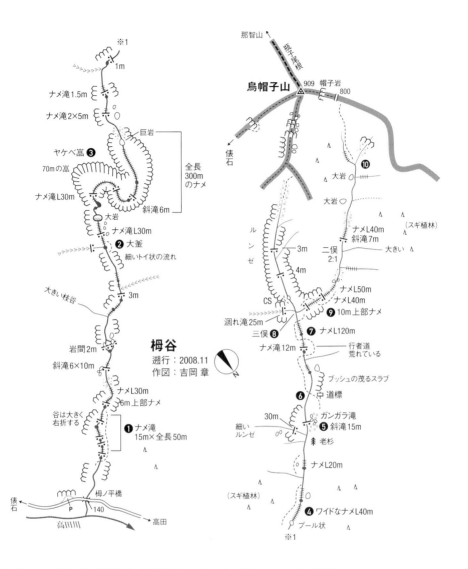

※1

1m

ナメ滝1.5m

ナメ滝2×5m

巨岩

ヤケベ嵓 ❸

70mの嵓

ナメ滝L30m

斜滝6m

全長
300m
のナメ

大岩

ナメ滝L30m

❷ 大釜

細いトイ状の流れ

大きい枝谷

3m

岩間2m

斜滝6×10m

ナメL30m

6m上部ナメ

谷は大きく
右折する

❶ ナメ滝
15m×全長50m

俣
石

P

140

高

栂谷

遡行：2008.11
作図：吉岡 章

N

高田

那智山←

帽子尾根

烏帽子山

909 帽子岩

800

俵
石

大岩

❿

大岩

ナメL40m
斜滝7m

（スギ植林）

二俣
2:1

3m

大きい

ル
ン
ゼ

4m

ナメL50m

CS

ナメL40m

涸れ滝25m

❾ 10m上部ナメ

三俣 ❽

❼ ナメL120m

ナメ滝12m

行者道
荒れている

ブッシュの茂るスラブ

❻ 道標

30m

ガンガラ滝

細い
ルンゼ

❺ 斜滝15m

老杉

ナメL20m

（スギ植林）

❹ ワイドなナメL40m

プール状

※1

❶全長50mの2段ナメ滝が優美に懸かる。滑り台にはややきついかと思われるほどの傾斜で、水際を快適に遡上できる。

❷大釜は左岸をへつりで通過する。

❸谷は高さ70〜80mにも及ぶヤケベ嵓の基部を縫って流れ、ナメ滝L30mに続いて6m斜滝が広く浅いよどみをつくる。フリクションを利かせて直登すると、上流も一枚岩の谷床となってナメが続く。この谷の核心部で、ほかでは見られない特異な感じ。

❹谷幅いっぱいに流れ落ちるL40mのナメ。快適に遡上していける。

❺右手に巨大な老杉が大きく枝を広げ、巨岩が累々と積み重なった横を斜滝15mが細く懸かる。岩を縫いながら直上できるが、左岸を巻いてもよい。

❻烏帽子山への行者道が谷を横切る。道は草深い。

❼ナメ滝12mに続いて、長大なL120mのナメが現われる。傾斜は大したことはないが、スリップすると止まらないので

要注意。

❽三俣。本谷は右に直角に曲がり10mの滝となって落下。左は涸れ滝25m、中央の立ち木の茂るルンゼにはケルンが積まれ、新宮山の会おすすめのルンゼである。

❾10m滝を左から登ると、上流にナメが続く。ここもスリップ注意。

❿最後の出合は左の谷をつめ上がり烏帽子山の西肩に出る。

143

熊野川水系 高田川 内鹿野谷（うちがの）

中級　2級／Ⅲ＋
適期　4月上旬〜11月下旬
日程　1日（遡行3〜4時間）

名のある大滝を見て、磨き抜かれたナメ床を楽しむ

　内鹿野谷は、白見山（しらみ）の東面の水を集め、高田で西ノ谷に注ぐ支流である。源頭は900m程度とはいえ、核心部には一ツ落ノ滝、栂ノ戸滝といった名のある滝を有し、「ズリ岩」「ヨキトリ淵」「出合滝」といった地名がある。昔から人と関わりの深い谷で、随所に炭焼窯跡や木材を搬出した木馬道などが残っている。

　この谷の魅力は核心部の大滝と、石英斑岩の磨き抜かれたナメ床が源流まで延々と続くことで、遡る者を有頂天にさせてくれる。それだけに訪れる人も多く、出合滝までは探勝路も整備されており、初級から中級者まで楽しめる。

■ アプローチ

　左岸の探勝路をたどり、出合滝から遡行開始する。徒歩約50分。バス利用の場合は、バス停から内鹿野橋まで徒歩約10分。

■ 下降ルート

　独標855mの北肩のコルから北へ歩き、白見山の山頂を踏み、東に延びる笹地尾根（ささじ）を下る。十字路のコルで右の内鹿野谷側に下り、二俣を経て旧木馬道（自然観察歩道）をたどり口高田の里へ下山する。そこからは車道を歩き内鹿野橋に戻る。約4時間。

アクセス　行き・帰り：新宮駅（熊野御坊南海バス25分）高田局前
マイカー情報　国道168号を南下して、新宮市の相賀橋北詰で右折し、高田川沿いの県道230号を西進。高田郵便局前の分岐を右にとって進むと、右から内鹿野谷が入ってくる。橋を渡った右手の広場に駐車する。大阪から約4時間。
参考タイム　出合滝・入渓（55分）一ツ落ノ滝（1時間）二俣520m（35分）10m斜滝の上流（25分）855m独標北肩の鞍部
標高差　620m（水平距離2.1km）
装備　基本装備
地図　新宮、大里
温泉　①雲取温泉（不定休）☎0735-29-0321　②熊野川温泉さつき（月曜休）☎0735-44-0193

長いナメの中の遡上を続ける

末広がりに落ちる一ツ落ノ滝40m

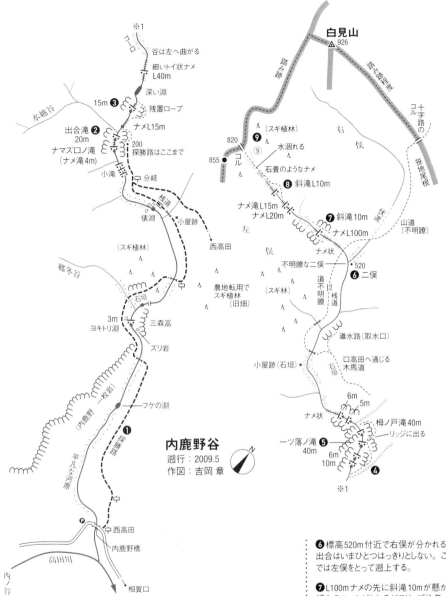

白見山
△926

内鹿野谷
遡行：2009.5
作図：吉岡 章

❶出合滝までは左岸の探勝路をたどる。

❷出合滝から入渓。左岸の踏み跡を拾って滝上へ抜ける。

❸15m滝は左岸から巻き登る。残置ロープがセットされている。

❹10mと6mの滝が連続して懸かる。右のガレルンゼから取り付いて高巻く。

❺一ツ落ノ滝は左岸の滝寄りのブッシュを頼りに直上できるが、高度感もありロープが必要。次の栂ノ戸滝もそのままリッジから巻いて落ち口へ下り立つ。

❻標高520m付近で右俣が分かれるが、出合はいまひとつはっきりとしない。ここでは左俣をとって遡上する。

❼L100mナメの先に斜滝10mが懸かる。好みのルートがとれるがスリップ注意。

❽谷は一枚岩の岩盤に変わり、ナメ状の滝が連続する。全長にして300mほど続くが、ホールドが細かいので、自信のない人は左右に逃げてもよい。

❾流れも絶えて、最後は植林帯の中を登りつめて855m独標の北の鞍部に飛び出す。

145

熊野川水系 高田川 ナル谷

初・中級　2級／Ⅲ＋
適期　4月上旬〜11月下旬
日程　1日（遡行5〜6時間）

3つの美瀑と右俣のナメ滝連続が魅力の秀渓

　ナル谷は舟見峠と色川辻あたりを源とし、北東に流れ下り大越谷、内鹿野谷と合流して西ノ谷となって高田川に注ぐ。一ノ滝をはじめとする3つの美しい滝と、二俣より上流の右俣が核心部で、ナメ滝の連続で美しい景観を見せる。この谷はまた、内鹿野谷と同様、新熊野レクリエーションエリアの「ナル谷渓谷」として指定され、一ノ滝まで遊歩道が整備されていて、入口には立派なあずまやと駐車場がある。

　通常は早朝出発として、奥の二俣で遡行を打ち切り旧杣道を引き返す。大雲取越までつめ上がった場合は1日行程では無理。

······················ **アプローチ** ·····················

　あずまやを過ぎ、発電所前で橋を左岸に渡ってナル谷渓谷の遊歩道を歩き、一ノ滝前から入渓する。バス停から約45分。

······················ **下降ルート** ·····················

　奥の二俣から二俣（459m地点）まで沢筋を下降し、右岸の旧杣道を拾って下り堰

アクセス　行き・帰り：新宮駅（熊野御坊南海バス25分）高田局前
マイカー情報　国道168号を南下して、新宮市の相賀橋北詰で右折し、高田川沿いの県道230号を西進。高田郵便局前の分岐を右に入り、内鹿野谷を見送って奥へ進むと、大越谷と左へのナル谷に分岐する。左へ橋を渡ると右手にあずまやの立つ広場があり、ここに駐車する。大阪からは4時間強。
参考タイム　一ノ滝・入渓（50分）三ノ滝（1時間15分）堰堤（45分）二俣（2時間）奥の二俣・遡行終了点
標高差　460m（水平距離4.7km）
装備　基本装備　地図　新宮、紀伊大野
温泉　①雲取温泉（不定休）☎0735-29-0321　②熊野川温泉さつき（月曜休）☎0735-44-0193

堤に出る。そこから地形図上のショートカットする破線路（廃道）をたどり、取水口からは導水路に沿って歩き、発電所の上から急坂を下ってあずまやに戻る。奥の二俣から約3時間30分。

右／右俣に懸かる岩間6m滝を越えていく
左／三ノ滝18×50mが末広がりに流れ下る

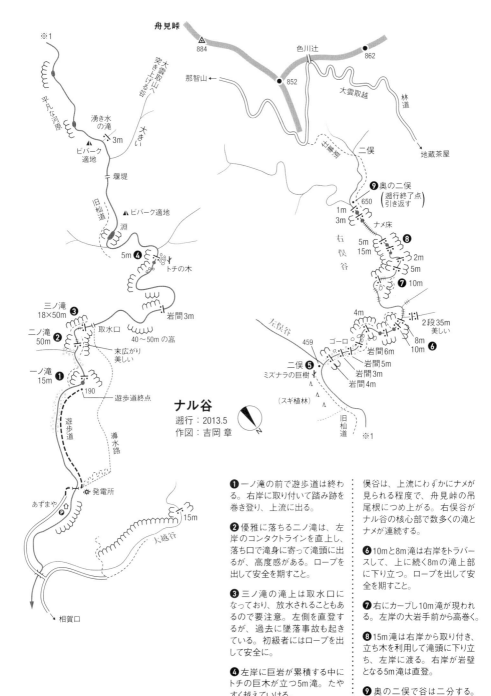

ナル谷

遡行：2013.5
作図：吉岡 章

❶ 一ノ滝の前で遊歩道は終わる。右岸に取り付いて踏み跡を巻き登り、上流に出る。

❷ 優雅に落ちる二ノ滝は、左岸のコンタクトラインを直上し、落ち口で滝身に寄って滝頭に出るが、高度感がある。ロープを出して安全を期すこと。

❸ 三ノ滝の滝上は取水口になっており、放水されることもあるので要注意。左側を直登するが、過去に墜落事故も起きている。初級者にはロープを出して安全に。

❹ 左岸に巨岩が累積する中にトチの巨木が立つ5m滝。たやすく越えていける。

❺ 二俣で伏流となって出合う左

俣谷は、上流にわずかにナメが見られる程度で、舟見峠の吊尾根につめ上がる。右俣谷がナル谷の核心部で数多くの滝とナメが連続する。

❻ 10mと8m滝は右岸をトラバースして、上に続く8mの滝上部に下り立つ。ロープを出して安全を期すこと。

❼ 右にカーブし10m滝が現われる。左岸の大岩手前から高巻く。

❽ 15m滝は右岸から取り付き、立ち木を利用して滝頭に下り立ち、左岸に渡る。右岸が岩壁となる5m滝は直登。

❾ 奥の二俣で谷は二分する。ここで遡行を打ち切り引き返す。

熊野川水系 立間戸谷 （たちまど）

要所に配置された大滝と柱状節理の大岩壁に感動

数少ない十二支（ねずみ）の山として知られる子ノ泊山を源流として西流し、下和気で熊野川に注ぐ谷である。短いながらも石英粗面岩によって形成された見事なスラブ壁の間を急激に落ち込んでゴルジュをつくり、数本の巨瀑を懸ける。上流には長く続くナメも控えており、紅葉の時節にはすばらしい景観を見せてくれる。下山には谷沿いの登山道が利用できるので、沢屋には人気の高い谷である。ここでは下流の核心部はパスして、キャンプサイトから遡行する中級者向きのガイドとする。

……………… アプローチ …………………

日足バス停から登山口までは徒歩約1時間。スギ林の中の登山道をたどり河原に出て、立ち木のあるインゼルを通って左岸に渡ると、右手の岩壁にカラ滝を見る。登山道はこの先、家ほどもある巨岩の累積帯を越えてから右岸に転じ山腹に登っている。ここが下流核心部の入口で、源助滝を眺めたら登山道へ戻り、キャンプサイトまで登山道をたどる。登山口から約1時間10分。

……………… 下降ルート …………………

子ノ泊山から南に延びる尾根をとり、浅里（あさり）に下る道と分かれて立間戸谷沿いの登山道を植林小屋を経て登山口へと下山する。途中、不明瞭な箇所もあり、分岐もあるので地形図と磁石は手離せない。登山口まで約2時間。

アクセス　行き・帰り：新宮駅（熊野御坊南海バス36分）日足
マイカー情報　国道168号を南下し、熊野川町日足（日足バス停）で三和大橋を渡り、熊野川左岸の車道を下流へ進む。大橋から3kmほどで植林の中に「子ノ泊山登山口」の標識があり、その先で橋の架かった小谷が立間戸谷。少し戻った小広場に駐車する。大阪から約4時間。
参考タイム　キャンプサイト（50分）屏風滝往復（30分）30mの滝（50分）植林小屋（50分）奥の二俣（30分）子ノ泊山
標高差　647m（水平距離2.0km）
　※キャンプサイト〜子ノ泊山間
装備　基本装備
地図　大里
温泉　①熊野川温泉さつき（月曜休）☎0735-44-0193　②庵の湯（火曜休）☎0746-64-1100

左／大釜を従えた30mの滝　右／牛鬼滝60mは左岸をフリーで登れる

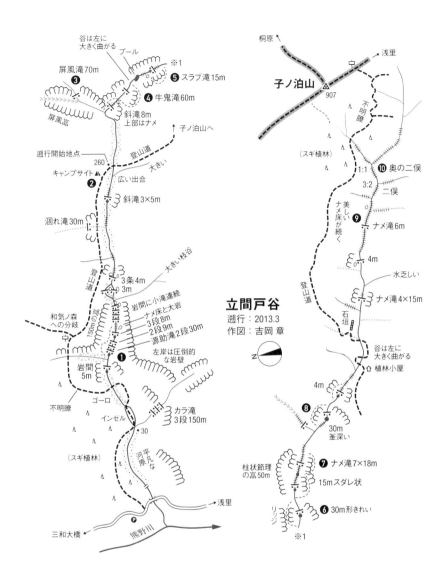

谷は左に
大きく曲がる
プール
屏風滝70m ❸
※1
❺ スラブ滝15m
牛鬼滝60m
❹ 牛鬼滝60m
斜滝8m
上部はナメ
屏風嵓
子ノ泊山へ
遡行開始地点
260
登山道
大きい
キャンプサイト ▲
❷
広い出合
斜滝3×5m
涸れ滝30m

大きい枝谷
3条4m
3m
岩間に小滝連続
ナメ床と大岩
3段8m
2段9m
源助滝2段30m
左岸は圧倒的
な岩壁
和気ノ森
への分岐
❶
岩間
5m
ゴーロ
不明瞭
インゼル
カラ滝
3段150m
30
河平凡な
原
(スギ植林)

三和大橋
浅里
熊野川

桐原
浅里
子ノ泊山
907
不明瞭
(スギ植林)
1:1 ❿ 奥の二俣
3:2 二俣
美しい
ナメ床が
続く
❾ ナメ滝6m
4m
水乏しい
ナメ滝4×15m
登山道
石垣
谷は左に
大きく曲がる
⌂ 植林小屋
4m
❽
30m
釜深い
柱状節理
の嵓50m
❼ ナメ滝7×18m
15mスダレ状
リッジ
❻ 30m形きれい
※1

立間戸谷

遡行：2013.3
作図：吉岡 章

❶ 5m滝を越すと源助滝の前面に立つ。この滝場の登攀は上級者の世界だが、登山道をたどれば簡単に巻ける。

❷ キャンプサイトから再入渓する。

❸ 屏風滝は落差70mといわれ、屏風嵓の柱状節理は圧巻。探勝には50分ほど要する。

❹ 牛鬼滝は下半分がスラブで、真ん中のテラスに至る直下が難しい。左岸の立ち木を利用すれば容易に高巻いて

越せる。

❺ 15mスラブ滝は左岸を滝身に沿って、木の根や幹をホールドに直上する。

❻ 30m滝は右岸に取り付き、リッジから落ち口に向かうバンドを伝って突破する。このあたりが谷の核心部で、上部の壮大な滝と側壁にすばらしい渓谷美が展開する。

❼ ナメ滝は傾斜45度ほど。フリクションを利かせて登るが、途中で滑り落ちてし

まうかも。無理なら左岸から巻き上がれる。

❽ 深い釜をもつ30m滝。右岸斜面を登り、ちょっとした切れ目から滝の頭に下り立つ。

❾ 一枚岩の美しいナメ床が続き、フリクションを利かせて快適に遡上する。

❿ 奥の二俣からは子ノ泊山に近い左の谷をつめ上がる。右俣はナメが続いている。

149

熊野川水系
天瀬谷川

天瀬谷（左俣〜右俣下降）

あませ

初級	2級下／Ⅱ
適期	3月下旬〜11月下旬
日程	1日（遡下行6.5〜7時間）

大岩壁と長いナメを心ゆくまで味わえる南紀らしい谷

　和気ノ森の北側に突き上げる天瀬谷は、100m近い柱状節理の大岩壁がそそり立ち、長く続くナメを堪能できる。滝の大きさなどは南にある立間戸谷に比べると小粒になるが、大岩壁と延々と続くナメの典型的な南紀の渓相をなし、遡下降が楽しめる南紀の初級の谷としておすすめである。

················ **アプローチ** ················

　バス利用の場合は、バス停から入渓点まで徒歩約1時間15分。林道が大きく左にカーブして、谷にいちばん近いポイントから入渓する。

················ **下降ルート** ················

　P815を南に下り、右俣の源流部から下降する。入渓点まで約3時間10分。参考タイムおよび遡行アドバイスを参照。

アクセス　行き・帰り：新宮駅（熊野御坊南海バス36分）日足

マイカー情報　国道168号を南下し、熊野川町日足で三和大橋を渡ってすぐ上流で分岐する天瀬谷川沿いの林道三和片川線を進む。林道屈折点が入渓ポイントとなるが、そこまで入るには車高の高い車でないと厳しいかもしれない。大阪から4時間前後。

参考タイム　遡行：入渓点・林道屈折点（40分）右俣との二俣（2時間）二俣520m（45分）P815　下降：P815（1時間）二俣550m（30分）15mスダレ滝直下（1時間40分）入渓点

標高差　655m（水平距離3.0km）

装備　基本装備

地図　大里

温泉　①熊野川温泉さつき（月曜休）☎0735-44-0193　②庵の湯（火曜休）☎0746-64-1100

釜とナメが交互に織りなす美しい五ツ釜

スラブ10m滝は右岸を巻く

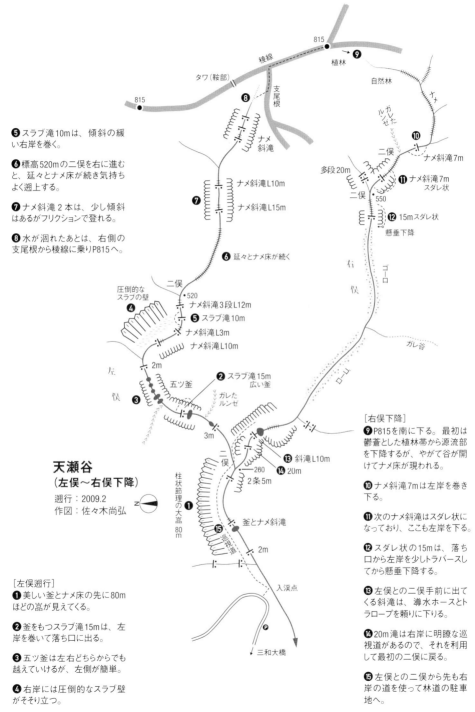

❺ スラブ滝10mは、傾斜の緩い右岸を巻く。

❻ 標高520mの二俣を右に進むと、延々とナメ床が続き気持ちよく遡上する。

❼ ナメ斜滝2本は、少し傾斜はあるがフリクションで登れる。

❽ 水が涸れたあとは、右側の支尾根から稜線に乗りP815へ。

815

稜線　タワ(鞍部)　❽　支尾根

植林　❾

自然林　ナメ

ナメ斜滝

ガレたルンゼ　❿

二俣　ナメ斜滝7m

多段20m　❶ ナメ斜滝7m スダレ状

二俣　550

ナメ斜滝L10m　❼

ナメ斜滝L15m

❶ 15mスダレ状
懸垂下降

右俣

❻ 延々とナメ床が続く

ゴーロ

二俣

圧倒的なスラブの壁　❹

520

ナメ斜滝3段L12m

❺ スラブ滝10m

ナメ斜滝L3m

ナメ斜滝L10m

ガレ谷

2m

左俣

五ツ釜　❷ スラブ滝15m 広い釜

❸

ガレたルンゼ

3m

ロール

[右俣下降]

❾ P815を南に下る。最初は鬱蒼とした植林帯から源流部を下降するが、やがて谷が開けてナメ床が現われる。

❿ ナメ斜滝7mは左岸を巻き下る。

❶ 次のナメ斜滝はスダレ状になっており、ここも左岸を下る。

二俣

❶ 斜滝L10m

260　❶ 20m

2条5m

❶ スダレ状の15mは、落ち口から左岸を少しトラバースしてから懸垂下降する。

❶ 左俣との二俣手前に出てくる斜滝は、導水ホースとトラロープを頼りに下る。

天瀬谷
(左俣～右俣下降)

遡行：2009.2
作図：佐々木尚弘

N

柱状節理の大嵓80m　❶

釜とナメ斜滝　❶

巡視道

入渓点

2m

P

→ 三和大橋

[左俣遡行]

❶ 美しい釜とナメ床の先に80mほどの嵓が見えてくる。

❷ 釜をもつスラブ滝15mは、左岸を巻いて落ち口に出る。

❸ 五ツ釜は左右どちらからでも越えていけるが、左側が簡単。

❹ 右岸には圧倒的なスラブ壁がそそり立つ。

❶ 20m滝は右岸に明瞭な巡視道があるので、それを利用して最初の二俣に戻る。

❶ 左俣との二俣から先も右岸の道を使って林道の駐車地へ。

151

熊野川水系 小口川 静閑瀞
せいかんとろ

初級 1級上／II＋
適期　6月中旬～9月下旬
日程　1日(遡行3.5～4.5時間)

盛夏の一日、渓谷美の中を戯れ下る「大人の水遊び」

　静閑瀞は小口川の中流域にある景勝の地で、地形図にも記載がある。本流だけあって水量が豊富で、廊下にはゆったりとした長瀞が横たわり、ときには早瀬やナメとなって変化のある渓谷美を見せる。徒渉、へつり、泳ぎと水遊びを堪能するが難しくはなく、適度に緊張する箇所もあって実に楽しく、これぞ大人の水遊び！といった感がある。遡行対象となるのは、熊野川町鎌塚の岩ノ谷川出合から滝本までの区間である。ここでは楽な下降コースを紹介するが、遡上すればグレードは2級上となる。ライフジャケットを装着し、防水対策は万全に。

・・・・・・・・・ アプローチ ・・・・・・・・・

　滝本北谷出合から本流に入渓する。

・・・・・・・・・ 下降ルート ・・・・・・・・・

　車1台の場合は入渓点へ歩いて戻る。車道を約9km、約2時間。

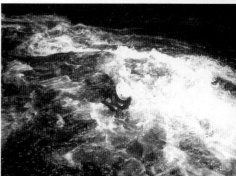

アクセス　行き：新宮駅（タクシー約1時間20分、約40km）滝本　**帰り：**岩ノ谷川出合（タクシー約1時間、約31km）新宮駅　※距離が遠くタクシー利用は不向き
マイカー情報　国道168号の熊野川町日足の神丸交差点から赤木川に沿った県道44号に入り、小口の集落を経て、岩ノ谷川出合に車を1台置いておき、峠越えで滝本の集落へ向かう。日足から約1時間。どちらにも近くに駐車スペースがある。
参考タイム　入渓点（1時間40分）ナメとなって入る枝谷（50分）ウシロ谷出合（20分）銚子谷出合（1時間）岩ノ谷川出合
標高差　90m（水平距離7.1km）
装備　基本装備＋ライフジャケット
地図　紀伊大野
温泉　①熊野川温泉さつき（月曜休）☎0735-44-0193　②庵の湯（火曜休）☎0746-64-1100

上／流れに身を任せ長淵50mを下っていく
中／ウシロ谷を見送るとナメの滑り台がある
下／ウシロ谷の12m滝と本流のナメ床

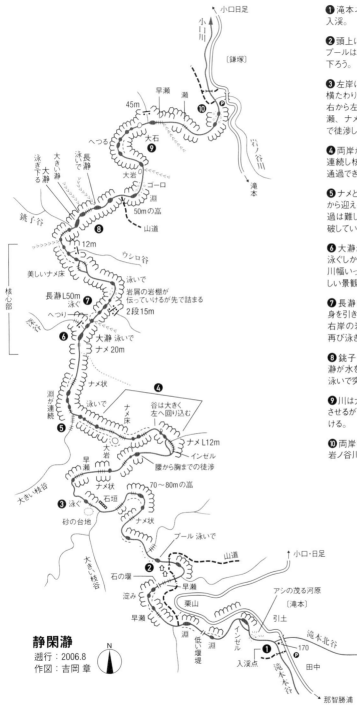

❶ 滝本北谷との出合から小口川へ入渓。

❷ 頭上に吊橋を2つ過ぎた先にあるプールは、積極的に水に入り泳いで下ろう。

❸ 左岸に大きい枝谷を見送ると淵が横たわり、ここも泳いで通過。川は右から左へと何度か曲がり返し、早瀬、ナメ、淵と現われ、腰から胸まで徒渉していく。

❹ 両岸が狭まった廊下にナメと淵が連続し核心部に入る。左岸伝いに通過できるが、泳いで下ってもよい。

❺ ナメとなって流入する枝谷を左岸から迎えると、その先はへつりでの通過は難しく、連続する淵を泳いで突破していく。

❻ 大瀞が満々と水をたたえ、ここも泳ぐしか手がない。すぐ下で深谷が川幅いっぱいのナメとなって注ぎ、美しい景観を見せる。

❼ 長瀞L50mは深さが5〜7mもあり、身を引き締め泳いで通過。次の淵は右岸の岩棚を伝うが、行き詰まって再び泳ぎとなる。

❽ 銚子谷を見送ると廊下の中に大瀞が水をたたえる。続く長瀞とともに泳いで突破。

❾ 川は大きく右にカーブして淵を連続させるが、へつりと徒渉で通過していける。

❿ 両岸を覆っていた岩壁が消えると、岩ノ谷川出合に着く。ここで終了。

静閑瀞
遡行：2006.8
作図：吉岡 章

熊野川水系 小口川　滝本北谷（たきもときたんだに）

初級　2級下／Ⅱ＋
適期　3月下旬〜11月下旬
日程　1日（遡行3〜4時間）

名のある滝とナメとが絡み合い、初級者にも楽しい谷

　熊野古道で知られる大雲取山西面の水を集める滝本北谷は、陰惨なゴルジュの中に落下する部屋滝をはじめ、溜湾殿滝、ケヤキ原滝、屏風滝、亀壺ノ滝といった名のある滝とナメとが絡み合った渓谷だ。南紀では那智ノ滝に次ぐ大滝、宝竜瀑2段80mを懸ける滝本本谷と熊野川町滝本で合流し、小口川となる。明るく楽しい沢で、しかも谷沿いに遊歩道的な巻き道もあるので、初心者でもベテランの同行があれば実に楽しい沢登りが味わえる。

・・・・・・・・・・・ アプローチ ・・・・・・・・・・・

　林道を上流に1kmほど歩き、終点から谷に下りる。徒歩約20分。

ケヤキ原滝30mは左岸から巻き登る

アクセス　行き・帰り： 新宮駅（タクシー約1時間20分、約40km）滝本　※距離が遠くタクシー利用は不向き

マイカー情報 国道168号の熊野川町日足の神丸交差点から赤木川に沿った県道44号に入り、小口の集落を経て、峠越えで滝本の集落に達する。廃校となった滝本小学校付近と、林道周辺に数台の駐車スペースがある。大阪から約5時間。

参考タイム 林道終点（1時間）越前谷出合（1時間5分）屏風滝（1時間）14m滝（20分）取水口堰堤

標高差 440m（水平距離3.2km）

装備 基本装備

地図 紀伊大野

温泉 熊野川温泉さつき（月曜休）☎0735-44-0193

・・・・・・・・・・・ 下降ルート ・・・・・・・・・・・

　取水口堰堤で遡行を打ち切り、滝本本谷を越える小さな峠越えの小道（巡視道）をたどり、発電所の導水路伝いに滝本に戻る。滝本本谷へ下ってから右岸の山道に入る地点まではっきりとした道はなく、最初の滝の落ち口までは沢伝いに下る。滝本まで約1時間30分。

亀壺ノ滝上流に広がるナメ床を快適に遡上

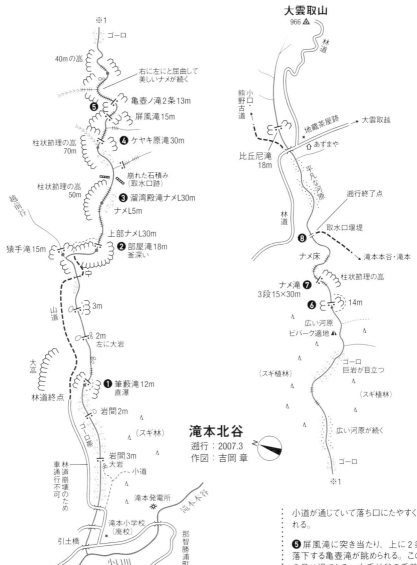

大雲取山
966 △

滝本北谷
遡行：2007.3
作図：吉岡 章

❶ 林道終点から谷に下り立つと、大釜を従えた筆藪滝12mが懸かる。左岸の壁を立ち木を頼りに直登する（ロープ使用）が、右岸沿いに山道もある。

❷ 越前谷の出合で本谷は90度右に折れ、三方が岩壁に囲まれた奥に部屋滝18mが飛沫を上げる。越前谷出合まで戻り、右岸の小道を巻いて部屋滝の落ち口に出る。

❸ 左手頭上に柱状節理の嵓が立ち、傾斜のあるナメL30mが走り、溜湾殿滝と呼ばれている。ここはたやすく通過していける。

❹ ケヤキ原滝は地図にも記載のある壮観な滝だ。左岸の滝身を直登できるが、

小道が通じていて落ち口にたやすく出られる。

❺ 屏風滝に突き当たり、上に2条に落下する亀壺滝が眺められる。この谷の見せ場である。右手枝谷の手前から屏風滝を絡んで登り、亀壺滝は右岸に移り踏み跡を登る。

❻ 14m滝は左岸の巻き道から落ち口へ。

❼ 3段ナメ滝はフリクションを利かせて快適に遡上できる。

❽ 取水口の堰堤で遡行を終了する。谷は比丘尼滝を懸け大雲取山へ突き上げるが、林道が並行しているので遡行価値はない。

熊野川水系 小口川 滝本本谷 たきもと

中級　2級／Ⅲ＋
適期　3月下旬〜11月下旬
日程　1日(遡行3.5〜4.5時間)

名瀑・宝竜ノ滝はじめ数々の滝とナメ床が美しく調和

　熊野川町最奥の集落・滝本は、滝の集まるところが地名に転化したといわれるだけあって、宝竜ノ滝の懸かる滝本本谷をはじめ、滝本北谷、ガマ谷、スギ谷など、文字どおり谷と滝に囲まれた小さな集落である。各谷は昔から知られた名のある滝が多く、沢登り愛好者にはこたえられないフィールドを提供してくれる。なかでも、滝本本谷に懸かる名瀑・宝竜ノ滝は、南紀において那智ノ滝に次ぐ大滝で、落差は80mを誇る。上流にはコッペ滝、燈明滝、白滝などの滝が懸かり、美しいナメ床が調和して、遡行する者を飽きさせない。入渓する人も多く、滝には巻き道もあるので、技術的に難しくはない。

アクセス　行き・帰り： 新宮駅（タクシー約1時間20分、約41km）本谷林道終点
※距離が遠くタクシー利用は不向き

マイカー情報　国道168号の熊野川町日足の神丸交差点から赤木川に沿った県道44号に入り、小口の集落を経て峠越えで滝本の集落に達する。左に小さな発電所を見て橋を渡ると、左に林道が分岐し、その角に「宝竜の滝」の案内板がある。この林道終点まで入って駐車する。大阪から約5時間。

参考タイム　宝竜ノ滝直下（20分）二ノ滝直下（30分）取水口（1時間）燈明滝（1時間10分）ボタバ谷出合（40分）奥の二俣

標高差　490m（水平距離3.7km）

装備　基本装備

地図　紀伊大野

温泉　熊野川温泉さつき（月曜休）☎0735-44-0193

周囲の岩壁を圧して懸かる宝竜ノ滝一ノ滝35m

······ **アプローチ** ······

　宝竜ノ滝への山道をたどり入渓する。

······ **下降ルート** ······

　奥の二俣で遡行を打ち切り、ナメラゴの滝の落ち口まで谷を引き返し、北谷の下山と同じく巡視路を発電所へ下り、県道と林道を駐車地に戻る。約1時間40分。

美しく懸かる斜滝5mは左岸コーナーを直上

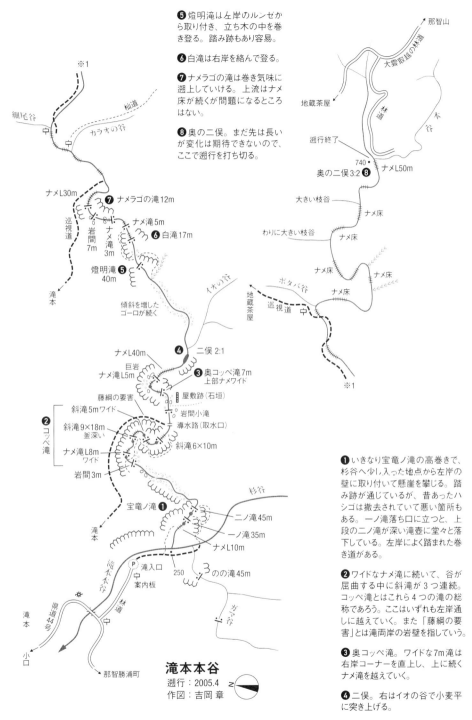

❺燈明滝は左岸のルンゼから取り付き、立ち木の中を巻き登る。踏み跡もあり容易。

❻白滝は右岸を絡んで登る。

❼ナメラゴの滝は巻き気味に遡上していける。上流はナメ床が続くが問題になるところはない。

❽奥の二俣。まだ先は長いが変化は期待できないので、ここで遡行を打ち切る。

※1

細尾谷

仙道

カラオの谷

中

中

ナメL30m

❼ナメラゴの滝12m

巡視道

岩間7m

ナメ滝5m

ナメ滝3m

❻白滝17m

❺燈明滝40m

滝本

傾斜を増したゴーロが続く

イオリ谷

地蔵茶屋

ナメL40m

❹

二俣 2:1

巨岩

ナメ滝L5m

❸奥コッペ滝7m
上部ナメワイド

屋敷跡(石垣)

藤綱の要害

岩間小滝

斜滝5mワイド

導水路(取水口)

❷
コッペ滝

斜滝9×18m
釜深い

斜滝6×10m

ナメ滝L8m
ワイド

岩間3m

宝竜ノ滝❶

杉谷

二ノ滝45m

一ノ滝35m

ナメL10m

滝本

滝入口

案内板

250

ののの滝45m

滝本本谷

県道44号

ガマ谷

中

滝本

小口

那智勝浦町

滝本本谷
遡行：2005.4
作図：吉岡 章

那智山

大雲取越の林道

地蔵茶屋

林道

木

本

谷

遡行終了

740・

奥の二俣3:2 ❽

ナメL50m

大きい枝谷

ナメ床

わりに大きい枝谷

ナメ床

ナメ床

ナメ床

ボタバ谷

ナメ床

地蔵茶屋

巡視道

中

※1

❶いきなり宝竜ノ滝の高巻きで、杉谷へ少し入った地点から左岸の壁に取り付いて懸崖を攀じる。踏み跡が通じているが、昔あったハシゴは撤去されていて悪い箇所もある。一ノ滝落ち口に立つと、上段の二ノ滝が深い滝壺に堂々と落下している。左岸によく踏まれた巻き道がある。

❷ワイドなナメ滝に続いて、谷が屈曲する中に斜滝が3つ連続。コッペ滝とはこれら4つの滝の総称であろう。ここはいずれも左岸通しに越えていく。また「藤綱の要害」とは滝両岸の岩壁を指していう。

❸奥コッペ滝。ワイドな7m滝は右岸コーナーを直上し、上に続くナメ滝を越えていく。

❹二俣。右はイオの谷で小麦平に突き上げる。

熊野川水系 和田川　鳴谷（なき）

短い流程に大小の滝を懸け、とりわけ鳴谷大滝は圧巻

　和田川に沿う県道を畝畑へと向かい、長瀞橋を渡って倉谷の出合を過ぎ、トンネルを抜けるとほどなく左岸に流入してくる谷が鳴谷（成谷）である。源流が標高650m足らずの低山で、流域面積も小さい谷だが、出合から大小無数の滝を懸け、とりわけ鳴谷大滝は70mの落差を誇り圧巻で、厳しい遡行を強いられる。上流は両岸がスギ植林帯で穏やかな流れに変わり、左右に枝谷を分けながら、鳴谷山に突き上げる。

・・・・・・・・・・・ アプローチ ・・・・・・・・・・・

　出合の橋からすぐ入渓する。

・・・・・・・・・・・ 下降ルート ・・・・・・・・・・・

　独標671mから南に派生する支尾根を下り、独標409mを経て和田川沿いの車道に下り立つ。尾根にはかすかな踏み跡があるが、シダのブッシュがひどい。出合まで約2時間。または植林小屋跡で遡行を打ち切り、右岸の仕事道を下流方向にたどる。道が途切れたら大滝の高巻きルートで谷筋に

戻り、流れをミニゴルジュの入口まで下降する。そこから左岸の仕事道を車道まで下る。植林小屋跡から約1時間30分。

アクセス　行き・帰り：新宮駅（タクシー約1時間10分、約32km）鳴谷出合　※距離が遠くタクシー利用は不向き

マイカー情報　国道168号の熊野川町日足の神丸交差点から赤木川に沿った県道44号に入り、小口で直進する滝本方面と分かれて右折し、和田川沿いの車道を6.2kmで鳴谷出合に着く。橋を渡った先に駐車スペースがある。大阪から約4時間。

参考タイム　鳴谷出合（1時間20分）15m滝（1時間10分）20m直瀑（1時間）鳴谷大滝直下（1時間25分）鳴谷大滝落ち口（45分）奥の二俣（20分）独標671m西肩の稜線

標高差　520m（水平距離3.0km）

装備　基本装備＋登攀具、40mロープ

地図　本宮

温泉　①熊野川温泉さつき（月曜休）☎0735-44-0193　②庵の湯（火曜休）☎0746-64-1100

右／鳴谷大滝70mが圧倒的な迫力で落下する　左／直瀑20m。左のガリーに入り弱点を縫って直上

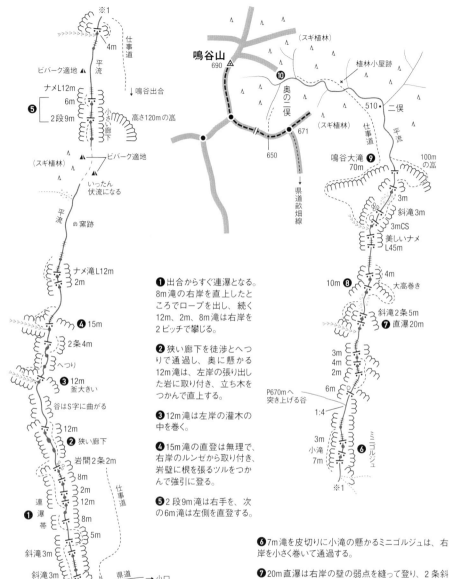

※1
4m
仕事道
平流
ビバーク適地
↓鳴谷出合
ナメL12m
6m
❺
2段9m
小さい廊下
高さ120mの嵓
ビバーク適地
（スギ植林）
いったん伏流になる
平流
窯跡
ナメ滝L12m
2m
❹ 15m
2条4m
へつり
❸ 12m
釜大きい
谷はS字に曲がる
12m
❷ 狭い廊下
岩間2条2m
8m
2m
12m
8m
5m
連瀑帯
仕事道
斜滝3m
斜滝3m
県道
❶ 連瀑帯
10m
出合 130
→ 小口
畝畑
和川川川

鳴谷山
690
△
（スギ植林）
植林小屋跡
⑩
奥の二俣
510 二俣
650
671
仕事道
平流
鳴谷大滝 **⑨**
70m
100mの嵓
3m
斜滝3m
3mCS
美しいナメ
L45m
4m
大高巻き
10m **❽**
斜滝2条5m
❼ 直瀑20m
3m
4m
2m
6m
P670mへ突き上げる谷
1:4
3m
小滝
7m
❻ ミニゴルジュ
※1
県道畝畑線

❶ 出合からすぐ連瀑となる。8m滝の右岸を直上したところでロープを出し、続く12m、2m、8m滝は右岸を2ピッチで攀じる。

❷ 狭い廊下を徒渉とへつりで通過し、奥に懸かる12m滝は、左岸の張り出した岩に取り付き、立ち木をつかんで直上する。

❸ 12m滝は左岸の灌木の中を巻く。

❹ 15m滝の直登は無理で、右岸のルンゼから取り付き、岩壁に根を張るツルをつかんで強引に登る。

❺ 2段9m滝は右手を、次の6m滝は左側を直登する。

❻ 7m滝を皮切りに小滝の懸かるミニゴルジュは、右岸を小さく巻いて通過する。

❼ 20m直瀑は右岸の壁の弱点を縫って登り、2条斜滝を越えた地点から谷床へ下りる。

❽ 10m滝は左岸の岩壁基部に沿って登り、ブッシュから強引に攀じて4m滝を越えたところから谷へ下り立つ。

❾ 鳴谷大滝は屏風のような大岩壁に囲まれた中に懸かり圧巻。左岸の壁の弱点を縫って登攀するが、手がかりが少なく緊張させられる。少し戻って右岸に入るルンゼから高巻くほうがやさしい。

⑩ 奥の二俣から左の谷に入ってつめ上がると独標671mの西肩に飛び出す。

鳴谷
遡行：2004.4
作図：吉岡　章

N

熊野川水系 和田川　奥山谷（おくざん）

中級 2級／Ⅲ＋
適期　4月中旬～11月中旬
日程　2日（遡行4.5～5.5時間）

大塔山へのバリエーションルートとして遡行価値の高い谷

　南紀の盟主・大塔山（おおとう）の東の赤倉辻から東に流れ下り、畝畑（うねはた）で和田川に入る谷。かつては悪さにおいて黒蔵谷に次ぐ渓谷の雄といわれたが、林道延伸でずいぶん遡行区間が短くなった。しかし地形図にも4つの滝記号や随所に岩記号があり、現在も遡行価値の高い渓谷として人気がある。成地谷出合より上流は自然林のままで、新緑と紅葉の時節はすばらしい景観を見せてくれる。

　アプローチが遠いのと、下山に要する時間を考えると日帰りは難しい。1泊2日の日程となるが、その代わり大塔山を往復する時間がとれる。

············ アプローチ ················

　アプローチはなく、奥山谷大橋の手前からアメ止メ滝上流に入渓する。

アクセス　行き・帰り： 新宮駅（タクシー約1時間45分、約43km）奥山谷大橋　※距離が遠くタクシー利用は不向き

マイカー情報　小口までは鳴谷参照。小口で右折して、和田川沿いの県道を畝畑小口まで入る。ここで右から奥山谷とホイホイ坂林道が合流し、林道の約4.8km先の奥山谷大橋まで。橋の手前に駐車する。大阪から5時間強。

参考タイム　奥山谷大橋（10分）成地谷出合（1時間40分）1:1の二俣（35分）甚五郎滝下（1時間10分）狭いゴルジュ出口（45分）奥の二俣（20分）赤倉辻東肩の鞍部

標高差　630m（水平距離2.7km）

装備　基本装備＋宿泊用具

地図　紀伊大野、木守

温泉　①熊野川温泉さつき（月曜休）☎0735-44-0193　②庵の湯（火曜休）☎0746-64-1100

············ 下降ルート ················

　東の足郷山へと縦走して、奥山谷右岸尾根の独標849mから、林道の駐車地をめがけて枝尾根（道はない）を下る。約2時間45分。成地谷を下降するのも楽しい。中流域は平凡だが、下流には40mの滝と30m級の滝が2本あり、上流にも連瀑帯がある。下降時間は約3時間30分。

甚五郎滝45mは右岸ルンゼから高巻く

二俣を通過すると長いナメ床が続く

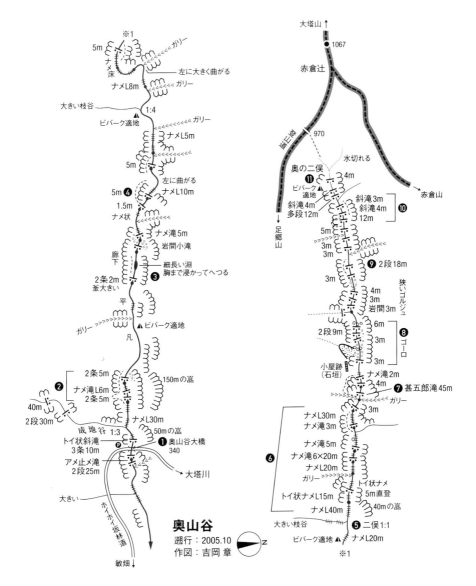

大塔山↑

● 1067

赤倉辻

970

水切れる

奥の二俣 ⑪

赤倉山

大塔山

5m
ナメ床
左に大きく曲がる
ナメL8m
ガリー
大きい枝谷
1:4
ビバーク適地
ナメL5m
5m
左に曲がる
5m ④ ナメL10m
1.5m
ナメ状
ナメ滝5m
岩間小滝
廊下
細長い淵
胸まで浸かってへつる
2条2m
釜大きい
平
ガリー ▲ビバーク適地
凡
2条5m
ナメ滝L6m
2条5m
150mの高
② 40m
2段30m
ナメL30m
成地谷 1:3
50mの高
トイ状斜滝
3条10m ① 奥山谷大橋
アメ止メ滝 340
2段25m
大塔川
大きい
ホイホイ坂林道
敏畑↓

奥山谷

遡行：2005.10
作図：吉岡 章
N

4m
ビバーク
適地
斜滝4m
斜滝4m
多段12m
斜滝3m
斜滝4m ⑩
12m
5m
3m
3m
3m
⑨ 2段18m
4m
3m
岩間3m
狭いゴルジュ
6m
2段9m ⑧ ゴーロ
3m
小屋跡
(石垣)
3m
ナメ滝2m
4m
⑦ 甚五郎滝45m
ガリー
3m
ナメL30m
ナメ滝3m
⑥ ナメ滝5m
ナメ滝6×20m
ナメ滝L20m
ガリー
トイ状ナメ
トイ状ナメL15m
5m直登
40mの高
ナメL40m
大きい枝谷
⑤ 二俣1:1
ビバーク適地
ナメL20m
※1

足郷山

① 橋の手前どちらかの急斜面をアメ止メ滝上流に下降して、遡行を開始する。

② 2条5m滝2つは左手から直登する。

③ 2条2mの滝を越えると、細長い淵が現われる。胸まで浸かってへつりで抜ける。

④ 5m滝は右岸から巻き登る。

⑤ 左から枝谷がナメで合流。本谷もナメ40mが美しいたたずまいを見せる。

⑥ 二俣から甚五郎滝まで続くナメとナメ滝は快適に遡上していける。

⑦ 甚五郎滝は水量が少なくやや迫力に欠けるが、周囲は高い岩壁をめぐらせている。右岸ルンゼから高巻き、次の4mの滝を越えたところから谷筋に下り立つ。

⑧ 傾斜を強めたゴーロ。岩の詰まった滝は多少難渋する箇所もある。

⑨ 2段18m滝の直登は難しく、右岸を小さく巻く。

⑩ 3つの滝。最初の12mは右岸を巻き、上に続く斜滝2つは左岸沿いを登る。

⑪ 1日目は奥の二俣周辺で谷中泊となろう。4m滝下の右岸に適地がある。翌日は左の谷をつめ上がり、赤倉辻の東肩の鞍部に出る。

161

熊野川水系 大塔川　黒蔵谷（くろぞう）

上級　3級／IV＋
適期　5月上旬～11月上旬
日程　2日（遡行13.5～15時間）

丸2日に及ぶ廊下帯の泳ぎでの突破と豪快な黒蔵瀑

　黒蔵谷は大塔川の一支流で、野竹法師から流れ出し、いくつかの枝谷を合わせて大塔川に流入する。支流といっても本流と変わらないほどの規模をもつ。谷は側壁が発達して、その中に下ノ廊下、中ノ廊下、上ノ廊下と呼ばれる厳しい廊下帯を有し、何度もの泳ぎやへつりで突破しなければならない。黒蔵瀑をはじめとするいくつかの滝のクリアにも厳しいものがあり、技量、体力、気力が求められる関西でも指折りの谷だ。それだけに豪快な遡行が満喫できる。

　とにかく長い谷で遡行は長時間を要し、下りの林道歩きも長いので、前夜発1泊2日の行程となる。

　なお、支谷の出谷、高山谷、第3支流なども遡行価値が高く、日程が許せば継続遡下降をするのもおもしろい。

・・・・・・・・・・・・・・・ **アプローチ** ・・・・・・・・・・・・・・・

　広場から小道をたどって、出合やや下流の大塔川本流に下りる。林道を50mほど進んだところの山道からも下りられる。

・・・・・・・・・・・・・・・ **下降ルート** ・・・・・・・・・・・・・・・

　野竹法師からの下山は、本宮町と田辺市大塔地区の境界尾根（小道あり）を南下して大杉谷林道に出る。あとはこの林道と、大塔川林道を歩いて駐車地に戻る。約5時間。交通機関利用の場合は、登山道を椿尾峠経由で尾和田へ下る。約3時間20分。

アクセス　行き：新宮駅（熊野御坊南海バス53分）請川（タクシー約30分、約11km）黒蔵谷出合　**帰り**：尾和田橋（龍神バス36分）請川（熊野御坊南海バス53分）新宮駅

マイカー情報　国道168号を南下し、熊野本宮大社を見送ったあとの請川で右折し、大塔川沿いの県道に入る。出合は途中の川湯の温泉隧道から8.7kmの地点で、その間に3つのトンネルを抜ける。林道右手にある「笹ノ瀬川国有林」の立て札が目印で、この小広場に駐車する。大阪からは4時間強。この50m上流にも「黒蔵谷出合」の立て札があり、ここからも出合の上流に下れる。なお、大杉谷林道は入口にゲートがあり、一般車は入れない。

参考タイム　黒蔵谷出合（2時間30分）出谷出合（2時間40分）高山谷出合（2時間20分）黒蔵瀑下（50分）第3支流出合（40分）右岸からの小さい谷出合（1時間）石垣（1時間）奥の二俣520m（2時間20分）野竹法師

標高差　821m（水平距離8.2km）

装備　基本装備＋登攀具、ライフジャケット、宿泊用具

地図　皆地

温泉　①川湯温泉・河原露天風呂（無休）☎0735-42-0735　②川湯温泉公衆浴場（火曜休）☎0735-42-0735

美しい淵と釜が連続する下ノ廊下

162

❶ 鮎返滝は水量豊かに落ちる滝で、滝の上部には餘倉（あまりくら）岩がそびえ、あたりの景観を圧している。右岸の踏み跡を巻いて上流に出る。

❷ 下ノ廊下は、滝自体は2〜3mであるが、深い釜や淵が連続する。右に左にとへつり、ときには胸まで入り徒渉で通過していくが、ついには泳ぎを強いられる。30mの長淵は泳いでもよいが、左岸がへつりで通過できる。三連ノ釜はへつりで通過し、2条2m滝を越え、上に続く3つの釜を泳いで突破すると廊下が終わる。

❸ 中ノ廊下入口には深い淵があって、奥に廊下が続く。泳ぎで突破してナメ10mをこなすと、3つの滝を挟んで淵と釜が連続するので、すべて泳ぎ抜ける。5m滝を右岸から巻き上がると、流れは大きく右に曲がり、その先に横たわる長淵は胸までのへつりで通過。次の2段6m滝は右岸の残置ピトンを頼りに乗り越す。続く4つの淵を胸までの徒渉とへつりで突破すると、ひときわ目立つ巨岩がある。小さなナメのあと、左岸から高山谷が合流して廊下が終わる。

❹ 6m滝は、滝身の左に打たれた残置ピトンを使って直登する。

❺ 巨岩の累積帯が出現する。家ほどの大岩もあって、乗り越したり、くぐったりしながら登高していく。

❻ 両岸狭まる洞窟状のゴルジュとなり、大釜に13mの滝が落下する。少し戻って右岸を巻き登るが、けっこう悪いのでロープ確保しながら登りたい。

❼ 黒蔵瀑が堂々と落下する様は壮観である。左岸に通じている踏み跡から高巻いて、50mほど登った地点から灌木を頼りに斜面を下り、滝上流へ下り立つ。

❽ 左岸から第3支流が入ると、本谷は釜を従えた滝が数個連続する。入口3条3m滝は釜を泳げば突破できるが、奥の2段6m滝の突破は難しいので、右岸を高巻いたほうがよい。

❾ 平流がしばらく続く。メンバーの力量によるが、1日目はこのあたりで谷中泊となる。

黒蔵谷(1)

遡行：2004.8
作図：吉岡 章

❿ 斜滝8mが行く手を阻み、上ノ廊下が始まる。左岸のルンゼから高巻き、上に続く2m滝2つもいっしょに巻いてしまう。その先1m滝を越えると左岸から第4支流が入り、このあと2つの淵と1m滝をこなすとほどなく廊下を抜ける。

⓫ 廊下の中を右から左に曲がり返して斜滝8mが懸かる。左側の岩盤上をへつり、続く斜滝2mとナメをこなし、3m滝の右手を直登すると廊下を抜け出る。

⓬ 連瀑帯の4m滝は左から越えて、次の25mの滝は右岸を巻き上がると、ナメ床が続き10m滝に至る。これを今度は左岸から巻き上がる。

⓭ 二俣状で、両谷に大きな涸れ滝が懸かる。両谷の間の樹林帯を攀じ登り、野竹法師の山頂に出る。

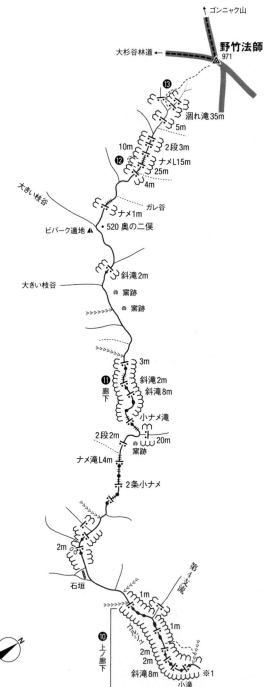

黒蔵谷(2)
遡行：2004.8
作図：吉岡 章

164

下ノ廊下の長淵L30mを泳いで突破する

中ノ廊下の瀑流をへつりで通過する

高山谷出合を過ぎると廊下状となり6mの滝が待ち受ける

十津川水系　八木尾谷本谷（左俣）

中・上級　2級上／Ⅲ＋
適期　3月下旬〜11月下旬
日程　2日（遡行7.5〜8.5時間）

長い廊下と無数の連瀑、神秘的な造形に魅了される秀渓

　果無山脈東端近くのブナの平から石地力山、熊野古道が通う果無越の南面の水を集め十津川に流れ込む谷で、中流域で本谷の左俣と同規模の右俣に分かれる比較的大きな流れ。下流域は出合から凡谷が続くが、中流域からは数多くの滝を懸けた廊下が延々と続き、谷中すべてが滝と形容してよいほどの地形をつくっている。なかには厳しい滝場もいくつかあり、優れた谷としての条件を備えた秀渓といえる。

　遡行時間が長いため、谷中で泊まる1泊2日行程となる。右俣谷も無数の連瀑で構成されて遡行価値が高く、機会をみて遡行をすすめる。

・・・・・・・・・・ アプローチ ・・・・・・・・・・

　車道を終点まで歩き、奥に続く小道をたどる。わずかで伏流の河原に出て、踏み跡を拾って進み、4つ目の堰堤を越えた地点から遡行を始める。駐車地から約25分。

・・・・・・・・・・ 下降ルート ・・・・・・・・・・

　ブナの平から南東にとり、百前森山を経て萩へ向かう登山道を下る。中下番の分岐は左をとり、P395.1の北肩の分岐で萩への道と分かれ、左へ小道を下って八木尾谷の河原へ。ブナの平から約2時間20分。

アクセス　行き・帰り：五条駅（奈良交通バス3時間10分）十津川温泉（タクシー約24分、約12km）八木尾　※バスの本数が少ないので時刻に注意

マイカー情報　国道168号を南下して十津川温泉を過ぎ、「十二滝」を見送った先の分岐を左折して新国道を走り、土河屋トンネルを抜けたらすぐ左折して旧道に降りる。ほどなく八木尾谷に架かる橋の手前を右折、細道を終点近くまで進んで空きスペースに駐車する。大阪から約3時間30分。

参考タイム　4つ目の堰堤上（1時間50分）15mの滝（1時間30分）二俣（2時間）2段13mの滝上（40分）奥の二俣（1時間20分）ブナの平

標高差　1021m（水平距離4.9km）

装備　基本装備＋登攀具、宿泊用具

地図　伏拝、発心門

温泉　①庵の湯（火曜休）☎0746-64-1100
②滝の湯（木曜休）☎0746-62-0400

最初に現われる7m滝。右岸から巻く

40mの嵓が立ち、幅の広い美瀑15mが懸かる

八木尾谷本谷（左俣）

遡行：2007.3
作図：吉岡 章

❶ 7m滝の直登は無理で右岸から巻く。

❷ 5m斜滝はたやすく登れるが、続く2段7m滝は左岸に逃げて、滝上へ懸垂で下る。

❸ 15m美瀑は右岸の壁に取り付いて高巻く。

❹ 廊下は夏なら落水覚悟でへつりに挑戦してみたい。無理な場合は右岸を高巻く。

❺ 2段12m滝は右岸から高巻く。

❻ 15m＋6mの連瀑は、左岸を巻き登り、一度15m滝の滝頭に出たあと、再び巻き直して6m滝の頭に下り立つ。谷は明るくなり、石積みの残る台地もあってビバーク適地である。

❼ 7m滝がU字形に浸食された中に落下する。直登できる。

❽ 連瀑帯は3mから10m前後の滝が無数に懸かる。ほとんどの滝が快適に直登していけるが、中ほどの2段10mと上に続く2段13mの滝は厳しく、左岸を巻き登る。

❾ 奥の二俣は左の谷をとる。

❿ 100m続くナメを、フリクションを利かせて快適に遡上。次の出合は左をとり、チョックストーンを越えてつめ上がるとブナの平近くの稜線に飛び出す。

167

奥高野の谷

奥高野とは、高野山の奥の山地という意味で、護摩壇山を盟主に荒神ヶ岳、伯母子岳、鉾尖岳、崖又山、大峠山、それに牛廻山に至る山塊を指す。この山域は山岳美よりも史跡に名高い。

流下する河川は、東側では川原樋川、神納川、西川、上湯川、西側では日高川の大河が挙げられる。しかし、老年期のためかガレ谷が多く、総じて変化に乏しい。そのうえ林道敷設と皆伐がほぼ全域にわたって行なわれており、かつての名渓もすっかり姿を消したのが残念である。残った谷では神納川の支流と、川原樋川支流の大江谷がある。いずれの谷も初級から初・中級者向き。マイカー利用が便利だ。

十津川水系

[神納川流域] 伯母子岳から東に延びる尾根の南側の谷、三田谷と榎谷は支流ながら規模も大きく、遡行価値が高い。三田谷は伯母子岳周辺から流下する谷で、二俣で分かれるマツオ谷と上西谷（本書で紹介）は無数の滝とナメ滝を懸け、ゴルジュもあって遡行価値は高い。榎谷は伯母子岳の東方、山天ノ高に源を発し、南流して山天で神納川に注ぐ谷で、三田谷同様流域が長く、上流で大滝や険しい滝がふんだんにあって、遡行する者を有頂天にさせる。本書ではツツジ谷を紹介したが、支谷のミコシ谷、クルミ谷も個性のある滝を懸けており、変化に富む谷である。

ほかに、伯母子から流下する王子又谷も楽しい谷だ。同じく鉾尖岳から流下する南股谷は滝こそ少ないが、しっとりとした雰囲気の谷である。

[その他] 十津川に直接流入する谷に小黒谷（本書で紹介）がある。小谷ながら連瀑につぐ連瀑で、文句なしにすばらしい谷である。同じく十津川に直接流入する谷で、ほかに黒河川、月谷、大黒谷などがあるが、沢登りの対象としては変化に乏しく、遡行価値は低い。

神納川榎谷。激流を腰までの徒渉で進む

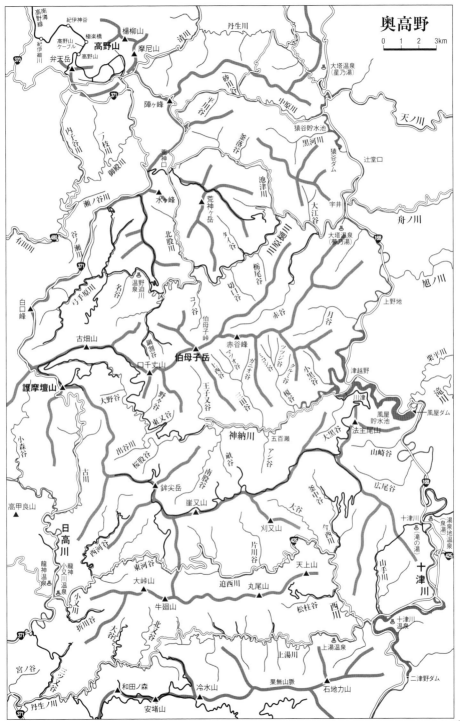

奥高野

0 1 2 3km

十津川水系 神納川　榎谷（えのき）（ツツジ谷）

初・中級　2級下／III
適期　4月上旬〜11月下旬
日程　2日（遡行7.5〜8.5時間）

ツツジ滝3段60mを筆頭に、連続する滝場に魅了される

伯母子岳の東方、山天ノ高に源を発し、南流して山天で神納川に注ぐ谷である。三田谷同様流域が長く、上流で滝が連続し、それも巨瀑を懸けるので遡行価値は高い。本谷以外にも支流が多く、ミコシ谷、ツツジ谷、クルミ谷、クロ谷とあって、変化に富む谷ばかりである。それゆえ、定着して集中的に遡行するのもおもしろい。

ここで紹介するツツジ谷は、見応えのある大滝を2カ所に懸け、流域中最高に遡行価値が高い。下山にかなりの時間を要するので1泊2日の行程となる。シーズンには釣り師も入るのでトラブルのないように。

………… アプローチ …………

山天集落から、山道を徒歩約10分で榎谷出合の堰堤に着く。

アクセス　行き・帰り：五条駅（奈良交通バス2時間6分）川津（徒歩1時間40分）山天、または五条駅（タクシー約1時間40分、約56km）山天

マイカー情報　五條から国道168号を南下して川津で右折。神納川沿いの県道733号を西進し、内野で神納川に架かる橋を渡った山天で右の細道に入り、山天集落の奥の小広場に駐車する。川津から約7km。大阪から約3時間30分。

参考タイム　堰堤上・入渓点（1時間）クロ谷出合（35分）クルミ谷出合（45分）ツツジ谷出合（2時間）2段25m滝（50分）2段13mの滝上流（35分）遡行終了点（1時間40分）独標1209m

標高差　889m（水平距離4.9km）

装備　基本装備＋宿泊用具

地図　伯母子岳、上垣内

温泉　夢乃湯（火・水曜休）☎0747-36-0058

………… 下降ルート …………

稜線のP1209から山天ノ高の山頂を踏んだあと、稜線を西へ下り、山天辻で伯母子岳へ向かう小道と分かれて、南へ稜線（地形図の破線路）をたどり、山天の集落へと戻る。約4時間50分。交通機関利用の場合は稜線の破線路を南下してもよい。小黒谷出合を経て川津西まで約3時間20分。

ツツジ滝3段60mの雄姿

白く泡立つ流れを対岸へと渡る

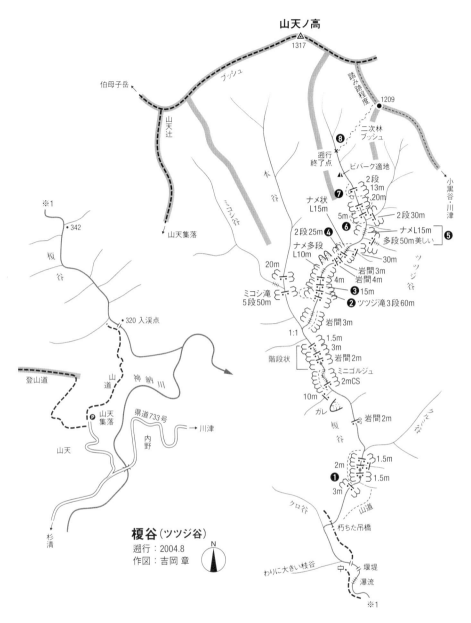

榎谷（ツツジ谷）

遡行：2004.8
作図：吉岡 章

❶ 小滝が連続し、左から小さく巻いて
通過する。

❷ ツツジ滝は右岸から大きく高巻き、
斜面をトラバースして滝の頭に下り立つ。
トラバースはロープを使用したい。

❸ 15m滝はロープを結んで左側を直登
するが、滑りやすいので注意。

❹ 2段25m滝は右岸を巻き登ると杣道
に出て、上に続くナメの上流へ下りる。

❺ 左岸枝谷に多段50mの滝が美しく
懸かり、本谷にはナメL15mが走って美
しい景観を見せる。

❻ 左岸から枝谷が2段30mの滝となっ
て出合う。本谷の5m滝は右岸から巻き、

その上の20m滝は左岸を巻いて上流へ
抜ける。

❼ 2段13m滝は右岸から小さく巻き登る。

❽ 上流は変化もないので、適当な場
所で右の斜面に逃げて稜線をめざす。

十津川水系 神納川 三田谷（上西谷）

初・中級　2級下／II+
適期　4月上旬〜11月下旬
日程　1日（遡行5〜6時間）

滝のほとんどが直登できて楽しさいっぱい、おすすめの谷

熊野古道「小辺路」で人気の高い伯母子岳周辺に源を発し、神納川に流下する三田谷は、上流で3本に枝分かれする。二俣で分かれるマツオ谷と上西谷は深く切れ込んだ中に無数の滝とナメ滝を懸け、ときにはゴルジュをつくり遡行価値は高い。老年期地形の奥高野にあっては、隣の榎谷とともに珍しい存在である。

ここでは下山に便利な上西谷を紹介するが、機会があればマツオ谷もぜひ探ってみたい。流程は長いが早朝発日帰りができ、伯母子岳の山頂を往復する時間もとれる。

━━ アプローチ ━━

出合から左岸の小道を伝い、堰堤を過ぎ右岸に転じて数分の地点から遡行を開始する。入渓点まで徒歩約15分。

━━ 下降ルート ━━

伯母子峠から熊野古道（小辺路）をたどって三田谷出合に下る。約2時間15分。交

通機関利用の場合は、大股へ下って高野山へ出てもよい。

アクセス　行き：五条駅（奈良交通バス2時間6分）川津（徒歩2時間）三田谷出合、または五条駅（タクシー約1時間55分、約58km）三田谷出合　帰り：大股（タクシー約48分、約24km）奥の院前（南海りんかんバス18分）高野山駅　※バス利用の場合は日帰りは無理

マイカー情報　国道168号を南下して川津で右折。神納川沿いの県道を西進し、五百瀬の先で右から入る谷が三田谷である。川津から8.8km、大阪から約3時間30分。

参考タイム　堰堤上流の河原・入渓点（1時間30分）ガニオ谷出合（30分）マツオ谷出合（1時間10分）2段15mの滝上（55分）3段13mの滝（45分）旧熊野古道出合

標高差　870m（水平距離7.0km）

装備　基本装備

地図　伯母子岳

温泉　夢乃湯（火・水曜休）☎0747-36-0058

右／上流域に懸かる3段13mの滝
左／18mの美瀑は右岸を高巻いて

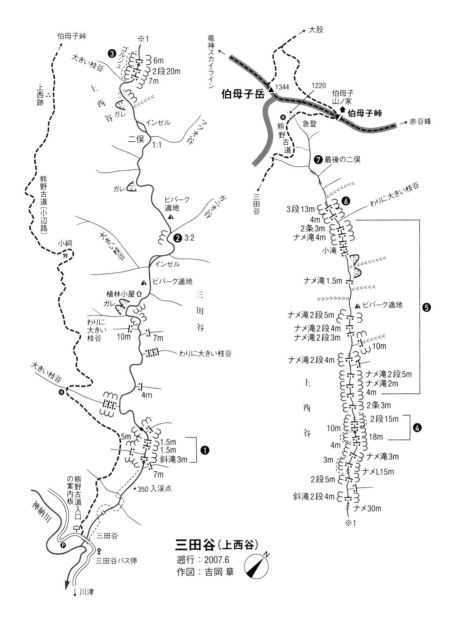

三田谷（上西谷）

遡行：2007.6
作図：吉岡 章

❶ 最初のゴルジュ。ここはたやすくへつりで通過していける。

❷ 右からガニオ谷が入り、30分ほどでマツオ谷との二俣に着く。

❸ 7m滝を左のザレから巻くと、2段20mの立派な滝が懸かる。右岸を巻き、上に続く6m滝もやり過ごしてから谷に下り立つ。

❹ 18m滝は右岸を高巻き、次の10m滝と上方に懸かる2段15m滝は左岸を巻き登る。

❺ 無数の滝が連続するが、ほとんどの滝が直登できて楽しく遡上していける。

❻ 3段13m滝は滝身をシャワーを浴びて直登する。

❼ 左に枝谷を分け、最後のツメを急登すれば熊野古道に出る。右にとって伯母子峠に達する。尾根道を往復して伯母子岳の山頂を踏むとよい。

十津川水系　小黒谷（こぐろ）

初級 2級下／Ⅲ
適期　5月上旬～10月中旬
日程　1日（遡行2.5～3時間）

沢登り用にできたような谷で、滝のほとんどが直登できる

　小黒谷は伯母子岳から赤谷峰を経て、東へ延びる尾根上の1206m峰に源を発し、十津川の風屋ダム湖に急落する谷である。短い流域ながら、3段50mの滝を筆頭に無数の滝が凝集している。沢登り用にできたような谷で、出てくる滝のほとんどが直登でき、泳ぎ、へつりと遡行の醍醐味が味わえる。初級から中級へのレベルアップと、滝場の登攀に適した谷として推薦したい。

　核心となる2つのゴルジュ帯と大滝は慎重に。ロープを使い、しっかりと安全を期して登ろう。特に3段50mの大滝は、残置ピトンを利用して直登できるが、ホールドが細かいのでスリップに注意したい。

　大滝を過ぎると上流は平流となり、変化に乏しいので、適当なところで遡行を打ち切り、左岸の杣道に出たほうがよい。

アプローチ

　駐車地から山道を下り、長い吊橋を渡って端を回り込むと小黒谷の出合に着く。バス停からは湖岸に沿う旧国道を南へ歩き、小黒谷入口まで約30分。

下降ルート

　小滝ばかりで変化に乏しくなったところで、左岸植林の中に出てくる杣道に上がり、下っていくと植林小屋に出る。そこから山腹を絡んで地形図の尾根道に合し、吊橋を渡って旧国道まで、約1時間。

アクセス　行き・帰り：五条駅（奈良交通バス2時間3分）川津西　※始発時刻が遅いため日帰りは無理
マイカー情報　国道168号を南下して、津越野トンネルを抜けた川津で国道を離れ、五百瀬（神納川）方面へ向かう。大橋を渡らずに、旧国道をダム湖岸に沿って北上すると、岬の吊橋に至る道路脇に駐車スペースがある。
参考タイム　小黒谷入口（45分）ゴルジュ17m滝直下（35分）左からの大きい枝谷（45分）二俣（45分）杣道に出る
標高差　700m（水平距離2.7km）
装備　基本装備＋40mロープ
地図　伯母子岳
温泉　夢乃湯（火・水曜休）☎0747-36-0058

左／流水をまたいで6m滝を登る　右／美しい斜滝20mをフリーで直登

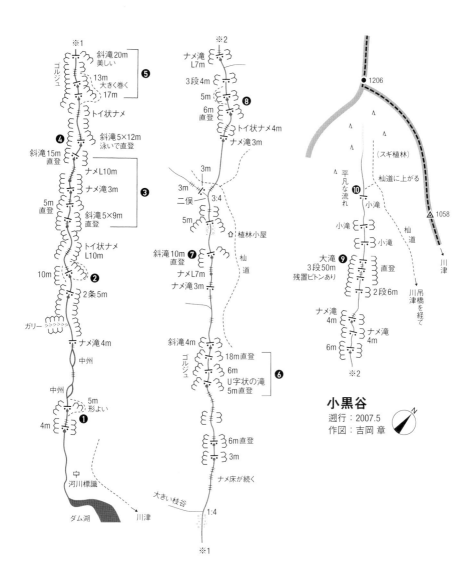

小黒谷

遡行：2007.5
作図：吉岡 章

❶ 5m滝は右から小さく巻く。

❷ 左岸の壁が立って、10mの堂々とした滝が飛沫を上げる。この滝の突破はバランスを要する。右側を巻いてもよい。

❸ 5×9m斜滝、5m滝、15m斜滝と出てくるが、いずれも快適に直登していける。

❹ 5×12m斜滝は釜を泳いで滝身を直登する。泳ぎがいやなら高巻いてもよい。

❺ 両岸が迫ったゴルジュに17m滝が立ちはだかる。直登は難しく、上に連なる13m滝ともども左岸を大きく巻いて滝上へ抜け、20m斜滝をフリクションを利かせて突破する。ロープで確保して安全を期すこと。

❻ 2度目のゴルジュに入る。U字状5m滝の直登は手ごわいが、シャワー覚悟なら突破できる。6mと18mの滝は直登できて楽しい。

❼ 10m斜滝を越え、右手に植林小屋を見る。

❽ 6m滝は直登できるが、上に続く5m滝は手ごわく、左から小さく巻く。

❾ 大滝は残置ピトンを利用して直登できるが、ロープで確保して慎重に登りたい。

❿ 上流は平流となり変化に乏しいので、左岸に出てくる杣道に出て下山する。

175

十津川水系
川原樋川　大江谷

出合から連続する大滝群は圧巻の一語

中級　2級／Ⅲ
適期　4月下旬〜11月上旬
日程　1日（遡行6時間）

　長く沢登りをやっていると、予想外の谷に出会うことがある。大江谷はまさにそんな谷であった。奥高野の矢放峠から陣ノ峰あたりの水を集めて川原樋川に注ぐのが大江谷である。県道734号を走ると大きな滝が見えるので「ああ、あそこか」と思う人もいるだろう。出合から連続する大滝群は迫力満点、中盤は倒木に悩まされる部分もあるが、上流は再び変化して斜瀑とナメの饗宴が楽しめる。あまり記録を見ないだけにいぶかってしまうかもしれないが、大当たりの谷といえよう。

・・・・・・・・・・ アプローチ ・・・・・・・・・・

大江谷橋の左岸から入渓する。

・・・・・・・・・・ 下降ルート ・・・・・・・・・・

　P1096には矢放峠から中津川集落への杣道が通じており利用できる。矢放峠は古くは十津川から高野山への道だったと聞くが、近年は歩く人も少ないのかトレースは薄い。ただ道幅は広いので昔はにぎわったのだろう。中津川集落は廃村化していて、朽ちかけた小学校が哀愁を誘う。地形図には県道まで直接下る破線道が記載されているが、不明瞭だったため、踏査時は車道を歩いて駐車地へと戻った。P1096（1時間20分）中津川廃村（1時間40分）大江谷出合。

アクセス　行き・帰り：五条駅（奈良交通バス1時間17分）大塔温泉夢乃湯（徒歩1時間40分）大江谷出合、または五条駅（タクシー約1時間25分、約42km）大江谷出合　※バス利用の場合、日帰りは無理
マイカー情報　国道168号の大塔町宇井集落から県道734号へと入る。赤谷出合の工事現場から1kmほどで左岸支流に大江滝（一ノ滝）の姿が見えるだろう。大江谷橋からさらに上流側へと進み路肩の広いところに駐車する。大阪から約2時間30分。
参考タイム　大江谷出合（1時間）二ノ滝（1時間30分）三ノ滝（1時間15分）二俣732m（1時間30分）P1096
標高差　700m（水平距離3.5km）
装備　基本装備＋40mロープ
地図　上垣内
温泉　夢乃湯（火・水曜休）☎0747-36-0058

大江滝（一ノ滝）40m、水量多く迫力充分

両岸を割って落下する二ノ滝50m

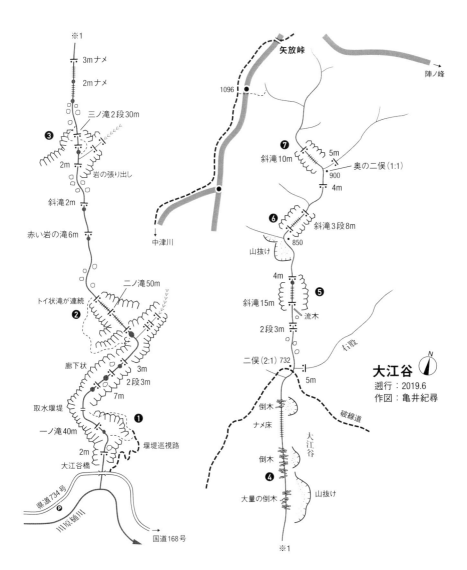

※1
3mナメ

2mナメ

三ノ滝 2 段 30m
❸

2m
岩の張り出し

斜滝 2m

赤い岩の滝 6m

二ノ滝 50m

トイ状滝が連続
❷

廊下状
3m
2 段 3m
7m
取水堰堤

❶
一ノ滝 40m
2m
大江谷橋
堰堤巡視路

県道 734 号
P
川原樋川
国道 168 号

矢放峠
陣ノ峰
1096

❼
斜滝 10m 5m
奥の二俣(1:1)
斜滝 10m
900
4m

❻
斜滝 3 段 8m
850
山抜け

4m
斜滝 15m
❺
流木

2 段 3m
右股

二俣(2:1) 732
5m

倒木
ナメ床
破線道

大江谷
倒木

❹
大量の倒木
山抜け

※1

中津川

大江谷 N
遡行：2019.6
作図：亀井紀尋

❶すぐに大滝がお出迎え、一ノ滝だ。落差は 40m と聞くが水量も多く、落差以上の迫力を感じる。ここは左岸ルンゼを登って堰堤巡視路に出るが、鉄橋の先が崩壊して微妙なザレ斜面となっていて、足元は絶壁だ。安全確保をとって慎重に通過してもらいたい。

❷谷が左折すると二ノ滝 50m が登場。両岸を割って一気に落下する姿は名瀑のお手本みたいなものだ。ここは右岸から弱点を縫っての巻きとなるが、なかなか壁が切れず小尾根まで登らされてしまった。不安を感じたら迷わずロープを

出してもらいたい。やがて石垣のある杣道と合流して谷へと導かれる。

❸三ノ滝は 2 段 30m、ここまでの滝群に比べると明るく開放的な雰囲気だ。突破は左岸から登って中間のバンドを右岸に転じる。難しい登りではないが、水量の多いときは注意が必要だろう。

❹この付近は大きな山抜けがあって倒木が谷を埋めている。おおむね左岸の崩壊面を進むが、それがかなわない場所はパズルを解くようにすり抜ける必要がある。

❺穏やかな渓相に少し飽きがきたころ、美しい 15m 斜瀑に出合う。さしずめ四ノ滝といったところだろう。少しぬめってはいるが傾斜も緩く直登が可能。

❻右岸に山抜けを見て標高 850m の二俣、右の本谷には 3 段になった斜瀑が見える。ここは本谷を進んで快適に通過。

❼標高 900m の二俣（奥の二俣）を左にとって 10m 斜瀑に出合う。上部は滑りやすくスリップに注意が必要だ。やがて流れも細くなり、植林斜面をつめて矢放峠から続く P1096 へと登り出る。

奥美濃の谷

　奥美濃とは、岐阜県北西部の大日ヶ岳以南から能郷白山を経て琵琶湖の東にある伊吹山以北の岐阜・滋賀・福井境の連山のうち、岐阜県側の山域を指しており、一帯には道がない、いわゆるヤブ山が多くある。この奥美濃を北から南へ流れる主な川が、揖斐川、根尾川、長良川であり、この水域に展開している奥美濃の谷は、植生が豊かで自然の恵みも多く得られる。全体に穏やかな谷が多いが、長良川水系の板取川流域の川浦谷は険谷を多く抱える。

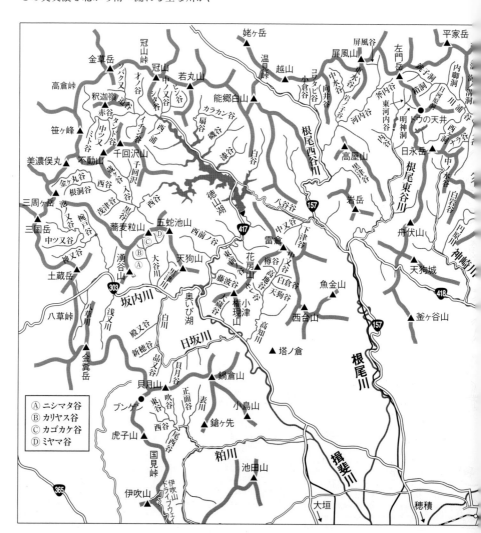

Ⓐ ニシマタ谷
Ⓑ カリヤス谷
Ⓒ カゴカケ谷
Ⓓ ミヤマ谷

揖斐川水系

　本流域の代表格としては、豊かな樹林と豊富な水量の赤谷がある。冠山直下の岩壁と美瀑からなるシタ谷や中ノ又谷もよい。支流の西谷流域は、アプローチが悪いが、原生林に囲まれた金ヶ丸谷がおすすめ。

　貝月山付近を源とする粕川流域では、西谷（本書紹介）や尾西谷がナメ滝主体の初級向きの谷で遡下降が楽しめる。

根尾川水系

　根尾東谷川と根尾西谷川の流域に分かれる。穏やかな谷が多いが、根尾東谷川・東河内谷の明神洞のように特異な景観をもち、水量にそぐわない深い谷で、岩壁が発達しているため登攀力を要する谷もある。

長良川水系

　筆頭に挙げたいのが板取川流域の川浦谷だ。奥美濃を代表する谷であり、奥美濃のほかの谷とは違う渓相をもつ。深く浸食された廊下の中に深淵が続き、断崖の下を泳ぎ渡っていく遡行は最高で、神秘的な景観を見ることもできる。本書紹介の海ノ溝洞以外にも、本谷のゴルジュ、西ヶ洞、日河原洞、箱洞などもある。また、本谷の上流域にあたる左門岳へとつめ上がる銚子洞へも、ぜひ泊まりで訪れてほしい。ほかにも、川浦谷より下流域の右岸に入る松谷洞などもおすすめである。

（本文・作図＝上仲昭子）

長良川水系
川浦谷川　**海ノ溝洞**（うみのみぞぼら）

上級 3級／IV＋
適期　7月上旬〜9月下旬
日程　1日（遡行5.5時間）

絶景空間が連続する厳しくも美しい奥美濃屈指の名渓

　滝波山南西の水を集めて川浦谷川へと注ぐ海ノ溝洞は、地形図からも察するとおり下流域に岩記号を連ねた部分があって、ただならぬ気配を漂わせている。実際この区間は昼なお暗い険悪なゴルジュが続き、相応の準備をしておかなければ軽く追い返されてしまうだろう。しかしその造形美は感動的で、水と岩が織りなす空間は奇跡と思えるほどにすばらしい。グレードは3級としたが、この谷の成否は水量次第であり、それによってずいぶんとイメージも違ってくるはずだ。基本的には激流に逆らっての泳ぎとCS滝の登攀を繰り返すが、大きな滝はなく、行き詰まった場合は泳ぎ戻れる気楽さもあって、内容のわりに閉塞感は薄い。厳しくも美しき回廊、奥美濃随一とも呼べる絶景空間がゴルジャーたちの挑戦を待ち受けている。

……………… **アプローチ** ………………

　バス利用の場合は、バス停から川浦渓谷まで約2.5km、約40分の歩きとなる。

……………… **下降ルート** ………………

　登り出た海ノ溝林道を下って駐車地へと戻る。林道起点まで約30分、川浦渓谷駐車場まで約40分。

アクセス　行き・帰り：岐阜駅（岐阜バス1時間10分）ほらどキウイプラザ（板取ふれあいバス45分）板取杉原
マイカー情報　東海北陸道美濃ICから美濃市街を北上、新美濃橋前で左折して県道81号を板取川沿いに進み、洞戸事務所前交差点を右折、国道256号・県道52号を経て杉原集落より川浦渓谷をめざす。新錦トンネルを抜けた先の川浦渓谷駐車場、または海ノ溝林道起点付近の路肩が広くなった場所に駐車する。大阪から約4時間30分。
参考タイム　海ノ溝洞出合（1時間50分）大釜の5m滝（1時間10分）灰色CS滝（2時間30分）遡行終了点
標高差　70m（水平距離2.0km）
装備　基本装備＋登攀具、40mロープ、ライフジャケット
地図　門原、平家岳
温泉　バーデェハウス（水曜休）☎0581-57-2822

灰色CSはこの谷一番の難所（❼）

延々と続く美しいゴルジュ（❸の手前）

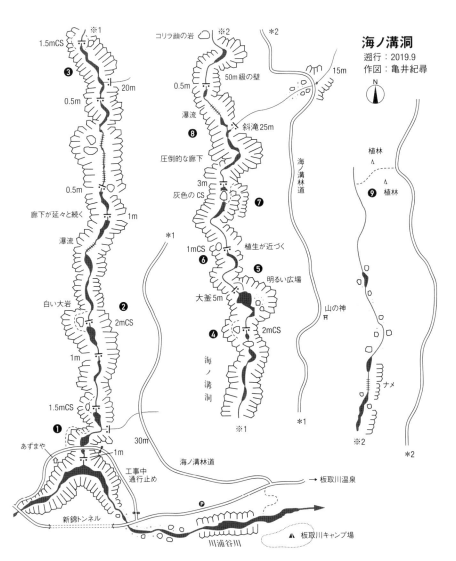

海ノ溝洞
遡行：2019.9
作図：亀井紀尋

※1
1.5mCS
❸
20m
0.5m

0.5m

廊下が延々と続く
1m
瀑流

白い大岩
❷
2mCS

1m

1.5mCS

❶
あずまや
1m
工事中
通行止め
海ノ溝林道
新錦トンネル
川浦谷川
▲ 板取川キャンプ場
Ⓟ

コリラ顔の岩
※2
50m級の壁
0.5m
瀑流
❽
斜滝25m
圧倒的な廊下
3m
灰色の CS
❼
1mCS
❻
植生が近づく
❺
明るい広場
大釜5m
❹
2mCS
海ノ溝洞
※1

*2
15m

海ノ溝林道

*1

30m

→ 板取川温泉

植林
❾
植林
山の神

ナメ
※2

*2

❶ 遊歩道は東側の入口が通行止め（2019年現在）。西側からの遊歩道を進み、出合に架かる橋の右岸から懸垂下降で谷床に立つ。目の前にはいきなりのゴルジュと1.5m滝。通常は右岸を泳いでCSを乗り越えるが、水量が多いと非常にやっかいだ。

❷ 白い大岩の2m滝は大岩の裏側を抜ければ簡単。激流に逆らって左岸側を泳ぎ抜けた記録もある。

❸ 左岸から20m滝が細流となって注ぐ。このあたりはいくぶん穏やか。余裕があるなら現実離れした絶景を楽しみたい。

❹ CS2mは流れが渦巻いているので注意が必要。右岸壁とCSの隙間をボルダームーブで越える。ショルダーも有効。

❺ 明るく開けた空間に美しい大釜の5m滝が勢いよく落ちる。左岸からの攻略はホールド豊富だが傾斜が強くて腕力の要るところ。水量が多いと頭への一歩が非常に厳しい。

❻ 落差1mほどの落ち込みだが水勢が強くて泳力が試される。左岸は植生が近くエスケープに利用できそうだ。

❼ 極度に立ったゴルジュの中に異形の灰色CSが挟まるこの谷一番の難関。CSと左岸壁の隙間をはい登るが、非常に厳しい場面だ。無理そうなら少し戻った左岸からブッシュ帯に逃げを打って、懸垂下降でバンドに復帰する策もある。

❽ 左岸から25mの斜瀑が滑り込んで神秘的な空間をつくる。青い水と赤い岩肌のコントラストがひときわ映える場所だ。極度に立ったゴルジュは泳ぎで抜けていくほかない。

❾ すっかり穏やかになった谷を進み、左岸に植林を見るあたりで遡行を打ち切って林道へとつめ上がる。

揖斐川水系
粕川

西谷右俣・中俣
（竹屋谷）　（北谷）
にしたに

初級	1級上／II
適期	5月上旬～11月上旬
日程	1日（遡下行6時間）

すばらしい植生の中にナメ滝が連なる癒やしの谷

　ブンゲン（射能山）は地形図に山名がな
い山で、滋賀県側からは、姉川の矢谷や大
長谷を遡行するか、奥伊吹スキー場の最高
点から開かれている登山道がある。岐阜県
側からは、粕川西谷の源流部から登頂が可
能だ。花崗岩の明るい沢でトチの大木など
の自然林に囲まれ、長いナメ滝から始まり
登れる滝が次々に登場したあとは、癒やし
の森からつめ上がったブンゲンからの展望
もすばらしい。遡行距離も標高差も長くは
ないが、2つの谷をセットにすれば、ほど
よい時間で遡下降を楽しめる秀渓である。

アプローチ

　駐車場から林道を少し戻り、最初のガー
ドレールの橋のある谷が竹屋谷入渓点だ。

下降ルート

　山頂北側鞍部からササヤブを20mほど
かき分け中俣（北谷）を下降する。参考タ
イムおよび遡行ガイドを参照。

アクセス　行き・帰り：揖斐駅（タクシー
約40分、約21km）竹屋谷出合
マイカー情報　名神高速関ヶ原ICを降りて
国道365号・21号を進み、関ヶ原バイパス
から県道53号へ入り、下八幡で左折して
国道417号を北上。下岡島で左折して県道
32号（春日揖斐川線）を西進する。春日
美束の交差点で又大平林道を進み太平八
滝駐車場へ。大阪から約3時間。
参考タイム　遡行：竹屋谷出合（1時間）
二俣860m・左俣へ（45分）トイ状斜滝50m（1
時間）多段10m（45分）登山道（5分）ブ
ンゲン　下降：ブンゲン（5分）中俣下降
開始（1時間）二俣1095m（25分）両門ノ
滝（30分）遊歩道（10分）林道駐車地
標高差　遡行555m（水平距離3.0km）
　　　　　下降510m（水平距離2.6km）
装備　基本装備
地図　美束、横山
温泉　かすがモリモリ村リフレッシュ館（水
曜休）☎0585-58-0001

右／トイ状斜滝L50mは両足を突っ張って登る
左／右俣下流部に懸かる多段ナメL50m

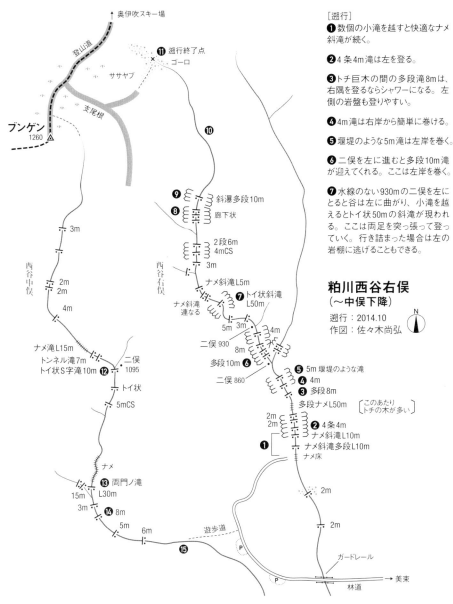

[遡行]
❶ 数個の小滝を越すと快適なナメ斜滝が続く。

❷ 4条4m滝は左を登る。

❸ トチ巨木の間の多段滝8mは、右隅を登るならシャワーになる。左側の岩盤も登りやすい。

❹ 4m滝は右岸から簡単に巻ける。

❺ 堰堤のような5m滝は左岸を巻く。

❻ 二俣を左に進むと多段10m滝が迎えてくれる。ここは左岸を巻く。

❼ 水線のない930mの二俣を左にとると谷は左に曲がり、小滝を越えるとトイ状50mの斜滝が現われる。ここは両足を突っ張って登っていく。行き詰まった場合は左の岩棚に逃げることもできる。

粕川西谷右俣
(〜中俣下降)

遡行：2014.10
作図：佐々木尚弘

N

❽ 廊下状の中に小滝が出てくるが、いずれも問題なく越えていける。

❾ 多段斜瀑10mは階段状になっているので直登できる。

❿ ❾の滝を最後に渓相は一転して、穏やかな平流とすばらしい癒やしの森が広がる。落差のない流れが蛇行しながら続いたあとは伏流となる。

⓫ 最後は苔むした巨岩のゴーロ帯となるので遡行を打ち切り、右岸の支尾根に取り付く。少しのヤブこぎで登山道に出ると5分ほどでブンゲンの山頂に着く。

[下降]
下降は、クライムダウンできない滝があっても最後までロープを使用せず右に左に巻き下ることができたが、必要に応じてロープを出すこと。

⓬ トイ状S字滝10mは左岸から巻き下る。

⓭ 両門ノ滝は左岸を巻き下る。

⓮ 8m滝は左岸を巻いてザレ場に下りる。

⓯ 左岸から遊歩道に上がり、林道に出て駐車地へ。

鈴鹿の谷

鈴鹿山脈は標高1000m前後の峰を連ねて三重県と滋賀県の県境を南北に走っている。北端を霊仙山、南端を鈴鹿峠とする約50kmを鈴鹿と呼ぶのが一般的になっている。地形的に見ると、山脈の東面、三重県側は稜線から伊勢の平野へと急崖を一気に落とす地形となっているが、一方の西面の滋賀県側は芹川、犬上川、愛知川、日野川、野洲川などの源流が深く複雑に入り込み、懐を広げている。なかでも愛知川は水量も豊富で、深く静かで緑濃い渓谷美は、登山者に人気があり、鈴鹿では唯一の本流遡行を満喫できる谷である。

[野洲川水系] 鎌ヶ岳の南、水沢岳（宮越山）に源を発する元越谷に人気があり、穏やかな流れの中にナメと釜が連続する美しい景観が見られる。

[愛知川水系] 愛知川水系には神崎川本流をはじめとして、魅力ある谷がいくつか見られる。日本コバから流れ下る藤川谷は、10m前後の滝が多く懸かり、やさしく遡っていけるので初心者におあつらえ向きの谷だ。神崎川支流の赤坂谷も水量豊富でおもしろい。

[員弁川水系] 宇賀川流域では、遡行価値の高い谷は竜ヶ岳から流下する蛇谷、ホタガ谷のみだが、宇賀川本流も水量多く沢登りの対象になっている。

青川流域では、静ヶ岳と銚子岳との間から流れ下る銚子谷が、地形図からは想像できないゴルジュを発達させ、厳しい内容の谷である。

[朝明川水系] 朝明渓谷の流レ谷は数多くの小滝がひしめきあい、けっこう楽しませてくれる谷である。

[三滝川水系] 御在所岳周辺へと突き上げる三滝川の源流には、東多古知谷や一ノ谷が短い流程ながら終始連瀑に次ぐ連瀑で、楽しい沢登りが期待できる。

[犬上川水系] 鈴ヶ岳西方のミノガ峠に源を発する滝洞谷は、この山域随一の険谷で、名のごとく洞窟のような谷間に滝を連ねる。むしろケービングの世界で人気がある。

[その他の流域] 東面では宮妻峡のカズラ谷と中ノ谷、御幣川の池ノ谷、矢原川本谷と中俣、石谷川などが登られている。西面では田村川の割谷と井戸谷が、短いながらも滝が詰まっていてけっこう楽しめ、初級者向きだ。

元越谷、ナメと小滝の美しい流れ

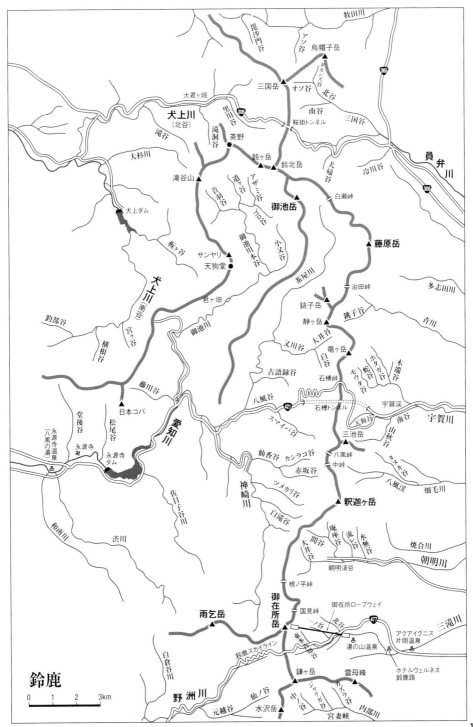

牧田川

昆沙門谷

アソ谷

烏帽子岳

タカンス谷

365

大君ヶ畑

犬上川
（北谷）

滝谷

黒川谷

306

三国岳

オソ谷

北谷

南谷

鞍掛トンネル

三国谷

員弁川

大杉川

滝洞谷

茶野

鈴ヶ岳

鈴北岳

犬挟谷

冷川谷

306

滝谷山

サンヤリ

天狗堂

ヒロ谷

茶屋川

銚子岳

静ヶ岳

竜ヶ岳

木端谷

蛇谷

モロズ谷

多志田川

青川

石榑峠

大井谷

白谷

ホタガ谷

又川谷

石榑トンネル

宇賀渓

天狗谷

南谷

山女原谷

宇賀川

君ヶ畑

道ヶ谷

アザミ谷

御池川本谷

小又谷

御池岳

白瀬峠

藤原岳

治田峠

銚子谷

竜ヶ岳

宮ヶ谷

横根谷

釣部谷

犬上川
（南谷）

板ヶ谷

犬上ダム

藤川谷

御池川

八風谷

421

三池岳

八風峠

中峠

八風渓

八風谷

畑毛川

サヤサヤ谷

古語録谷

スマイノ谷

仙香谷

カシラコ谷

赤坂谷

ツメカリ谷

白滝谷

釈迦ヶ岳

焼合川

朝明川

堂後谷

松尾谷

日本コバ

永源寺

卍

永源寺ダム

永源寺温泉
（八風の湯）

永源寺温泉
ホテル

愛知川

佐目子川

渋川

神崎川

庵座谷

流レ谷

水無谷

大井谷

間谷

朝明渓谷

根ノ平峠

和南川

国見峠

御在所岳

御在所ロープウェイ

477

三滝川

アクアイグニス
片岡温泉

雨乞岳

鈴鹿スカイライン

一ノ谷

北谷

湯の山温泉

ホテルウェルネス
鈴鹿路

白倉谷川

元越谷

鎌ヶ岳

雲母峰

カズラ谷

内部川

野洲川

仙ヶ谷

水沢岳

中ノ谷

ジャリガ谷

宮妻峡

鈴鹿

0　1　2　3km

185

野州川水系　元越谷（もとこし）

美しいナメと釜の共演、小規模ながら出色の美渓

初級　1級上／III
適期　4月中旬〜11月中旬
日程　1日（遡行2.5〜3.5時間）

元越谷は、鎌ヶ岳の南、水沢岳（宮越山）周辺の水を集め西に流れ、猪足谷（やす）と合流して野洲川に入り込む。穏やかな流れの中に、美しいナメとそれを受けるエメラルドグリーンの釜が連続して現われ、遡る者を酔いしれさせる。規模は小さいが出色の谷で、つめ上がった稜線からは水沢岳と雲母峰（きらら）がどんと構え、はるかに伊勢湾から名古屋方面も見渡せる。また、陽春のころならば、新緑の中にシロヤシオやヤマツツジの花が彩りを添えてくれる。

········· アプローチ ·········

林道を歩いて右に猪足谷橋の分岐を過ぎ、右岸から入る枝谷を見送った先の2つ目の堰堤の上から谷に下り遡行開始。林道ゲートから約15分。

········· 下降ルート ·········

北に20分ほど下ったところが水沢峠。

アクセス　行き・帰り：湯の山温泉駅（タクシー約35分、約16km）大河原橋
マイカー情報　新名神高速甲賀土山ICで降りて、国道1号〜県道9号〜青土ダムを経て国道477号へ入る。野洲川ダム、深山橋を過ぎた先で、右から元越谷に沿う林道と大河原橋が合流する。右折して大河原橋を渡った先の車止めゲート付近か、100mほど手前の広場に駐車。
参考タイム　入渓点（35分）15mの滝（35分）仙ノ谷出合（45分）仏谷出合（50分）稜線
標高差　390m（水平距離3.0km）
装備　基本装備
地図　伊船
温泉　かもしか荘（無休）☎0748-69-0344

滋賀県側へテープに導かれて下り、かなり下ったところで右上の林道へと登り返す。あとは林道を歩いて駐車地点のゲートに戻る。水沢峠から約1時間20分。

右／多段5mの滝は水際を容易に越えていける
左／広い岩壁に美しく懸かる15m滝

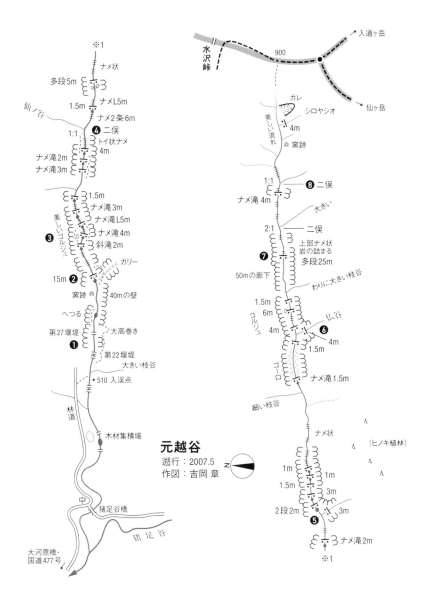

水沢峠

入道ヶ岳

900

仙ヶ岳

※1

ナメ状

多段5m

ナメL5m

1.5m

ナメ2条6m

仙ノ谷

❹ 二俣

1:1

トイ状ナメ
4m

ナメ滝2m

ナメ滝3m

1.5m

ナメ滝3m

ナメ滝L5m

美しいゴルジュ

❸

ナメ滝4m

斜滝2m

ガリー

15m ❷

窯跡 ⓐ

40mの壁

へつる

第27堰堤

大高巻き

❶

第22堰堤

大きい枝谷

510 入渓点

林道

木材集積場

元越谷

遡行：2007.5
作図：吉岡 章

N

猪足谷橋

大河原橋・
国道477号

猪足谷

ガレ

シロヤシオ

4m

美しい流れ

ⓐ 窯跡

1:1

❽ 二俣

ナメ滝4m

大きい

2:1

二俣

上部ナメ状
岩の詰まる
多段25m

❼

50mの廊下

わりに大きい枝谷

1.5m
6m

仏谷

4m

❻

4m

1.5m

ゴルジュ

ゴーロ

ナメ滝1.5m

細い枝谷

ナメ状

(ヒノキ植林)

1m

1m

1.5m

3m

2段2m

❺

3m

ナメ滝2m

※1

❶ 第22堰堤は左岸を巻き、第27堰堤も左岸を大きく巻く。

❷ 15m滝は広い岩壁に懸かる立派な滝でなかなか壮観。滝の前の壁のバンドを伝い、滝身の右側を登るが、トラロープもあってやさしい。

❸ 滝の上はナメと淵が続いて、この谷のクライマックスとなる。小滝ばかりだが淵はエメラルドグリーンで、楽しく通過していける。

❹ 二俣で左に仙ノ谷を分ける。水量比は1対1。右の本谷をとる。

❺ 3m滝を懸けた枝谷との出合から再び連瀑帯に入り、小滝を次々に越していく。

❻ 右の仏谷に4m滝が懸かり、左に折れた本谷にも4mの滝がありシャワークライム。ナメの次の6m滝は水際を登る。

❼ 多段25mの滝は右側が快適に登れる。

❽ 最後の二俣は左の谷をとり、穏やかな流れを歩いてツメに入ると、入道ヶ岳への分岐よりも北の稜線の鞍部に出る。

神崎川本流

愛知川水系

かんざき

中級 2級／Ⅲ

適期	5月中旬〜10月上旬
日程	1日（遡行3.5〜4.5時間）

白い淵に浸かり瀞を泳ぐ遡行者の歓声を瀑音が包み込む

御在所岳、雨乞岳に源を発し、北流する神崎川は、通称「愛知川渓谷」の名で親しまれている。白い花崗岩の明るい谷は水量豊かで、ときには美しいせせらぎ、瀞、あるいは瀑流となって変化のある景観を見せてくれる。ここでは日帰り行程でヒロ沢出合まで遡行するガイドとしたが、日程が許せばさらに本谷をつめ上がり、雨乞岳や御在所岳まで足を延ばせば、より充実した沢歩きが堪能できる。また、盛夏であれば思いきり水と戯れるウォータークライミングがおもしろい。シーズンには天狗滝周辺はハイカーでにぎわう。

················· **アプローチ** ·················

杠葉尾バス停から神崎橋までは徒歩約10分。橋のたもとで右折して、神崎川沿いの林道を50分ほど歩き、取水口手前の小道をたどって愛知川渓谷に下る。堰堤を右岸に渡って遡行を開始する。

ゆずりお

················· **下降ルート** ·················

ヒロ沢出合で遡行を打ち切り、下山は右岸に続く登山道を出発点へと引き返す。約2時間30分。

アクセス　行き・帰り：八日市駅（東近江市ちょこっとバス1時間17分）杠葉尾、または八日市駅（タクシー約30分、約24km）神崎橋

マイカー情報　名神高速八日市ICから国道421号を東進。永源寺を過ぎて杠葉尾の神崎橋のたもと、または国道を200mほど進んだ先の広場に駐車する。なお、神崎川沿いの林道入口にゲートが設置され一般車は通行不可となった。

参考タイム　堰堤上の河原（25分）カラト谷出合（1時間10分）ツメカリ谷出合（20分）白滝谷出合（50分）天狗滝（45分）ヒロ沢出合

標高差　140m（水平距離3.6km）

装備　基本装備＋ライフジャケット

地図　御在所山

温泉　八風の湯（無休）☎0748-27-1126

大岩を従えた瀑流を流れに逆らって突破する

長淵L40m。ロープを使用して泳ぎ渡る

大峰

台高

南紀

奥高野

奥美濃

鈴鹿

比良

中国

四国

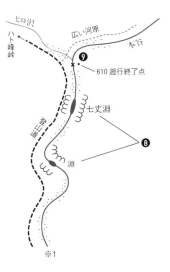

神崎川本流（愛知川渓谷）

遡行：2007.8
作図：吉岡 章

❶ 白い岩とのコントラストが美しい瀞に続き、3m滝が懸かる。釜を泳いで左岸へと転じ、岩棚を伝って通過する。

❷ S字に屈折した小滝に阻まれる。泳ぎと腰までの徒渉で突破するが、巻き道もある。

❸ 大岩のある瀑流を右岸から巻いて越えると深い廊下が横たわる。通常は左岸を巻くが、泳いで突破を試みるのもおもしろい。

❹ 長淵。通常は右岸を巻く。

❺ ツメカリ谷が左から出合う。白滝谷出合まではのんびりした河原歩きが続く。

❻ 40mの長瀞は本流の核心部で、泳ぎ渡るにはロープが必要。右岸に巻き道もある。

❼ 天狗滝は白くたぎって深淵に堂々と落下し迫力がある。天狗滝手前の廊下を2度渡り返し、右岸の岩棚に上がると巻き道と合流。ロープの張られた巻き道を登って、沢伝いの登山道と合流し、ルンゼから滝の上流へ出る。

❽ 2つの淵が間隔をおいて横たわる。通常は巻くが、積極的に水に入り泳いで突破するほうがおもしろい。

❾ ヒロ沢出合。ヒロ沢は道も安定しており、エスケープルートとして使える。日帰りの場合はこのあたりまでとなる。

愛知川水系 神崎川 赤坂谷（あかさか）

初級 2級下／II＋
適期 4月中旬～11月上旬
日程 1日（遡行4～5時間）

白い花崗岩の川床と長いナメ滝との共演に酔う

赤坂谷は鈴鹿山脈の釈迦ヶ岳から中峠にかけての稜線の水を集め、西流して神崎川本流に流入するもので、釈迦ヶ岳を取り巻く渓谷では最も穏やかな渓相をしている。しかし、上流域がゆるやかな様相なのに対して、中流から下流域にかけては、本流を思わせる大きな渓谷の中に、滝と淵が次々と現われ、その対応にいとまがないぐらいに変化し、訪れる人を魅了してやまない。後半は一変してゆるやかな流れになって釈迦ヶ岳に消えてしまうので、難と易をこれほどはっきりと際立たせる谷も珍しい。釈迦ヶ岳からの下降時間が長いので、前日に麓まで入り、翌早朝出発を心がけたい。また、初夏～初秋にはヒル対策も必要。

アプローチ

杠葉尾バス停から神崎橋までは徒歩約10分。神崎川沿いの林道を50分ほど歩き、赤倉橋手前で左側の踏み跡を下って、赤坂谷出合の50mほど下流側に入渓する。

アクセス　行き・帰り： 八日市駅（東近江市ちょこっとバス1時間17分）杠葉尾、または八日市駅（タクシー約30分、約24km）神崎橋

マイカー情報　名神高速八日市ICから国道421号を東進。永源寺を過ぎて杠葉尾の神埼橋のたもと、または国道を200mほど進んだ先の広場に駐車する。

参考タイム　赤坂谷出合（1時間40分）仙香谷出合（30分）5mのCS滝（30分）二俣（1時間35分）釈迦ヶ岳

標高差　647m（水平距離5.0km）

装備　基本装備　**地図**　御在所山

温泉　八風の湯（無休）☎0748-27-1126

下降ルート

釈迦ヶ岳から北へ中峠まで縦走し、峠で左折して西へ山道を下るが、荒れていて不明瞭な箇所もある。仙香谷出合あたりからは赤坂谷右岸の登山道に出て、それを下っていくと神崎川本流に出る。神崎川を渡り林道に上がる。釈迦ヶ岳から約3時間。

右／斜滝5mは水流の中を直登 左／ゴルジュ内にある10m滝は左側の岩溝が登れる

❹ ナメ1.8mを越えていくと、第2の見せ場である長いナメ滝が現われる。広い岩盤の上を駆け下るナメは水量もあり圧巻。どこからでも登れて問題はない。次も20mのナメ滝で難なく通過できる。3つ目は40mのナメ滝ですばらしい。

❺ CS滝5mは左側が容易に登れる。

❻ 右から1mの小滝を懸けて大きい枝谷が入り、本谷には2m滝を懸ける。ここから山頂までほとんど変化のないゆるやかな流れが続く。

釈迦ヶ岳
中峠 ←
1092
→ 御在所岳

※1
ガリー
❺ 5mCS
斜滝5m
ナメ滝2条6m
10m
ナメ滝2段15m
❹ ナメ滝L40m
ナメ滝L20m
ナメ多条L20m
ナメL8m
3条5m
ナメ滝5m
岩間3m
インゼル
・617
ガリー
ナメ滝4×9m

2段4m
わりに大きい
ゆるやかな流れ
2段3m
大きい
インゼル
4m
ナメ滝3段5m
2m
大きい
3:1
大きい
3:1
大きい
2m 1m
わりに大きい
二俣 ❻

ナメ滝4×9m
ゴルジュ ❸
10m
トイ状斜滝8m
岩間2m 釜大きい
3m
斜滝5m
❷ 8m釜深い
4m
ゴルジュ
❶ 岩間4m
岩間2条3m
岩間3m
岩間3条2m
岩間2m
445入渓点
神崎川本流
踏み跡 赤倉橋
杠葉尾

赤坂谷
遡行：2006.7
作図：吉岡 章
N

わりに大きい 水なし
2条2m
※1

❶ 入口はゴーロで、まもなく岩間に小滝が懸かる。岩間4m滝は釜を腰まで浸かって徒渉し滝身の左側を直上する。

❷ 8m直瀑は左岸の岩溝の中を直上して滝の頭に出る。続く斜滝5mはシャワーを浴びて直登する。

❸ 両岸の立ったゴルジュ。トイ状斜滝8mは釜を泳ぎ、滝身に両脚を突っ張って直登。次の10m滝は岩棚をへつり、滝身の左側をシャワークライムで抜ける。その上のナメ滝は滝身を簡単に登れる。

員弁川水系
宇賀川 **蛇谷**（へび）

初級　2級上／II＋
適期　4月中旬～11月中旬
日程　1日（遡行3.5～4.5時間）

息つく間もない滝場の応接に感心させられる名渓

　竜ヶ岳の東南面、宇賀川（宇賀渓）の流域には、いくつかの枝谷が見られるが、沢登りに適した沢というと、この蛇谷とホタガ谷の2つが挙げられる。そのうちホタガ谷は入口からのゴルジュがおもしろいが、それが終わると平凡化するのが残念である。それに比べ蛇谷は、流域のかなりの部分にわたって滝あり、廊下ありで、息つく間もないほどの応接ぶりには、感心させられるばかりである。そして源頭には堂々たる風格の竜ヶ岳があり、360度遮るもののない大展望が待っている。

・・・・・・・・・・・・・・ アプローチ ・・・・・・・・・・・・・・

　林道を奥へ進み、林道終点から長尾滝道を歩いて吊橋を2つ渡る。魚止滝の上から川沿いの道に下り、しばらく本流を遡ると、谷は左に屈曲して燕滝を懸ける。その右手対岸に深く切れ込んだ谷が蛇谷である。キャンプ場から約45分。

アクセス　行き・帰り：三里駅（タクシー約15分、約6.8km）宇賀渓キャンプ場
マイカー情報　西名阪から東名阪とつなぎ、四日市ICから国道477号に入って菰野（こもの）で右折。国道306号を進み、石榑南（いしぐれみなみ）で左折して宇賀渓に向けて西走し、宇賀渓入口の駐車場に駐車する。
参考タイム　蛇谷出合（1時間）四連ノ滝（30分）5mCS滝（1時間15分）二俣（1時間）竜ヶ岳山頂
標高差　710m（水平距離3.1km）
装備　基本装備
地図　竜ヶ岳
温泉　①アクアイグニス片岡温泉（無休）
☎059-394-7733　②ホテルウェルネス鈴鹿
路☎059-392-2233　※休館中

・・・・・・・・・・・・・・ 下降ルート ・・・・・・・・・・・・・・

　竜ヶ岳からの下山は、裏登山道か中道登山道のいずれかだが、時間的にほとんど差はない。宇賀渓キャンプ場まで約2時間。

右／廊下帯の先に出てくる2条5mCS滝
左／宇賀川本流に懸かる燕滝8m

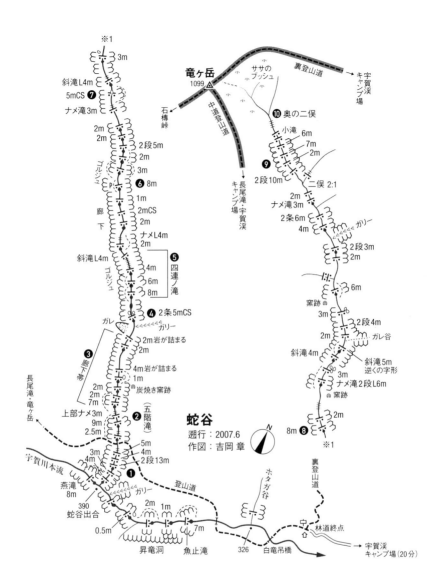

蛇谷

遡行：2007.6
作図：吉岡 章

❶ 出合の4m滝は右側を巻き、続く2段13m滝は左側を巻き上がる。4mと5mの滝を越すと長尾滝道が谷を横切っている。

❷ 2.5m、9m、3m、7mと息つく間もなく滝が続く。このあたりが五階滝と呼ばれる。

❸ 連瀑が終わると長さ100mの廊下が横たわる。中ほどにある大岩をショルダーで乗り越し、出口の2m滝を越える。

❹ 2条5mCS滝は右から取り付いて登る。

❺ 最も直登のしがいがある四連ノ滝を迎える。左側から取り付き、まず8mの滝を越える。ホールドは充分あるが、高度感が出て少々緊張させられる。次の6m滝も同じ。続く4m滝2つはシャワーを浴びて直登できる。初心者にはロープを出して安全を期したい。

❻ ゴルジュ状8m滝は左を直登できるが、足場が悪いので、無理をせず右岸を巻

いたほうがよい。次の3m滝は直登できず巻き登る。

❼ CS滝5mは直登できず右から巻く。

❽ 8m滝は滝身を容易に登れる。

❾ 2段10mに始まる4連瀑はいずれも容易に越えていける。

❿ 奥の二俣は左にとり、ササヤブをこいで竜ヶ岳の山頂近くに飛び出す。

193

犬上川水系 滝洞谷（たきぼら）

上級 3級／IV＋
適期 4月上旬〜11月中旬
日程 1日(遡行4.5〜5.5時間)

不気味な雰囲気を漂わせるケービングの世界へ

鈴鹿山脈の北部、鈴ヶ岳の西方ミノガ峠に源を発して、大君ヶ畑（おじはた）で犬上川に合流する滝洞谷は、その名のごとく洞窟のような谷間にいくつもの滝を連ね、この山域随一の険谷である。石灰岩の白い岩肌が幅数メートルに押し迫る水流のない谷底は不気味な雰囲気を漂わせている。沢登りというよりも、むしろケービングの世界である。

沢のHPにもよく記録が紹介されており、ある報告には「宝石箱みたいな谷……どこもかしこもおもしろい」とあり、岩登り好きなら一度は挑戦してみたい谷である。入渓にあたっては、ピトンが抜けての墜落事故も起きているので、残置ピトンは必ず確認してから利用すること。また、新しい落石痕もあるので頭上に注意しよう。装備としてカム、ナッツ、アブミが必要。

……………… アプローチ ………………

林道終点から山道に入って橋を渡り、すぐ入渓する。大君ヶ畑から入渓地点までは徒歩約10分。

……………… 下降ルート ………………

北に向かって地図の破線路を下るが、すでに廃道となっている。P729まで下り、送電線を頭上にするあたりから雑木のブッシュが行く手を阻むが、北西にルートをとって慎重に下っていくと、大堰堤のある林道終点に飛び出す。独標938mから約1時間。

アクセス　行き・帰り：南彦根駅（彦根市愛のりタクシー41分）大君ヶ畑、または南彦根駅（タクシー約20分、約15.5km）大君ヶ畑　※彦根市愛のりタクシーは乗車1時間前に要予約

マイカー情報　名神高速彦根ICから国道306号を南にとり、多賀で左折して藤原町方面へと向かう。佐目トンネルを抜け、大君ヶ畑を過ぎ、犬上川に架かる参宮橋で右折して、滝洞谷沿いの林道に入る。林道終点付近に駐車スペースがある。

参考タイム　滝洞谷林道終点（50分）涸れ滝5m上（2時間）3段25m滝上（45分）二俣（1時間）独標938m

標高差　618m（水平距離2.9km）
装備　基本装備＋登攀具
地図　篠立
温泉　かんぽの宿彦根（無休）☎0749-22-8090

左／3段25m涸れ滝の上段はステミングで登るが緊張させられる
右／井戸底ゴルジュに懸かる8mの涸れ滝を見上げる

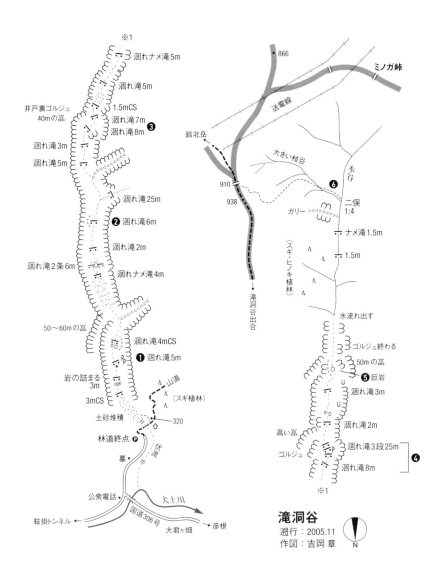

※1

涸れナメ滝5m

涸れ滝5m

井戸裏ゴルジュ
40mの嵓

1.5mCS
涸れ滝7m ❸
涸れ滝8m

涸れ滝3m

涸れ滝5m

涸れ滝25m

❷ 涸れ滝6m

涸れ滝2m

涸れ滝2条6m

涸れナメ滝4m

50～60mの嵓

涸れ滝4mCS
❶ 涸れ滝5m

岩の詰まる
3m

3mCS

土砂堆積

山道
（スギ植林）

320

林道終点 🅿

墓

公衆電話

国道306号

鞍掛トンネル ←

大君ヶ畑

犬上川

→ 彦根

・866

送電線

ミノガ峠

鈴北岳

大きい枝谷

❻

本谷

910
938

ガリー

二俣
1:4

ナメ滝1.5m

1.5m

（スギ・ヒノキ植林）

滝洞谷出合

水流れ出す

ゴルジュ終わる

50mの嵓

❺ 巨岩

涸れ滝3m

涸れ滝2m

高い嵓

涸れ滝3段25m

ゴルジュ

涸れ滝8m

❹

※1

滝洞谷

遡行：2005.11
作図：吉岡 章

N

❶5m涸れ滝で行き詰まる。つるつる
の岩肌は高巻くこともできず、真正面か
らピトン2枚にアブミをかけて越える。

❷ゴーロ帯を過ぎると左の側壁が戸を
開くように広がり、6m涸れ滝を迎えるが、
右岸の岩棚から登っていける。

❸5m涸れ滝を越えると周囲の岩壁が
頭上高く覆いかぶさって、その裏側が

筒状の空間となり8m涸れ滝を懸ける。
滝の懸かる洞窟そのものでケービング
の世界だ。井戸の底から攀じ登る。上
は台地となるが今度は左岸がハングし
て7mスラブ滝を懸ける。ピトンを打ち、
左のカンテ状を回り込んで滝上へ抜け
るが、難しいので慎重を期したい。

❹またも高い嵓がそばだち、深く浸食
された岩盤に8m涸れ滝と上方に3段

25m涸れ滝が立ちはだかる。ピトンを打
ち足しゴルジュを突破する。カム、ナッ
ツが有効だ。

❺巨岩を左から越えるとゴルジュも終わ
り、上流は変成岩に変わり水が流れ出
す。

❻下山に近い左の谷をとって稜線に出
る。

比良の谷

　琵琶湖の北西に位置する比良山地は、四季を通じて多くの登山者を迎えている。ハイキング、登山、岩登り、沢登り、雪山、それにスキーと、あらゆるジャンルの登山が手軽に楽しめ、京阪神の登山のメッカである。交通の便がよいので日帰りコースがいくつもあり、ゲレンデにはうってつけの場を提供してくれる。西の六甲山地に比べ、自然の状態もそれほど破壊されずに、ほどよく温存されていて、春から初夏にかけては花の類も多く見られる。

　水系は、琵琶湖に面した表比良と、安曇川に注ぐ裏比良に分かれ、谷の数も多く、それぞれ好みに合ったものを選ぶことができる。表比良の谷はどちらかというとやさしい沢登りができるが、裏比良は難しい谷や楽しい谷、それに美しい谷とめじろ押しにあり、谷の格からいっても後者のほうが勝っている。シーズンは、雪解け後の4月中旬ごろから11月下旬までが適期となる。

表比良

　岩質は花崗岩で明るいが、崩壊がひどくガレた谷が多い。比良随一の名瀑・楊梅ノ滝が懸かる滝川、ちょっとしたゴルジュの神爾谷、やさしい滝登りのできる大谷川中谷右俣、ロッククライミングを兼ねた谷登りができる中ノ滝アルファールンゼといったところが挙げられる。これらのほかに、鴨川水系の八池谷は比良有数の名渓として古くから親しまれ、8つの淵と釜、大小21の滝群を懸けて、シーズンには多くの入渓者を迎えている。

裏比良

　裏比良の谷は、京都から福井へ国道367号が通じる安曇川流域の右岸の谷に集約され、明王谷と横谷の大きな流れを分岐する。明王谷には口ノ深谷、奥ノ深谷、白滝谷など、釜や淵の連続した谷もあって、夏場は水に浸かっての水線遡行が楽しめ、初級から中級向き。

　ほかには小さいが急峻かつ険悪な谷で、猪谷、荒谷、八幡谷、貫井谷、三舞谷、ヘク谷などが遡行価値が高くよく登られていて、初級から中級者まで楽しめる。なかでも貫井谷と猪谷は険悪な箇所もあり、中級者にもおすすめの谷である。

遊歩道が通じる八池谷・貴船ノ滝下流

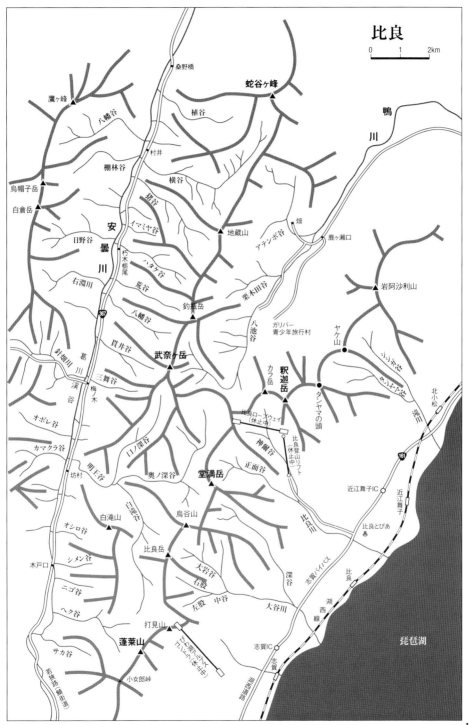

比良

0　1　2km

鷹ヶ峰
八幡谷
桑野橋
槇谷
蛇谷ヶ峰
鴨
川
村井
棚林谷
横谷
烏帽子岳
猪谷
白倉岳
安
曇
川
イマミヤ谷
日野谷
杓木栃尾
地蔵山
畑
アテンボ谷
鹿ヶ瀬口
石淵川
ハタケ谷
荒谷
栗木田谷
岩阿沙利山
八幡谷
釣瓶岳
ヤケ山
貫井谷
武奈ヶ岳
八池谷
ガリバー
青少年旅行村
釈迦岳
葛川
針神川
三舞谷
カラ岳
タンヤマの頭
北小松
深谷
梅木
オボレ谷
口ノ深谷
比良ロープウェイ
（休止中）
神爾谷
滝川
カマクラ谷
奥ノ深谷
堂満岳
正面谷
比良登山リフト
（休止中）
坊村
明王谷
161
白滝谷
鳥谷山
近江舞子IC
近江舞子
オシロ谷
白滝山
比良川
比良とぴあ
木戸口
シメン谷
比良岳
大岩谷
深谷
比良
ニゴ谷
右股
左股
中谷
大谷川
志賀バイパス
ヘク谷
打見山
湖西線
サカ谷
蓬莱山
びわ湖バレイ
ロープウェイ（休止中）
志賀IC
志賀
琵琶湖
小女郎峠
若狭路（鯖街道）
湖西道路

197

安曇川水系　猪谷（しし）

中級	2級上／Ⅲ
適期	4月下旬〜11月上旬
日程	1日(遡行3.5〜4.5時間)

出てくる滝のほとんどがシャワークライムで越えられる

　猪谷は地蔵山の西斜面に源を発し、途中で右俣であるヒジキ谷を合わせて安曇川に流入する。数ある裏比良の谷にあって、ゴルジュが発達していて、沢登りの醍醐味であるシャワークライムをたっぷりと味わえるのがこの猪谷で、貫井谷に次いで悪い谷の部類に入る。ここでは左の本谷をつめ上がり、地蔵山に抜けるルートを紹介するが、右俣のヒジキ谷もおもしろく、2段5mに始まるゴルジュや、4段15m滝、多段20m滝、2段20m滝などが現われ、緊張の解ける時がないほどだ。

……………… アプローチ ………………

　バス停から国道を南に歩き、横谷を過ぎて、次に入る谷が猪谷である。出合まで徒歩約10分。左に折れ猪谷林道を20分ほど歩き、3つ目の堰堤の上から入渓する。

……………… 下降ルート ………………

　地蔵峠から猪谷右岸尾根沿いの山道を下る。村井まで約1時間15分。交通機関利用の場合は北の地蔵峠から東に下り、畑バス停からJR湖西線近江高島駅に出る。畑バス停まで約1時間。

アクセス　行き：出町柳駅（京都バス1時間8分）村井　帰り：畑（高島市コミュニティバス22分）近江高島駅

マイカー情報　名神高速京都東ICから西大津バイパス、湖西道路を通り真野ICで降り、国道477号で途中へ出て、367号（鯖街道）を北上して猪谷出合へ。猪谷林道は荒れが進んでいるので、1本北側の横谷林道あたりが駐車しやすい。

参考タイム　入渓点（1時間30分）左岸からの枝谷出合（30分）ヒジキ谷出合（1時間40分）地蔵山

標高差　520m（水平距離2.4km）

装備　基本装備

地図　北小松

温泉　①くつき温泉てんくう（8・9月無休、ほか火曜休）☎0740-38-2770　②湯元ことぶき（不定休）☎0740-32-1293

2段6mの滝は流水の中を元気よく直上

スダレ状6m滝は流水を浴びて直登していく

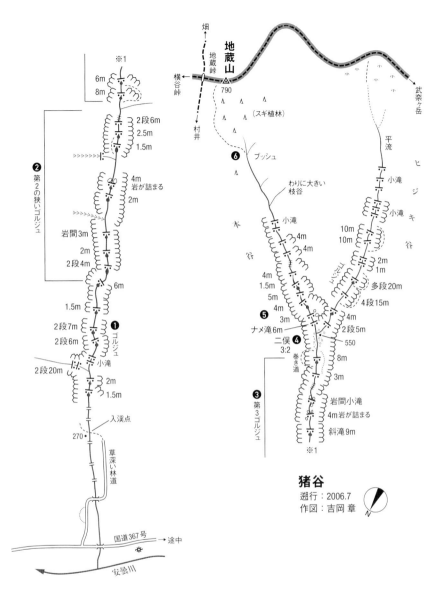

猪谷

遡行：2006.7
作図：吉岡 章

❶ 最初のゴルジュは、2段6m、2段7mといずれもシャワーを浴びて直登できる。巻き道は左岸につけられている。

❷ 第2ゴルジュ。6m滝はシャワー覚悟なら直登も可能。右側を巻いてもよい。2段4m滝を越え、2m滝は股下まで浸かってこなすと、谷幅が一段と狭まり、ほどよい小滝を連続させ楽しく越えていける。岩の詰まった2段6m滝を越えるとゴルジュが終わる。

❸ 第3ゴルジュ。入口の8m滝は直登できるが、緊張させられる。次に落ちる6mと斜滝9mは水際を直登。その先ゴーロに懸かる小滝を過ぎていくと8m滝が現われる。右から突破するが、きわどいバランスが要求される。巻き道は右岸にある。

❹ 二俣は右ヒジキ谷、左本谷と分かれる。今回は本谷へ入るが、ヒジキ谷もおもしろい。

❺ 本谷に入ると小滝を連ねるが、水に濡れるのを覚悟ならいずれも直登していける。

❻ 最後は左の斜面にルートをとり、ブッシュをこいで地蔵山の山頂に登り着く。

199

安曇川水系 貫井谷（ぬくい）

滝登攀のテクニックが試される中級向きのおもしろい沢

中級 2級上／IV
適期 4月上旬〜11月下旬
日程 1日（遡行4〜5時間）

　安曇川流域の左岸の谷は1000mを超える山々を源にもち、そのいずれもが滝を連ねていて人気がある。貫井谷もそのひとつで、最高峰の武奈ヶ岳に直接突き上げるから、なおのこと入渓者が絶えない。同時に滑落事故も多く、一時は入渓を禁止している時期があった。谷は急峻なうえに、滝が無数に連続し、岩溝の中は巻くこともできずシャワーを浴びて突破しなければならず、裏比良のなかでは一番の悪谷である。登攀技術やロープワークを再確認のうえ入渓したい。また、初心者がいる場合は、面倒でもロープで確保して安全を期すこと。

・・・・・・・・・・・ アプローチ ・・・・・・・・・・・

　バス停から南側に合流する谷が貫井谷で、左岸の小道をたどって二俣から入渓する。出合から二俣まで約50分。

・・・・・・・・・・・ 下降ルート ・・・・・・・・・・・

　細川尾根に続く急な小道を一気に下れば

> **アクセス　行き:**出町柳駅（京都バス1時間）上貫井　**帰り:**湖西線比良駅
> **マイカー情報**　名神高速京都東ICから西大津バイパス、湖西道路を通り真野ICで降り、国道477号で途中へ出て、367号（鯖街道）を北上して貫井谷出合へ。出合付近か、細川休憩所付近に駐車する。
> **参考タイム**　二俣（2時間30分）左岸からの枝谷出合900m（1時間45分）稜線h
> **標高差**　700m（水平距離1.3km）
> **装備**　基本装備
> **地図**　北小松、比良山
> **温泉**　①比良とぴあ（不定休）☎077-596-8388　②おごと温泉・湯元館（無休）☎077-579-1111

約1時間で細川町へと帰着することができる。交通機関利用の場合は八雲ヶ原へと向かい、北比良峠を経てイン谷口へと下山し、湖西線の比良駅まで歩く。武奈ヶ岳から約3時間30分。

右／ゴルジュの中に5m滝に続いて10m滝が懸かる
左／2つ目の7m滝はロープを出し確保をとって直登

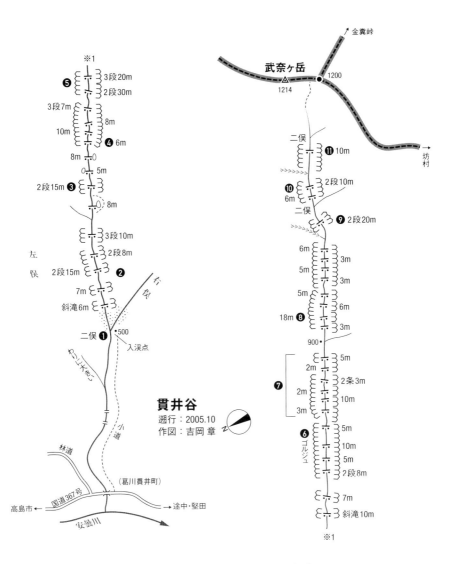

貫井谷

遡行：2005.10
作図：吉岡 章

❶ 左岸の小道を伝い二俣から入渓する。

❷ 連続する滝はシャワーを浴びて直登していく。

❸ 2段15mの滝は右のチムニーを登る。

❹ 6mの滝はシャワーを浴びて直登し、上の岩溝に懸かる滝群を快適に越えていく。

❺ 2段30mと3段20mの滝は快適に直登できる。

❻ ゴルジュの両壁は高く、右岸はハングし、数個の滝を懸ける。すべて直登するが、滑るので注意したい。

❼ 連瀑帯の両岸が立つが、傾斜は緩くなる。10m滝以外は簡単に登れる。

❽ 18m滝は左岸を直登するがバランスが必要。

❾ 谷は左に折れて狭くなり、2段20m滝を懸ける。滝身をシャワーを浴びて直登。

❿ 二俣を左にとり、出合の6m滝を登り、続く2段10m滝の左を直登する。やや手ごわいので、ロープを出して安全を期すこと。

⓫ シズク状10m滝は左を直登。この上の二俣を左にとり、流れが途絶えるとまもなく稜線に出る。

安曇川水系
明王谷

口ノ深谷
（くち ふか）

楽しい沢登りが満喫できる比良の代表的渓谷のひとつ

中級	2級／Ⅱ＋
適期	4月中旬〜11月上旬
日程	1日（遡行3.5〜4.5時間）

　比良山地の西の玄関口、坊村を起点とする明王谷の上流に3つの渓谷があり、口ノ深谷、奥ノ深谷、白滝谷と名づけられている。最初に北に分岐する口ノ深谷は、武奈ヶ岳から派生する西南稜と、コヤマノ岳からシャクシコバの頭に至る尾根の間から流れ下るもので、よく発達した側壁のもとに多くの滝場を形成し、比良山系の代表的な渓谷のひとつに挙げられる。悪場には巻き道もあって、初心者でもベテランの同行があれば、実に楽しい沢登りが期待できる。また、交通も比較的便利で、バス利用でも日帰りが可能だ。

・・・・・・・・・・・・ アプローチ ・・・・・・・・・・・・

　明王谷に沿った林道を上流に進み、伊藤新道出合を過ぎて、次に左から入る谷が口ノ深谷。坊村から徒歩約40分。

・・・・・・・・・・・・ 下降ルート ・・・・・・・・・・・・

　ワサビ峠から御殿山コースを下り坊村に

アクセス　行き：出町柳駅（京都バス56分）坊村、または堅田駅（タクシー約28分、約21km）坊村　**帰り：**湖西線比良駅
マイカー情報　名神高速京都東ICから西大津バイパス、湖西道路を通り真野ICで降り、国道477号で途中へ出て、367号（鯖街道）を北上して坊村へ。明王谷に少し入った車止めゲート手前の広場に駐車する。
参考タイム　口ノ深谷出合（55分）13mの滝（1時間30分）美しい10mの滝（45分）15mの滝（25分）登山道出合
標高差　525m（水平距離2.3km）
装備　基本装備
地図　比良山、北小松
温泉　①比良とぴあ（不定休）☎077-596-8388　②おごと温泉・湯元館（無休）☎077-579-1111

戻る。約1時間45分。交通機関利用の場合は、登山道出合から右をとって中峠に至り、金糞峠を経てイン谷口へ下りJR比良駅まで。約2時間20分。

右／前方に13mの滝が現われる
左／廊下のどんづまりに懸かる7mの直瀑

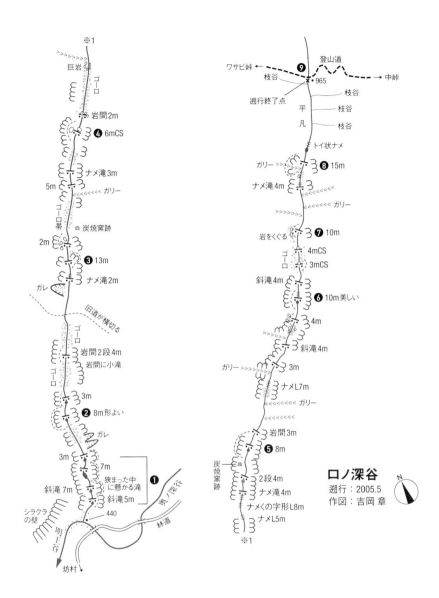

ロノ深谷

遡行：2005.5
作図：吉岡 章

❶ シラクラの壁を仰いで入渓。すぐに斜滝5mが現われる。水際をへつり、続く斜滝7mは右側を巻き気味に通過すると、廊下の奥まったところに7mの滝が飛沫を上げる。左岸のガリーを直上するが、ロープを出して安全を期したい。

❷ 形のよい8m直瀑は右岸の踏み跡から巻く。

❸ 13m滝は滝の下をくぐり左岸のガリーから巻き登る。

❹ CS滝6mは左側から直登できる。初心者がいる場合はお助けひもを出そう。

❺ 8m滝は右岸に踏み跡があり、たやすく通過できる。

❻ 上部がナメ状の10mの滝。滝身の左側から楽に越えられる。

❼ ゴーロの先に出てくる10m滝は、岩をくぐり越えていく。

❽ 15m滝はこの谷最大の滝で、右岸のガリーから取り付き、右上するバンドを登って滝頭に出る。出口は緊張させられる。ロープで確保して登ること。右岸を高巻いてもよい。

❾ 中峠からワサビ峠への登山道が横切るところで遡行を終える。

203

安曇川水系
明王谷　奥ノ深谷
<ruby>奥<rt>おく</rt></ruby><ruby>深<rt>ふか</rt></ruby>谷

中級	2級／Ⅱ＋
適期	4月中旬〜11月上旬
日程	1日（遡行2〜3時間）

「十九ノ滝」と呼ばれ美瀑と淵を連続させる名渓に満足

　坊村で安曇川へと注ぐ明王谷には口ノ深谷、奥ノ深谷、白滝谷といずれも比良では一級クラスの谷がそろっている。なかでも奥ノ深谷は、別名「十九ノ滝」と呼ばれる美瀑と淵を連続させ、その美しさは訪れる者を魅了する。裏比良特有の暗いイメージはなく、四季折々にその魅力を感じさせてくれるが、春の新緑と秋の紅葉シーズンは特におすすめ。谷沿いには巻き道もあるので、初心者でもベテランの同行があれば実に楽しい沢登りが期待できる。交通の便も比較的よく、バス利用でも日帰りが可能だ。

・・・・・・・・・・・・・ アプローチ ・・・・・・・・・・・・・

　明王谷沿いの林道を上流に進み、シラクラの壁が立つ口ノ深谷を見送ったあと、白滝谷に架かる橋から奥ノ深谷に入渓する。坊村から徒歩約1時間。

・・・・・・・・・・・・・ 下降ルート ・・・・・・・・・・・・・

　牛コバへの道を下って約40分で牛コバ

アクセス　行き：出町柳駅（京都バス56分）坊村、または堅田駅（タクシー約28分、約21km）坊村　帰り：湖西線比良駅
マイカー情報　名神高速京都東ICから西大津バイパス、湖西道路を通り真野ICで降り、国道477号で途中へ出て、367号（鯖街道）を北上して坊村へ。明王谷に少し入った車止めゲート手前の広場に駐車する。
参考タイム　奥ノ深谷出合（45分）4段40m滝直下（45分）2段12mの滝（40分）登山道が横切る
標高差　282m（水平距離1.5km）
装備　基本装備
地図　花背、比良山
温泉　①比良とぴあ（不定休）☎077-596-8388　②おごと温泉・湯元館（無休）☎077-579-1111

に出る。あとは林道を坊村まで約50分。交通機関利用の場合は、登山道に出たら左にとり、金糞峠を経てイン谷口へと下る。JR比良駅まで約3時間。

右／斜滝6mと、上方に9m滝が続いて懸かる
左／8m滝の中段に立つ。左岸を大きく巻いて通過

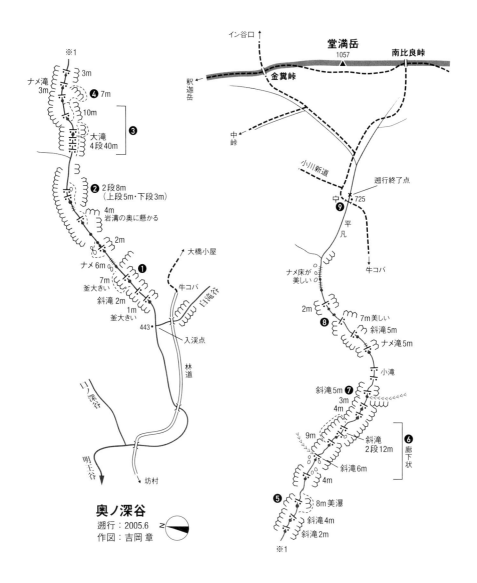

奥ノ深谷

溯行：2005.6
作図：吉岡 章

❶ 7m滝が大釜を従えて懸かる。左側を絡みながら進む。

❷ 2 段8m滝の上段は5mの直瀑で迫力がある。右側をへつり、大岩の右のガリーを登って滝頭に出る。

❸ 4 段40m大滝は、水量が少なければ右側を直登していける。3 段目からは右側に巻き道がある。続く10m滝は水際を直上するが慎重に。落ち口に残置

ピトンがある。ここはロープを出して登ること。

❹ 7m滝は左岸を巻く。

❺ 8mの美しい滝。直登は無理で、左岸を大きく巻き登る。

❻ 廊下状の中に斜滝6mに続いて9m滝が懸かる。ここは大きく右岸を巻き、上の斜滝2 段12mの頭に出る。

❼ 左岸からルンゼが入り、斜滝5mを直登すると核心部は終わる。

❽ 7m滝は左右どちらも水流沿いに登れる。

❾ 牛コバから来る登山道が谷を横切る。通常はここで溯行を終える。

安曇川水系 明王谷　白滝谷（白谷）

しらたき / しら

初級　1級／I+
適期　4月中旬〜11月中旬
日程　1日(遡行1.5〜2時間)

シーズンには多くの入渓者でにぎわう比良の入門コース

白滝谷は明王谷に注ぐ大きな支流のひとつで、白い花崗岩の岩肌を見せることから白谷とも呼ばれる。広く明るい渓相をもつこの谷は、緑の自然も多く残り、滔々と流れる渓谷の容姿は陶然とさせられる美しさがある。遡行価値のある部分は白石谷出合下流部から夫婦滝の間で、クルミ谷出合上流が核心部。難しい箇所もないので、比良の谷の入門コースとして、シーズンには多くの入渓者を迎えている。

············· アプローチ ·················

明王谷沿いの林道に入り、口ノ深谷出合から牛コバを経て白滝谷の林道終点に至る。白滝谷沿いの登山道をたどり、2つ目の木橋で道が右岸に渡るところから入渓する。坊村から入渓地点まで約1時間10分。

············· 下降ルート ·················

通常は、夫婦滝上の御堂で遡行を打ち切り、牛コバへ小道を下り、あとは林道を坊村へ引き返す。御堂から約1時間40分。交通機関利用の場合は木戸峠へ出て、一般登山道を湖西線の志賀駅へ下山するとよい。約3時間。

アクセス　行き：出町柳駅（京都バス56分）坊村、または堅田駅（タクシー約28分、約21km）坊村　帰り：湖西線志賀駅
マイカー情報　名神高速京都東ICから西大津バイパス、湖西道路を通り真野ICで降り、国道477号で途中へ出て、367号（鯖街道）を北上して坊村へ。明王谷に少し入った車止めゲート手前の広場に駐車する。
参考タイム　入渓点（40分）白石谷出合（30分）白滝8m（35分）夫婦滝
標高差　325m（水平距離1.5km）
装備　基本装備
地図　花背、比良山
温泉　①比良とぴあ（不定休）☎077-596-8388　②おごと温泉・湯元館（無休）☎077-579-1111

2条5mの滝を直登する

美しい斜滝15mは右岸が直登できる

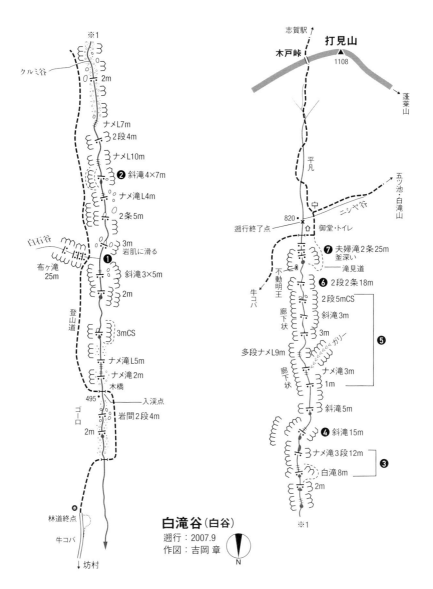

※1

クルミ谷

2m

ナメL7m

2段4m

ナメL10m

❷ 斜滝4×7m

ナメ滝L4m

2条5m

白石谷

3m
岩肌に滑る

布ヶ滝
25m

❶

斜滝3×5m

2m

登山道

3mCS

ナメ滝L5m

ナメ滝2m
木橋

495・

入渓点

ゴーロ

岩間2段4m

2m

林道終点

牛コバ

↓坊村

白滝谷（白谷）

遡行：2007.9
作図：吉岡 章

N

志賀駅

打見山
▲
1108

木戸峠

蓬莱山

平凡

820・

遡行終了点

御堂・トイレ

ニシヤ谷

五ツ池・白滝山

❼ 夫婦滝2条25m
釜深い

滝見道

牛コバ

不動明王

❻ 2段2条18m

廊下状

2段5mCS

斜滝3m

3m

ガリー

❺

多段ナメL9m

ナメ滝3m

廊下状

1m

斜滝5m

❹ 斜滝15m

ナメ滝3段12m

❸

白滝8m

2m

※1

❶ 出てくる小滝をいくつか越えていくと白石谷の出合。白石谷の上流には25mの布ヶ滝が懸かっている。

❷ 斜滝4×7mは滝身寄りのガリーを登ってみるとおもしろい。

❸ 8m直瀑（白滝）が深い釜に落ちる。ここは左岸を高巻いて上流へ。上には3段12mの美しいナメ滝があり左側を登る。

❹ 斜滝15mは手足ともにホールド豊富で、右岸が楽しく直登できる。不安を感じたら迷わずロープを出して安全を期すこと。

❺ 狭い廊下の中に小滝がいくつか懸かるがへつりで通過していける。出口に懸かるCS滝2段5mは右から小さく巻き登る。

❻ 2段2条18m滝は中央の凸角が快適に直登できる。初心者にはロープを出して安全に。

❼ 夫婦滝は岩壁に囲まれた2条25mの直瀑で、深い釜に堂々と落下する様は壮観。左岸には探勝道が延びてきている。滝の上の広場には御堂があり、上流は平凡な流れに変わるので、そこで遡行を打ち切る。

安曇川水系 ヘク谷

初級　1級／Ⅱ
適期　4月中旬～11月中旬
日程　1日（遡行2.5～3時間）

シャワーを浴びて滝の登攀に醍醐味を覚える

　ヘク谷は蓬莱山の南西面から流れ下る谷で、坂下で安曇川に入るまでの間に数多くの滝を懸ける。裏比良では白滝谷と並んで入門の谷として人気が高く、年間多くの沢登りを志す人たちを迎えている。この谷の人気のひとつは、出てくる滝のほとんどが直登できることと、コースのフィナーレを飾るにふさわしい小女郎池が落ち着いたたたずまいを見せてくれることにある。

　初級者が沢登りの技術を実地でトレーニングするにはうってつけの沢で、積極的に水と戯れることによって沢登りの醍醐味を味わえる。ただし、過去には数件の滑落事故も起きているので、滝の登攀においては、ロープやお助けひもを出すなど安全を期してほしい。

･････････････ アプローチ ･････････････

　バス停からは車道を北に5分ほど歩く。安曇川の対岸にV状に切れ込む谷がヘク谷で、出合は小川のような細流である。

･････････････ 下降ルート ･････････････

　サカ谷道を下って坂下へ約1時間40分。交通機関利用の場合は小女郎峠から小女郎谷道を下り、JR蓬莱駅へ約1時間30分。

アクセス　行き：出町柳駅（京都バス49分）下坂下　帰り：湖西線蓬莱駅
マイカー情報　名神高速京都東ICから西大津バイパス、湖西道路を通り真野ICで降り、国道477号で途中へ出て、367号（鯖街道）を北上してヘク谷出合へ。出合付近に駐車。
参考タイム　ヘク谷出合（50分）2条12m滝（30分）18mの滝（30分）二俣（45分）小女郎池
標高差　690m（水平距離2.4km）
装備　基本装備
地図　花背、比良山
温泉　①比良とぴあ（不定休）☎077-596-8388　②おごと温泉・湯元館（無休）☎077-579-1111

8mの滝はシャワーを浴びて直登する

2条12m滝はロープを出し確保をとって直登

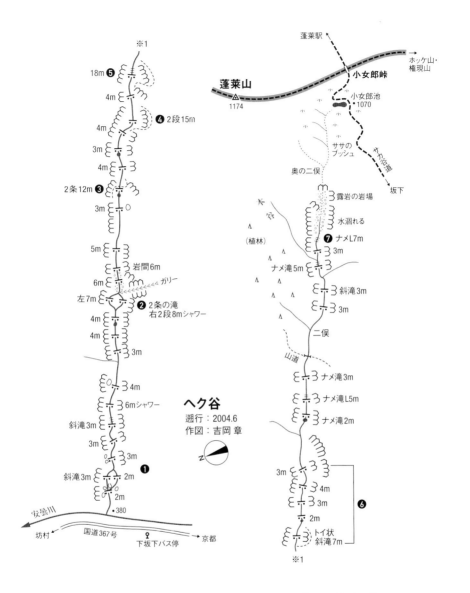

蓬莱駅

→ ホッケ山・権現山

小女郎峠

蓬莱山
△
1174

小女郎池
・1070

サ
カ
谷
道

坂下

ササの
ブッシュ

奥の二俣

露岩の岩場

水涸れる

❼ ナメL7m

（植林）

3m

ナメ滝5m

斜滝3m

3m

二俣

山道

ナメ滝3m

ナメ滝L5m

ナメ滝2m

3m

4m

3m

❻

2m

トイ状
斜滝7m

※1

※1

18m ❺

4m

❹ 2段15m

4m

3m

4m

2条12m ❸

3m

5m

岩間6m

6m

ガリー

左7m

❷ 2条の滝
右2段8mシャワー

4m

4m

3m

ヘク谷

遡行：2004.6
作図：吉岡 章

N

4m

6mシャワー

斜滝3m

3m

3m

斜滝3m

2m

❶

2m

安曇川

坊村

国道367号

下坂下バス停

京都

・380

❶ 小滝が懸かり始めるが初心者も楽に
こなしていける。積極的に水と戯れたい。

❷ 2条の滝は右の2段8m滝をシャワー
クライム。ホールドは豊富だが、水量
が多いともろに頭からシャワーを浴び
る。

❸ 2条12mの滝は左側に取り付き、シャ
ワーを浴びて直上するが、上で行き詰
まるので右の壁に移って越える。ここは
ロープを出して安全を期すこと。

❹ 2段15mの滝は滝身の右に取り付い
て直登できるが、通常は左岸を高巻く
コースをとる。

❺ 18m滝はヘク谷最大の滝。直登は
無理で、左岸につけられた巻き道をたど
る。

❻ 5本の滝が狭い流れの中に懸かる。
いずれの滝も快適に越えていけるが、
出口の3m滝はへつりが悪い。ここを越

えると核心部は終わる。

❼ ナメL7mを最後に水も涸れ、露岩の
出た岩場をこなし、最後はササのブッシュ
をこいで小女郎池に飛び出す。

鴨川水系 八池谷（八淵ノ滝）

やついけ／やつぶち

初級 1級／I＋
適期　4月中旬〜11月中旬
日程　1日（遡行3.5〜4.5時間）

古くから親しまれる比良有数の名渓で沢登りを始めよう

奥ノ深谷と並ぶ比良有数の名渓で、8つの淵と釜、そして大小21の滝群を懸けることから八淵ノ滝と呼ばれ、古くから親しまれている。名のある滝が多く、なかでも空戸ノ滝周辺のゴルジュに連なる淵と滝は圧巻である。谷沿いには遊歩道もあるが、できるだけ滝や釜に接近し、自分の目でルートを読んで遡行してほしい。

谷沿いに登山道が並行しているので、これから沢登りを始める人にはうってつけの谷で、夏のシーズンには、沢登り講習会や山ガールの姿も見受けられる。

━━━ アプローチ ━━━

旅行村の横から遊歩道となり、10分ほど歩くと谷筋へ下る道との分岐になる。この下から八淵ノ滝群の遡行を始める。

━━━ 下降ルート ━━━

イブルキのコバへの登山道出合で遡行終了。八池谷左岸を絡む登山道を下り、大摺鉢を経てガリバー青少年旅行村へ約1時間30分。交通機関利用の場合は、南へ八雲ヶ原を経て北比良峠に出てイン谷口へと下山し、JR湖西線比良駅まで歩く。約3時間。

アクセス　行き：近江高島駅（高島市コミュニティバス25分）ガリバー青少年旅行村、または近江高島駅（同バス18分）鹿ヶ瀬道（徒歩約50分）ガリバー青少年旅行村 ※ガリバー青少年旅行村行きは4〜11月の土・休日運行　帰り：湖西線比良駅
マイカー情報　名神高速京都東ICから西大津バイパス、湖西道路を通り、終点の志賀ICで降りて国道161号を北上。北小松の先の国道勝野交差点で左折してガリバー青少年旅行村へ。八淵ノ滝方面へ少し行ったところの駐車場を利用する。
参考タイム　入渓点（40分）大摺鉢（1時間）七遍返しノ滝（20分）オガサカ道分岐（1時間20分）登山道出合
標高差　430m（水平距離2.9km）
装備　基本装備
地図　北小松、比良山
温泉　比良とぴあ（不定休）☎077-596-8388

右／堂々と落下する貴船ノ滝30m
左／大摺鉢、斜滝5×15mが美しい

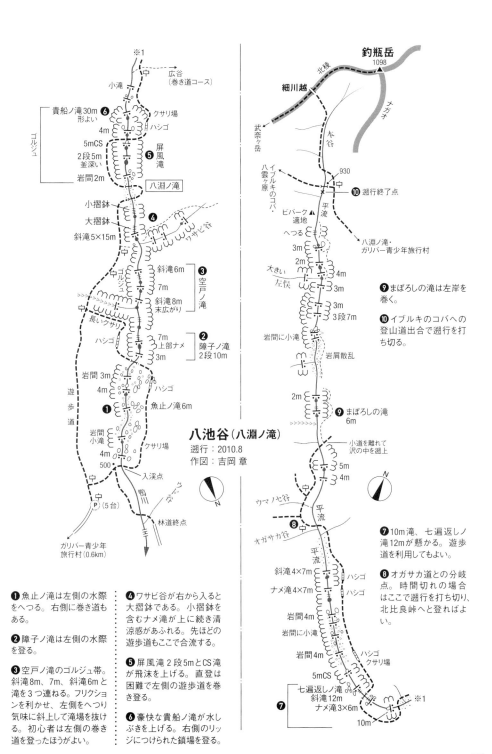

※1

広谷
（巻き道コース）

小滝

貴船ノ滝30m ❻
形よい

ゴルジュ

クサリ場
ハシゴ
4m

5mCS
2段5m
釜深い

屏風滝 ❺

岩間2m

八淵ノ滝

小摺鉢
大摺鉢 ❹
斜滝5×15m

ワサビ谷

斜滝6m ❸
ゴルジュ
7m
空戸ノ滝
斜滝8m
末広がり

長いクサリ

7m
上部ナメ ❷ 障子ノ滝
ハシゴ
3m
2段10m

岩間 3m
4m
ハシゴ
魚止ノ滝6m ❶

遊歩道

岩間
小滝
クサリ場
4m
500
入渓点

鴨川

P （5台）
林道終点

ガリバー青少年
旅行村（0.6km）

八池谷（八淵ノ滝）

遡行：2010.8
作図：吉岡 章

釣瓶岳
1098

北稜

細川越

ナガネ

武奈ヶ岳

本谷

930

八雲ヶ原のコバ

イブルキのコバ

❿ 遡行終了点

ビバーク▲
適地

平流

八淵ノ滝・
ガリバー青少年旅行村

へつる
3m
2m
4m

大きい
左俣
3m

3m

3段7m

岩間に小滝

岩屑散乱

2m

❾ まぼろしの滝
6m

小道を離れて
沢の中を遡上

5m
4m

ウマノセ谷

平流

❽
オガサカ谷

平流

斜滝4×7m
ハシゴ
ナメ滝4×7m
ハシゴ

岩間4m

岩間に小滝

岩間4m
ハシゴ
クサリ場

5mCS

七遍返しノ滝
斜滝12m
ナメ滝3×6m
❼

10m

※1

---

❶ 魚止ノ滝は左側の水際をへつる。右側に巻き道もある。

❷ 障子ノ滝は左側の水際を登る。

❸ 空戸ノ滝のゴルジュ帯。斜滝8m、7m、斜滝6mと滝を3つ連ねる。フリクションを利かせ、左側をへつり気味に斜上して滝場を抜ける。初心者は左側の巻き道を登ったほうがよい。

❹ ワサビ谷が右から入ると大摺鉢である。小摺鉢を含むナメ滝が上に続き清涼感があふれる。先ほどの遊歩道もここで合流する。

❺ 屏風滝2段5mとCS滝が飛沫を上げる。直登は困難で左側の遊歩道を巻き登る。

❻ 豪快な貴船ノ滝が水しぶきを上げる。右側のリッジにつけられた鎖場を登る。

❾ まぼろしの滝は左岸を巻く。

❿ イブルキのコバへの登山道出合で遡行を打ち切る。

❼ 10m滝、七遍返しノ滝12mが懸かる。遊歩道を利用してもよい。

❽ オガサカ道との分岐点。時間切れの場合はここで遡行を打ち切り、北比良峠へと登ればよい。

中国・四国の谷

関西周辺には、紀伊半島以外にも秀渓といわれる谷はたくさんあるが、本書では中国・四国山域から、車での入渓が便利な谷を中心として14ルートを紹介している。紹介できなかった谷についても、山域ごとの概説のなかで少しふれているので参考にしてほしい。また、石鎚山系北面の谷については春遅くまで雪渓が残ることがあり、残雪の状況によって難易度も入渓時期も変わってくるので充分注意してほしい。

中国・山陰の谷

兵庫、鳥取、岡山県内を含む広大な地域であり、そこにある山群も1200mを超すものが数多く存在するが、遡行価値の高い沢は意外に少ない。氷ノ山や扇ノ山周辺と、大山周辺によい谷が集中しているようだ。

氷ノ山では八木川源流の右俣と左俣があり、初級・中級向きの谷として入渓者も多い。扇ノ山周辺では八東川支流の来見野川、岸田川の三倉谷や岩井谷、上地川の本谷、唐戸谷など初級向きの谷がある。若狭周辺では耳川のうつろ谷、多田川の蛇谷、三方湖に注ぐ今古川などの評価が高く、ゴルジュと多くの滝を懸けており楽しめる。

播州高原周辺の谷は割愛したが、手頃な内容をもつ初級向きの谷が数本見られる。生野高原から流れ下る倉谷、小田原川支流の掛ヶ谷、笠形山に突き上げる根宇川滝ノ谷、引原川の万ヶ谷などがおもしろい。

大山周辺では、屈指の名渓であった甲川が水害で荒れてしまったのは残念だ。ほかにも大山滝の懸かる地獄谷や烏谷、阿弥陀川源流の剣谷や三鈷東谷など中級者向きの谷がある。

四国の谷

[赤石山地]　赤石山地の谷は、ほぼ15kmにわたって延びる主稜線を分水嶺として北と南に大別される。南面の谷は稜線直下から

関川鏡沢、2段10m滝の右壁をリードで登る

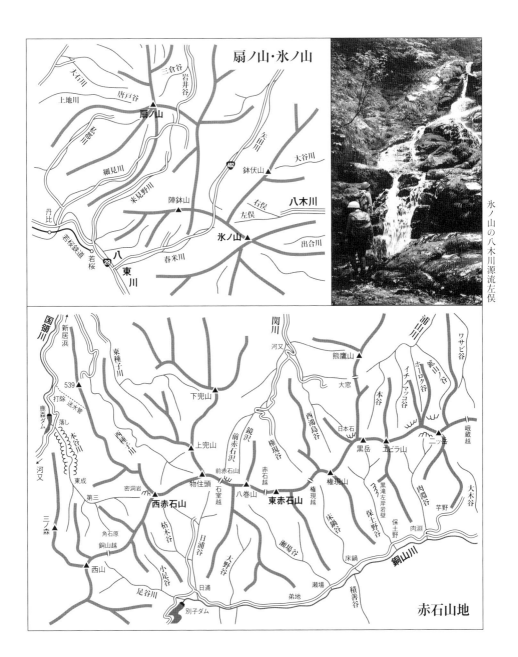

扇ノ山・氷ノ山

大石川
上地川
唐戸谷
三倉谷
岩井谷
君尾谷
扇ノ山
細見川
氷見野川
陣鉢山
矢川
鉢伏山
大谷川
右俣
左俣
八木川
出合川
丹比
若桜鉄道
若桜
八東川
氷ノ山
春米川

氷ノ山の八木川源流左俣

国領川
新居浜
東種子川
下兜山
関川
河又
熊鷹山
大窓
浦山川
ワサビ谷
蔵山ノ谷
ホーロク谷
イチゴマッコ谷
本谷
峨蔵越
539
打除
送水管
鹿森ダム
落し
木谷川
河又
東成
第三
三ノ森
密洞岩
西
西赤石山
角石原
銅山越
西山
足谷川
日浦
小足谷
別子ダム
門藤ノ岩
上兜山
物住頭
前赤石山
枯木谷
日浦谷
大野谷
石室越
八巻山
鏡沢
前赤石沢
権見谷
西鴻島谷
赤石越
東赤石山
権現越
権現山
瀬場谷
瀬場
床谷
日本石
黒岳
ゴビラ山
保土野谷
保土野
床鍋
弟地
積善谷
二ツ岳
黒滝左岸岩壁
肉洞谷
肉洞
芋野
大木谷
銅山川

赤石山地

短い距離を一気に銅山川（どうざん）へと流入させている。北面の谷は、国領川（こくりょう）、関川（せき）とその支流の浦山川の3つの水系に分けられ、険しい谷が多い。南面の谷への入渓者は少ないが、上流から瀬場谷（せば）、床鍋谷（とこなべ）、保土野谷（ほどの）、肉淵谷があり、初級から中級向きのきれいな谷がそろっている。北面の谷では、西端に本谷川があるが、深い廊下を形成し、四国きっての困難な谷で上級者向き。西種子川（にしたね）は中流部に窓ノ滝と呼ばれるゴルジュ帯をもち、上流も美しい渓相が続き中級向き。鏡沢（かがみ）は高さ80mの鏡岩があり、変化に富んでおもしろい。浦山川の本谷とイチノマッコ谷は、淵、滝、ナメの連続する中級向きの谷である。

[石鎚山脈]（いしづち）　盟主の石鎚山は、西日本では加賀の白山（はくさん）以西の最高峰で、信仰の山として広く知られている。南面は吉野川と仁淀川水系の2つに分けられ、吉野川源流は容易で単調な谷が多い。本書では初級者も楽しめる名野川本流（なの）を紹介した。一方、面河川（おもご）の多くの谷は、石鎚スカイラインの開通で遡行価値を失ってしまったが、面河本谷の源流と鉄砲石川（てっぽういし）が命脈を保っている。

北面の谷は水量も豊富で遡行価値の高い谷が多い。西から鞍瀬谷（くらせ）、加茂川の上流には高瀑谷（たかたる）、初芽成谷（ういがなる）、雪瀑谷（ゆきだる）の大きな谷があり、いずれもアプローチを含めると1日で遡行するのは無理であろう。河口谷は多くの支流があるが比較的穏やかな谷が多く初級向き。主谷は西黒森から伊予富士にかけて扇状に広がった流域の水を集め、中間部に困難なゴルジュをもつ谷で、主谷本谷と、伊予富士谷の遡行価値が高い。

[剣山山地]（つるぎ）　剣山は広大な山域のわりには沢登りに適した谷は乏しい。祖谷川に流れ込む境谷（さかい）、中流右岸に流入する霧谷川上部の霧谷が中級向きの谷として登られている。東部には、坂州木頭川（さかしゅうきとう）の新居田川、樫谷川（しきびだに）右俣、じりぞう谷などや、沢谷川の菊千代谷（さわだに）（本書紹介）、へんど谷など、初・中級の楽しめるルートがある。四国遠征でまとめて登るのによい。

そのほか、四国最西部にある鬼ヶ城山域（おにじょう）では滑床渓谷（なめとこ）がよく知られ、『日本百名谷』でも紹介されている。難所はなく楽しく遡行できる谷なので本書でも取り上げた。

安居渓谷の核心ゴルジュ、20m滝の登攀

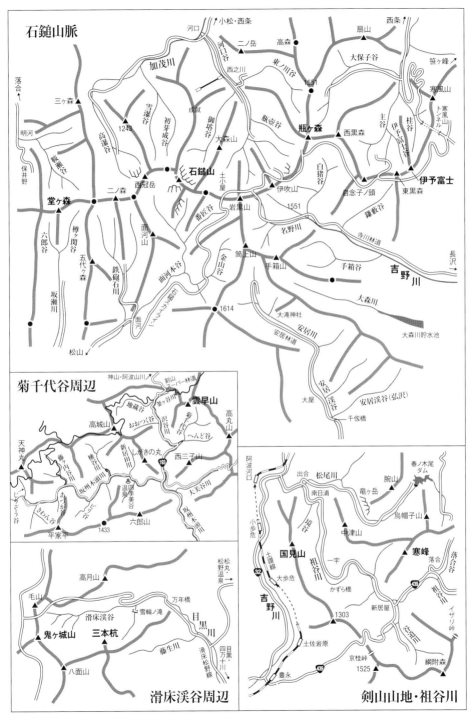

石鎚山脈

菊千代谷周辺

滑床渓谷周辺

剣山山地・祖谷川

215

円山川水系　八木川源流 (左俣)

初・中級	2級下／II＋
適期	5月上旬〜11月中旬
日程	1日(遡行4〜5時間)

名峰・氷ノ山へと突き上げる、豪快な瀑布を連続させる谷

氷ノ山は兵庫県の最高峰だけあって、山懐を流れる谷は短いが急峻で、豪快な滝を連続させている。氷ノ山越の登山道を挟んで両側に、大滝を懸ける2つの谷がある。不動滝の懸かる左俣、布滝の懸かる右俣で、どちらも昔から知られた名瀑である。谷の規模は同程度。滝などの内容は若干左俣が勝るが、右俣も負けず劣らずなので、日程が許せば入渓をすすめる。

左俣の連瀑帯は巻きルートと登攀ルートの両方をガイドした。2級下は巻きルートの場合で、巻かずに本流沿いに登る登攀ルートなら3級となる。

アクセス　行き・帰り：八鹿駅(全但バス51分)氷ノ山鉢伏口
マイカー情報　中国道福崎ICから播但連絡道路に入り、和田山から国道9号を鳥取方面へと走る。関神社前の交差点で鉢伏高原への県道87号をとり、福定で氷ノ山登山口への林道に入り福定親水公園の駐車場へ。大阪から約3時間。
参考タイム　左俣出合(30分)45mの滝(1時間20分)二俣(1時間10分)2段40mの滝上(45分)奥の二俣(30分)登山道
標高差　700m(水平距離2.1km)
装備　基本装備　※滝を登攀するなら登攀具と40mロープ
地図　氷ノ山
温泉　①万灯の湯(不定休)☎079-663-5556　②天女の湯(木曜休)☎079-665-6677

・・・・・・・・・・・・ **アプローチ** ・・・・・・・・・・・・

バス停からは八木川に沿って林道を歩き、親水公園まで徒歩約25分。氷ノ山越への登山道を歩き、二俣から入谷する。

・・・・・・・・・・・・ **下降ルート** ・・・・・・・・・・・・

登山道を北にとり、氷ノ山越から小豆ころがしを下り、駐車地の福定親水公園へ約1時間45分。

左俣出合の滝を越えると45m滝が現われる

不動滝30mの雄姿。右岸を高巻く

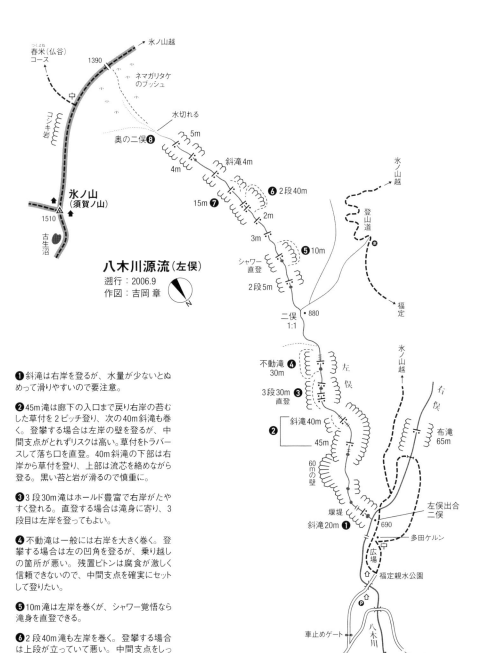

八木川源流（左俣）

遡行：2006.9
作図：吉岡 章

❶斜滝は右岸を登るが、水量が少ないとぬめって滑りやすいので要注意。

❷45m滝は廊下の入口まで戻り右岸の苔むした草付を2ピッチ登り、次の40m斜滝も巻く。登攀する場合は左岸の壁を登るが、中間支点がとれずリスクは高い。草付をトラバースして落ち口を直登。40m斜滝の下部は右岸から草付を登り、上部は流芯を絡めながら登る。黒い苔と岩が滑るので慎重に。

❸3段30m滝はホールド豊富で右岸がたやすく登れる。直登する場合は滝身に寄り、3段目は左岸を登ってもよい。

❹不動滝は一般には右岸を大きく巻く。登攀する場合は左の凹角を登るが、乗り越しの箇所が悪い。残置ピトンが腐食が激しく信頼できないので、中間支点を確実にセットして登りたい。

❺10m滝は左岸を巻くが、シャワー覚悟なら滝身を直登できる。

❻2段40m滝も左岸を巻く。登攀する場合は上段が立っていて悪い。中間支点をしっかりセットすること。

❼15m滝は右壁がたやすく直登できる。

❽奥の二俣は右の谷をとり、ササが繁りだしたところで右手の斜面に逃げ、ヤブの薄いところを縫って登山道に出る。

217

吉野川水系
銅山川

保土野谷
（ほどの）

中級 2級上／Ⅲ＋

適期	4月中旬〜11月中旬
日程	1日（遡行5〜6時間）

赤石山地南面のなかでは登りがいのある中級者向きの谷

　保土野谷は、赤石山地のエビラ山から権現山にかけての稜線直下から短い距離を一気に流れ下り銅山川へと流入する。赤石山地の南面の谷は本稿で瀬場谷と床鍋谷を紹介しているが、なかでもこの保土野谷と右隣りの肉淵谷は、滝の数こそ多くはないが、登りがいのある谷で中級者向きだ。

　中流域には地形図にも記載のある黒滝が、左岸に120mもの岩壁を従えて懸かり圧巻である。この谷の遡行のポイントは黒滝の巻きと、巨岩地帯のルートのとり方により遡行時間が違ってくる。下降に要する時間が長いので早朝出発としたい。

アクセス　行き・帰り：新居浜駅（別子山地域バス1時間13分）保土野、または新居浜駅（タクシー約1時間15分、約35km）堰堤上入渓点　※バス利用の場合は1泊2日となる

マイカー情報　松山道新居浜ICから県道47号（新居浜別子山線）を別子山方面へと走り、大永山トンネルを抜け、保土野集落の約300m手前で左に分かれる林道へ入る。2つ目の橋を渡った林道脇の幅員に駐車。大阪から約5時間。

参考タイム　堰堤上・入渓点（1時間）円形舞台のような4m滝（1時間20分）黒滝直下（1時間35分）二俣1280m（1時間5分）黒岳

標高差　966m（水平距離2.8km）

装備　基本装備　**地図**　弟地

温泉　①新居浜温泉パナス（無休）☎0897-31-8000　②天空の湯（無休）☎0897-43-1801

・・・・・・・・・・・・・ **アプローチ** ・・・・・・・・・・・・・

　2つ目の橋のたもとから仕事道に入り、堰堤を過ぎたところから入渓する。

・・・・・・・・・・・・・ **下降ルート** ・・・・・・・・・・・・・

　黒岳から西へ東赤石山方面へと縦走し、権現越で左折して床鍋に下る登山道をたどる。床鍋からは車道を歩いて保土野の駐車地点へ戻る。約4時間。

黒滝2段40mは右岸から高巻く

巨岩帯に出てくる小滝を越えていく

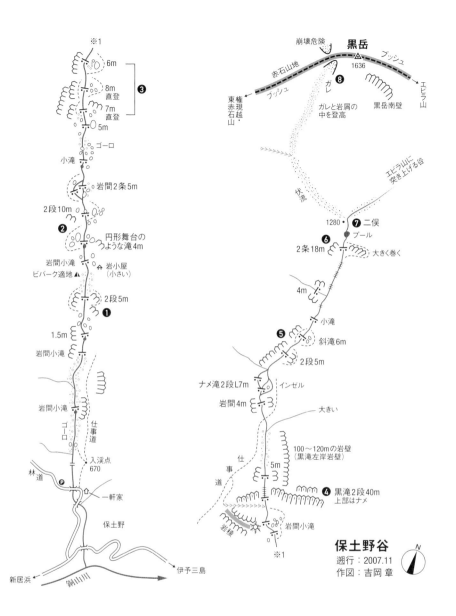

保土野谷

遡行：2007.11

作図：吉岡 章

❶ ゴーロ帯を左右にかわして遡上すると2段5m滝が懸かる。左右どちらでも巻ける。

❷ 円形舞台のような4m滝は、滝横の巨岩を左から回り込んで越える。次の2段10m滝は右から巨岩を回り込んで滝上に出る。

❸ 7m滝は左側を直登できるが、ロープを出すこと。8m滝は左側を直登。やは

りロープを出して安全を期したい。左岸を巻いてもよい。6m滝の直登は難しく左岸を巻く。

❹ 圧倒的な岩壁が立つ中に2段40mの黒滝が落下し見応えがある。右岸を大きく巻き上がると仕事道に合流し、それを伝って左岸に入る枝谷の出合上流へ下り立つ。巻き道からは黒滝の全容が眺められる。

❺ 2段5m滝と6m斜滝は左岸を登る。

❻ 2条18m滝は左岸岩壁の基部を大きく回り込んで巻き登る。

❼ 二俣でエビラ山に突き上げる谷が右に分かれる。左の本谷はすぐ伏流となる。

❽ ツメはガレ場の急登となり、黒岳山頂の西肩に出る。落石に注意。

吉野川水系
銅山川 床鍋谷（とこなべ）

初・中級　2級下／III－
適期　4月中旬～11月中旬
日程　1日（遡行3.5～4.5時間）

赤石山地の主稜線へ、滝の連なる谷を豪快に遡る

床鍋谷は東赤石山の東方、権現山周辺の水を集め、短距離で一気に銅山川へと流入する。2段40mの大滝を筆頭に数多くの滝とナメを連ねるが、さしたる難所もなく、経験者の同行があれば、初級者でもシャワーを浴びながら沢登りの醍醐味が味わえる。登りつめた東赤石山から八巻山一帯は高山植物の宝庫で、県の天然記念物として保護され、カンラン岩地特有の植物が多く、特に5月のアケボノツツジの群落は見事だ。山腹に登山道が通じており下降ルートが確保されているのがありがたい。

・・・・・・・・・・・・ アプローチ ・・・・・・・・・・・・

床鍋集落を入った橋のたもとから導水路沿いの小道を上流にたどり、取水口から入渓。徒歩約15分。

・・・・・・・・・・・・ 下降ルート ・・・・・・・・・・・・

奥の二俣から登山道をたどる。床鍋集落まで約1時間30分。

アクセス　行き・帰り： 新居浜駅（別子山地域バス1時間10分）床鍋、または新居浜駅（タクシー約1時間10分、約33km）床鍋　※バス利用の場合は1泊2日となる

マイカー情報　神戸淡路鳴門道、徳島道、松山道と乗り継ぎ、新居浜ICを降りて県道47号（新居浜別子山線）を別子山方面へと走り、大永山トンネルを抜けて床鍋まで入る。新居浜ICから約33.5km、大阪から約5時間。

参考タイム　取水口・入渓点（1時間10分）18mの滝（50分）二俣（50分）2段40mの滝（40分）奥の二俣・遡行終了

標高差　660m（水平距離2.3km）
装備　基本装備
地図　弟地
温泉　①新居浜温泉パナス（無休）☎0897-31-8000　②天空の湯（無休）☎0897-43-1801

右／源流域に懸かる2段40mの滝を快適に直登
左／下部ゴルジュに懸かる8mの滝。右から小さく巻く

❶ 4×8m斜滝の右を登ると、美しい9m斜滝が懸かりゴルジュが始まる。釜のある小滝を2本こなすと、上方には8mの滝があり、右から小さく巻いて滝頭へ出る。

❷ 両岸に岩壁が立ち、滝場に入る。大釜を従えた3×7m斜滝、4m滝、2段7m斜滝といずれも滝身を登る。次の12m滝を左から巻き上がると滝場が終わる。

❸ 18m滝は左岸を巻き、落ち口に立つと後方の展望が開ける。

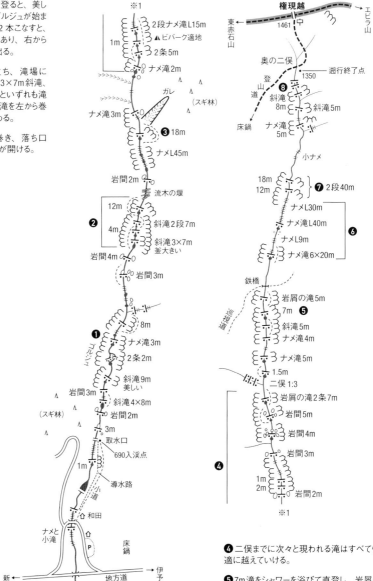

※1
2段ナメ滝L15m
1m
▲ビバーク適地
2条5m
ナメ滝2m
ガレ
(スギ林)
ナメ滝3m
❸18m
ナメL45m
岩間2m
流木の堰
12m
斜滝2段7m
4m
斜滝3×7m
釜大きい
岩間4m
岩間3m
8m
❶
ナメ滝3m
2条2m
斜滝9m
美しい
岩間3m
斜滝4×8m
(スギ林)
岩間2m
3m
取水口
690入渓点
導水路
1m
和田
ナメと
小滝
P
床鍋
新居浜
地方道
伊予三島
鍋山川

権現越
東赤石山
エビラ山
1461
奥の二俣
遡行終了点
1350
❽
登山道
斜滝8m
斜滝5m
床鍋
ナメ滝5m
小ナメ
18m
12m
❼2段40m
ナメL30m
ナメ滝L40m
❻
ナメL9m
ナメ滝6×20m
鉄橋
岩屑の滝5m
7m ❺
斜滝5m
ナメ滝4m
ナメ滝5m
1.5m
二俣1:3
岩屑の滝2条7m
岩間5m
岩間4m
岩間3m
1m
2m
岩間2m
※1

❹ 二俣までに次々と現われる滝はすべて快適に越えていける。

❺ 7m滝をシャワーを浴びて直登し、岩屑の滝を越えると、鉄橋と巡視道が横切る。

❻ ナメ滝はいずれも難なくこなしていける。

❼ 2段40mの大滝はこの谷最大。快適に滝身を直登できるが高度感があるので、初級者がいる場合はロープで確保すること。

❽ 8m斜滝を越えると登山道が横切る奥の二俣に着き、遡行を終える。時間があれば権現越から八巻山へ足を延ばしたい。

床鍋谷
遡行：2004.7
作図：吉岡 章

吉野川水系 銅山川 瀬場谷(せばたに)

中級	2級上／Ⅲ＋
適期	4月中旬～11月中旬
日程	1日（遡行6～7時間）

名瀑・八間滝を見て無数の滝場をこなしていく気分は最高！

　赤石山地の主峰・東赤石山から八巻山の南面に源を発し、銅山川へと急落する瀬場谷は、地形図に記載のある八間滝50mを筆頭に無数の滝が凝集している。まるで沢登りのためにできたような谷で、大滝以外はほとんどが直登でき、シャワー、へつりと遡行の醍醐味が満喫できる。登りつめた稜線に控える東赤石山は高山植物の宝庫。花志向の山旅が隆盛の昨今、四国で最も人気の高い山のひとつであろう。

　瀬場谷遡行のみなら日帰りも可能だが、赤石山荘（※）周辺に1泊して、翌日八巻山から東赤石山まで足を延ばしてみることをおすすめする。谷沿いに登山道が通じているので下降路は確保されており、エスケープも容易にできる。

※赤石山荘は2019年12月に廃業し、今後の小屋運営については検討中。

·········· アプローチ ··········
　橋のたもとから入渓する。

·········· 下降ルート ··········
　上部の登山道出合（1380m地点）から瀬場谷沿いの登山道をたどる。瀬場集落まで約1時間10分。

アクセス　行き・帰り：新居浜駅（別子山地域バス1時間7分）瀬場、または新居浜駅（タクシー約1時間5分、約32km）瀬場　※バス利用の場合は1泊2日となる
マイカー情報　松山道新居浜ICから県道47号（新居浜別子山線）を別子山方面へと走り、大永山トンネルを抜けて瀬場まで入る。新居浜ICから約33km、大阪から約5時間。
参考タイム　瀬場谷出合（1時間）八間滝（1時間45分）二俣（2時間5分）登山道1210m（1時間10分）登山道合流・遡行終了点
標高差　730m（水平距離3.2km）
装備　基本装備
地図　弟地、別子銅山
温泉　①新居浜温泉パナス（無休）☎0897-31-8000　②天空の湯（無休）☎0897-43-1801

美しいナメ床L70mを快適に遡上

8mの滝を見上げる。直登できず右岸を巻く

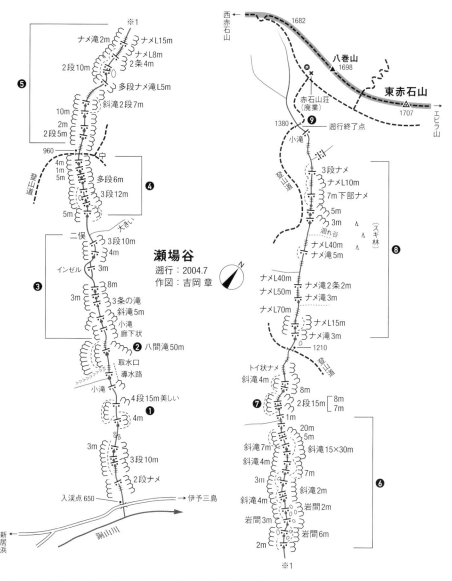

瀬場谷

遡行：2004.7
作図：吉岡　章

❶ 4m滝を右から巻くと、4段15m滝が懸かる。直登は難しく、右岸を巻いたほうが楽。

❷ 八間滝は見応えのある立派な滝で、右岸のルンゼから巻き登り、斜上するクラックを立ち木を使って登り、滝頭に出る。ロープを出して安全を期したい。

❸ 連続する滝場は楽しく越えていける。

❹ 連瀑帯。最初の5m滝は少しやっか

いで右を巻く。3段12m滝は滝身が登れる。続く滝群を快適に越えていくと登山道が横切る。

❺ 第3の連瀑帯。2段7m斜滝と2段10m滝はちょっとやっかいで、初級者にはロープを出すこと。それ以外の滝は楽しく登れる。

❻ 第4の連瀑帯。上流の20m滝は右岸を巻き登る。それ以外の滝は直登できるが、自信がなければ迷わずロープを

出すこと。

❼ 2段15m滝は右岸を巻き、上に続く8m滝もそのまま巻き登る。

❽ 登山道が横切るとナメ滝が連続し、美しいナメ床は気持ちがよい。涸れ谷が入った先の3m、5m、7mの滝はちょっと手ごわく、左側を巻き気味に登る。

❾ 1380m地点で登山道が横切り、ここで遡行を終了する。

国領川水系 西種子川（にしたねがわ）

赤石山地の谷のなかにあっては第一級と折紙付きの秀渓

西種子川は赤石山地の西赤石山から物住頭（ものずみのあたま）に源を発し、北流して上兜山からくる東種子川を合わせ国領川に注ぐ。地形図には西ノ谷川とあるが、地元では西種子川と呼んでいる。遡行の対象となるのは魔戸ノ滝から上流で、魔戸ノ滝は下瀑、中瀑、上瀑とあり全長200m、落差150mに及ぶ。両岸迫り深い溝状のゴルジュは一見の価値がある。上流には苔むした岩床に走るナメ滝群、ゴルジュに懸かる20mの美瀑、そして適度に配置された滝と美しい流れは飽きることなく、充実した遡行を約束してくれる。また、源流の二俣から右をとれば西赤石山、左をつめれば物住頭に達し、目前に迫る前赤石の岩峰に目を見張る。加えて「日本百名谷」のひとつに選ばれている。

アプローチ

魔戸ノ滝への遊歩道をたどり、ゴルジュ途中から入渓する。遡行ガイド参照。

> **アクセス 行き・帰り**：新居浜駅（タクシー約25分、約11km）魔戸ノ滝入口
> **マイカー情報** 松山道新居浜ICで降り、西進して種子川町で左折し、西種子川沿いの車道をさかのぼり、魔戸ノ滝入口の駐車地まで入る。新居浜ICから約15分。
> **参考タイム** 入渓点（55分）魔戸ノ滝のゴルジュが終わる（1時間15分）20mの滝（1時間10分）左岸からの滝を懸けた枝谷出合（1時間）L17mの淵（1時間10分）二俣1260m（1時間30分）物住頭
> **標高差** 964m（水平距離3.8km）
> **装備** 基本装備
> **地図** 別子銅山
> **温泉** ①新居浜温泉パナス（無休）☎0897-31-8000 ②天空の湯（無休）☎0897-43-1801

下降ルート

物住頭から西赤石山へと縦走し、旧上部鉄道跡経由で魔戸ノ滝入口へ戻る。約3時間20分。

右／中流域に懸かる20mの美瀑
左／ナメと小滝の上に6mの滝が懸かる

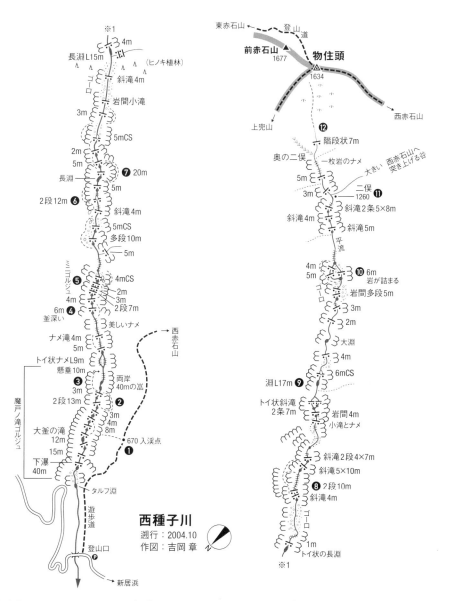

西種子川

遡行：2004.10
作図：吉岡章

❶ 遊歩道をたどり、大釜の滝をやり過ごした地点から谷に下って遡行開始。

❷ 2段13m滝の右岸は大きくかぶった岩壁となっている。ここは左岸を巻く。

❸ 両岸の壁がさらに立ち、深淵が横たわる。泳げば突破できるが、高巻く場合は右岸中段のバンドを進み、残置ボルトを支点に懸垂下降10mで谷床へ。これで魔戸ノ滝のゴルジュは終わる。

❹ 美しいナメ床が終わると、深い釜をもつ6m滝が現れる。左岸から越える。

❺ ミニゴルジュは途中から左岸へ逃げて、灌木を手がかりに上流へ抜ける。

❻ 2段12m滝の直登は難しく右岸を巻く。

❼ 20m滝手前の長淵は腰までの徒渉で進み、滝の直下で左岸に入るガリーから巻いて上流へ下り立つ。

❽ 2段10mの滝は右岸を巻いて通過し、続く斜滝5×10mも右岸を巻く。

❾ L17mの淵は側壁を登り上流へ。

❿ 岩の詰まる3条の滝は左から巻く。

⓫ 二俣1260m地点。右の谷は西赤石山に上がる。ここでは左の谷をとる。

⓬ 階段状7m滝を最後に水も絶え、ツメは雑木とササのブッシュをこいで登る。

225

関川水系 鏡沢（かがみ）

稜線にアケボノツツジが多く、花期5月の入渓がおすすめ

初・中級　2級下／III
適期　4月下旬〜11月上旬
日程　1日（遡行4〜5時間）

　鏡沢は、赤石山地の前赤石山から八巻山に源を発して北流し、途中の雲ヶ平橋で前赤石沢と合流して関川と名を変える。鏡沢の名は、中流域の左岸上方に濡れて光る「鏡岩」があることからついたと聞く。東赤石山の北面の谷のなかでは最も変化に富んでいて、滝、淵、ナメ滝などなかなか味わい深いものがある。

　関川右俣の前赤石沢もナメが多く美しい沢で、グレードは鏡沢よりもやさしい。日程が許せば沢中1泊で鏡沢を遡行して、前赤石沢を遡下降すれば、より充実した遡行が味わえる。

アクセス　行き・帰り　伊予土居駅（タクシー約40分、約12km）河又
マイカー情報　松山道土居ICを降りて、国道11号を新居浜方面へと向かい、関川に架かる橋で左折して関川沿いの河又林道をさかのぼり、河又を経て鏡沢が出合う雲ヶ平橋まで入る。関川出合から約8.2km。河又から先は林道が荒れているので、オフロード車でないと無理かもしれない。
参考タイム　入渓点（1時間20分）右岸からの大きい枝谷出合（20分）旧杣道が横切る（45分）9mの滝（25分）右岸からのガレ谷（1時間10分）前赤石山の東肩稜線
標高差　920m（水平距離2.1km）
装備　基本装備
地図　弟地、別子銅山
温泉　①新居浜温泉パナス（無休）☎0897-31-8000　②天空の湯（無休）☎0897-43-1801

················· **アプローチ** ·················

　河又に駐車した場合は、雲ヶ平橋まで徒歩約1時間。橋のたもとから入渓する。

················· **下降ルート** ·················

　下山は東赤石山と八巻山のコル、赤石越から河又への登山道を下る。雲ヶ平橋まで約2時間30分。

ロープで確保して2段20m滝の左側を直登

くの字形6m滝は右岸コーナーを直上するが悪い

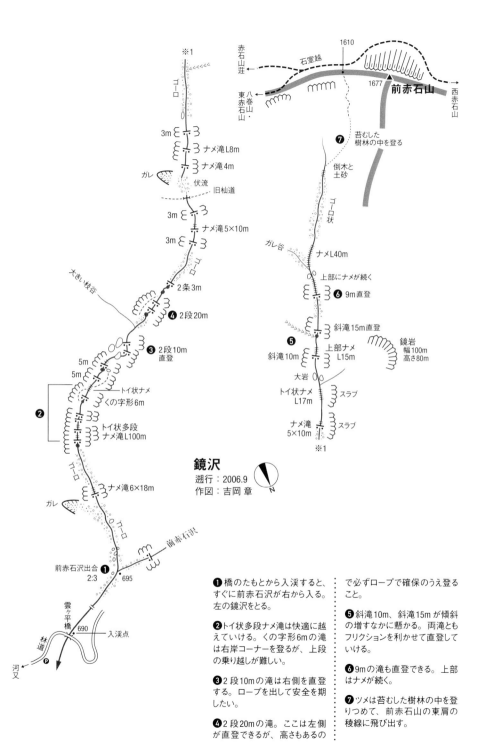

鏡沢

遡行：2006.9
作図：吉岡 章

❶ 橋のたもとから入渓すると、すぐに前赤石沢が右から入る。左の鏡沢をとる。

❷ トイ状多段ナメ滝は快適に越えていける。くの字形6mの滝は右岸コーナーを登るが、上段の乗り越しが難しい。

❸ 2段10mの滝は右側を直登する。ロープを出して安全を期したい。

❹ 2段20mの滝。ここは左側が直登できるが、高さもあるので必ずロープで確保のうえ登ること。

❺ 斜滝10m、斜滝15mが傾斜の増すなかに懸かる。両滝ともフリクションを利かせて直登していける。

❻ 9mの滝も直登できる。上部はナメが続く。

❼ ツメは苔むした樹林の中を登りつめて、前赤石山の東肩の稜線に飛び出す。

加茂川水系 谷川 主谷 伊予富士谷

おも い よ ふ じ

中・上級　2級上／IV

適期	4月中旬〜11月上旬
日程	2日（遡行10〜11時間）

通過困難なゴルジュや滝、釜を有する主谷を代表する渓谷

伊予富士谷は、本流である主谷と中流域で枝分かれして、名峰・伊予富士へとダイレクトに突き上げる、主谷を代表する谷である。両岸の嵓が発達したなかに、突破困難なゴルジュや滝、釜を有し、遡行は一筋縄ではいかない厳しさをもつ。上流域に入ってからも傾斜を強めたなかにナメ滝を連続させ、遡行する者を最後まで飽きさせない魅力がある。核心部は主谷出合から東黒森東沢出合までで、ゴルジュに詰まった滝場の高巻き、登攀は、ルートのとり方により遡行時間が大幅に違ってくる。

登りつめた伊予富士は山頂からの眺望がよく、春にはシャクナゲやコメツツジがすばらしい。

·············· アプローチ ··············

国道から右に分岐する林道を歩き、桂谷が出合う529m地点から入渓する。

·············· 下降ルート ··············

伊予富士から桑瀬峠を経て、寒風山トンネル東口に下り、そこからトンネルを抜けて、約12kmの道のりを駐車地の新寒風山トンネル手前に戻る。約4時間30分。車が2台あれば、1台を寒風山トンネル東口に回しておくと車道歩きを短縮できる。

アクセス　行き：伊予西条駅（タクシー 約30分、約17km）新寒風山トンネル手前
帰り：寒風山トンネル東口（タクシー約50分、約29km）伊予西条駅
マイカー情報　松山道いよ西城ICから国道11号を松山方面へと走り、加茂川橋で左折し、国道194号を谷川沿いにさかのぼり、新寒風山トンネル手前まで入る。広い駐車スペースがある。いよ西城ICから約22.1km、大阪から約4時間。
参考タイム　桂谷出合・入渓点（1時間10分）伊予富士谷出合（3時間）東黒森西沢出合（2時間15分）東黒森東沢出合（1時間）3段33m滝（2時間40分）登山道
標高差　1211m（水平距離3.8km）
装備　基本装備＋登攀具、40mロープ、宿泊用具
地図　瓶ヶ森、日ノ浦
温泉　武丈の湯（無休）☎0897-52-1126

東黒森西沢の35m滝の頭から後続を見下ろす

ゴルジュに懸かる6m滝の登攀

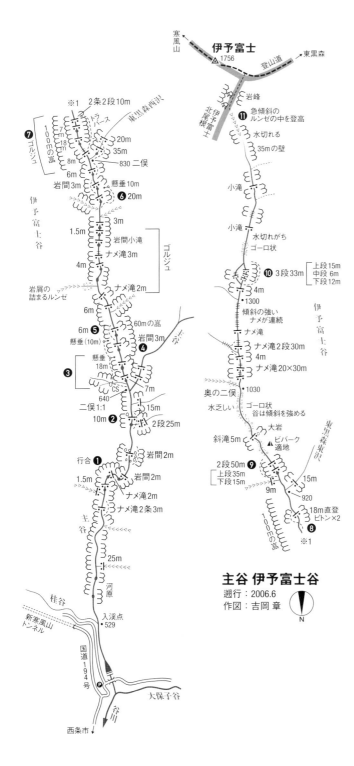

❻20m滝は左岸を高巻き、懸垂下降する。

❼ゴルジュ入口8m滝は東黒森西沢に懸かる滝から大きく巻く。上に続く18m、7m、2段10mの3つの滝は左岸をトラバースして谷に下るが、ロープが必要。

❽18m滝は両岸の壁が立っていて直登以外に手がない。滝の左側をピトンを打ち足して登る（グレードⅣ＋）。

❾2段50mの滝は傾斜のあるナメ滝で、右岸から高巻けば難しいことはない。1日目はこの上流ぐらいで泊となる。

❿3段33mの滝は左岸を巻き気味に登る。

⓫ルンゼを登高し、灌木の中をあえぎ登ると伊予富士北尾根のピークに出る。岩稜と灌木のブッシュと格闘しながら縦走路へ。

❶両岸の岩壁が狭まった「行合」。淵と小滝はへつりで通過していける。

❷CSをもつ10m滝は左岸から高巻いて通過。その先で伊予富士谷の出合となる。

❸7m滝は手ごわく、右岸に入るルンゼから高巻くがCSに阻まれる。残置ピトンにアブミをセットして乗り越し、後続を上げる。続いて上流には18mの滝があって下りられず、そのまま巻いて滝上流に懸垂下降する。

❹岩間3m滝は釜を泳げば容易に突破できる。右岸を高巻くと懸垂下降することになる。

❺6m滝は右岸にあるピトンを支点にいったん滝身に下り、登り返して滝上に出る。

主谷 伊予富士谷

遡行：2006.6
作図：吉岡 章

229

吉野川水系　名野川本流（なのかわ）

前半はナメ滝の連続、上流域では多段の連瀑を楽しめる

初・中級　2級下／Ⅲ−
適期　4月中旬〜11月中旬
日程　1日(遡行4.5〜5.5時間)

四国三郎の愛称で知られる吉野川は、上流域で本流である白猪谷と名野川とに分かれる。名野川は標高930mで二俣に分かれ、右俣は手箱越あたりへ、左俣は地形図に滝記号のある谷で、手箱山へと突き上げている。ここでは本流の右俣を紹介する。技術的にはなんら難しい箇所はなく、ナメと小滝が連続して遡行する者を飽きさせない。上流域には多段20×40mの大滝があり、水際を快適に直登できるのが楽しい。また、源流域にはキレンゲショウマの群生（花期7月下旬〜8月中旬）が見られ、レモンイエローの可憐な花が迎えてくれる。

アクセス　行き・帰り： 伊予西条駅（タクシー約1時間25分、約53km）名野川登山口　※距離が長すぎるため適していない

マイカー情報 松山道いよ西条ICから国道11号に入って西走し、加茂川橋を左折して国道194号を南下。いの町寺川（石鎚国定公園／本川総合支所の表示あり）で右折し県道40号に入る。長沢貯水池を左手に見て、白猪オートキャンプ場の横を通り、県道がヘアピンに曲がる地点の「名野川登山口」付近に駐車。大阪から5〜5.5時間。

参考タイム 名野川本流出合（15分）二俣（1時間25分）2条直瀑10m（15分）廃林道の橋桁（1時間30分）屏風岩（1時間15分）手箱越・登山道

標高差 850m（水平距離3.5km）

装備 基本装備　**地図** 筒上山

温泉 木の香温泉（火曜休）☎088-869-2300

········ **アプローチ** ········

名野川登山口から林道を300mほど戻り、4m滝を落とす本流出合から入渓する。

········ **下降ルート** ········

名野川登山道を下山する。手箱越から約30分でササヤブの中の分岐に出る。ここを右に折れてササヤブの中の急斜面を下り、筒上滝見台を経て駐車地点（名野川登山口）に戻る。手箱越から約1時間40分。筒上山経由なら約3時間。

ナメ滝L9mはフリクションを利かせて突破

3段ナメ滝6mを快適にこなしていく

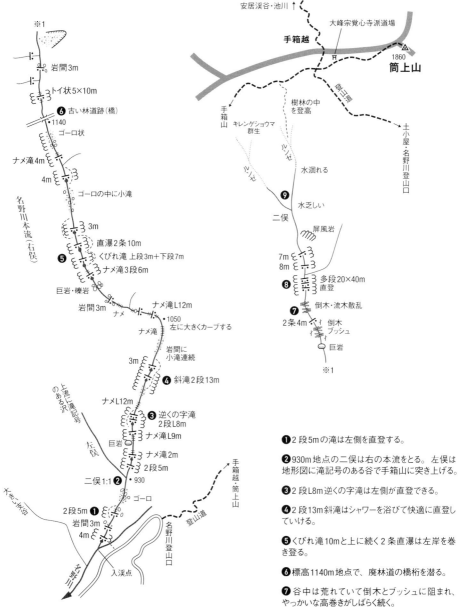

安居渓谷・池川 ↑

大峰宗覚心寺派道場

手箱越

筒上山
1860

△

安居渓谷・池川

手箱山

樹林の中を登高

稜山道

土小屋・名野川登山口

キレンゲショウマ群生

ルンゼ

ルンゼ

水涸れる

❾

水乏しい

二俣

屏風岩

7m
8m

多段20×40m
直登

❽

倒木・流木散乱

❼

2条4m

倒木
ブッシュ

巨岩

※1

※1

岩間3m

トイ状5×10m

❻ 古い林道跡(橋)

・1140

ゴーロ状

ナメ滝4m

4m

ゴーロの中に小滝

3m

直瀑2条10m

くびれ滝 上段3m+下段7m

❺

ナメ滝3段6m

巨岩・礫岩

岩間3m

ナメ滝L12m

ナメ

・1050

左に大きくカーブする

ナメ滝

岩間に
小滝連続

3m

❹ 斜滝2段13m

ナメL12m

❸ 逆くの字滝
2段L8m

ナメ滝L9m

巨岩

ナメ滝2m

2段5m

二俣1:1 ❷ ・930

ゴーロ

手箱
越・筒
上山

登山道

名野川登山口

名
野
川
本
流
（
右
俣
）

上流に滝記号
のある沢

左
俣

木地ノ森沢

2段5m

岩間3m

4m

名
野
川

入渓点

名野川本流

遡行：2020.8
作図：吉岡 章

❶ 2段5mの滝は左側を直登する。

❷ 930m地点の二俣は右の本流をとる。左俣は地形図に滝記号のある谷で手箱山に突き上げる。

❸ 2段L8m逆くの字滝は左側が直登できる。

❹ 2段13m斜滝はシャワーを浴びて快適に直登していける。

❺ くびれ滝10mと上に続く2条直瀑は左岸を巻き登る。

❻ 標高1140m地点で、廃林道の橋桁を潜る。

❼ 谷中は荒れていて倒木とブッシュに阻まれ、やっかいな高巻きがしばらく続く。

❽ 多段20×40mはシャワーを浴びて快適に直登していけるが、不安を感じたら躊躇せずにロープを出して安全を期したい。

❾ 源流域の二俣。ここでは手箱越に近い右のルンゼをつめ上がるが、最後は小尾根の樹林帯を登ったほうが楽だ。

仁淀川水系　面河本谷 <small>おもご</small>

初・中級　2級下／Ⅲ＋
適期　4月中旬〜11月中旬
日程　1日(遡行6.5〜7.5時間)

大滝との接見と源流の中沢の登攀は明るく開放的

石鎚山の南面へ突き上げる面河本谷は、「日本の滝百選」に選ばれた御来光ノ滝があることで知られる。流域一帯は石鎚国定公園に指定されており、自然環境に恵まれ四季の景観はすばらしい。谷は全体的に短く水量も少なめで、困難な滝やゴルジュもなく、明るく開放的である。源流の中沢、南沢は人気があり、幕岩、石鎚山北壁へのアプローチとしても利用されている。

面河亀腹から御来光ノ滝を経て石鎚山裏参道の愛大小屋まで、立派な登山道が通じていたが、谷の上部に石鎚スカイラインが建設されて、落石や登山道の崩壊などがあって、現在は通行止めになっている。番匠谷出合までは増水時の徒渉がやっかいである。2カ所の堰堤がつくられて、かつての花崗岩の谷の美しい面影は半減したが、番匠谷出合を過ぎると谷らしくなる。

……………… アプローチ ………………

面河バス停から面河渓まで徒歩約20分。遊歩道を面河登山口先の虚ヶ淵まで歩き、その上流から入渓する。徒歩約25分。

……………… 下降ルート ………………

つめ上がった南尖峰から石鎚神社に出て、面河登山道を下る。面河山を経て、面河渓の駐車場まで約3時間30分。

アクセス　行き・帰り：松山駅（JR四国バス1時間8分）久万中学校前／久万営業所（伊予鉄南予バス1時間2分）面河　※バス利用の場合は1泊2日行程になる
マイカー情報　松山道川内ICから国道11号・494号を南下し、黒森峠を経て久万高原町（旧面河村）に至り、河口から県道12号を石鎚スカイライン方面へと走り、関門から面河渓の駐車場へ。川内ICから約50.5km。
参考タイム　虚ヶ淵・入渓点（35分）ゆりあげ（55分）番匠谷出合（45分）犬吠谷出合（1時間10分）御来光ノ滝直下（35分）中沢出合（2時間30分）南尖峰
標高差　1160m（水平距離6.0km）
装備　基本装備＋登攀具、40mロープ
地図　面河渓、筒上山、石鎚山
温泉　①ふるさと交流館さくらの湯（第4水曜休）☎089-960-6511　②国民宿舎古岩屋荘（水曜休）☎0892-41-0431

番匠谷を過ぎた先に出てくる2条7mの滝

直下から仰ぎ見る御来光ノ滝。落差87mを誇る

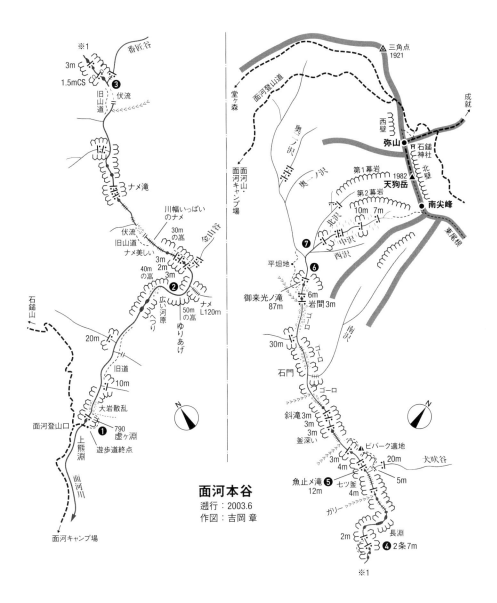

面河本谷

遡行：2003.6
作図：吉岡 章

❶遊歩道をたどり、虚ヶ淵を越えたところから河原に下りて遡行を開始する。

❷ゆりあげの先で左岸からナメ滝となって枝谷が入り、続いて金山谷が左岸から流入する。

❸番匠谷は面河本谷中最大の支流で、ここから谷歩きに変化が出てくる。

❹2条7m滝は左から巻く。

❺魚止メ滝は左岸を巻き登り、4m滝を越えたところから谷に下りる。

❻御来光ノ滝は2段になっていて、下部はダイレクトに落下して水煙を上げている。右岸に入るルンゼに沿って踏み跡を拾って巻き上がり、尾根上の小さな平坦地に出る。そこから踏み跡を下ると中沢出合の上流に出る。また平坦地から尾根をたどれば愛大小屋に至る。

❼沢が三分する。真ん中の中沢はスラブ状の小滝が続き、水量も少なく明るい谷で快適に遡上できる。やや手ごわい滝が3カ所あり、いずれも左岸を容易に巻ける。幕岩が迫ってくると上部で谷が分かれるが右が本谷。最後は急傾斜のササ原を登りつめて、西に踏み跡をたどり南尖峰のピークに出る。

中山川水系　鞍瀬谷本谷　（くらせ）

上級　3級／IV+
適期　4月中旬〜11月下旬
日程　1日(遡行6.5〜7.5時間)

峻険なゴルジュに数多くの滝や釜をもつ登攀価値の高い谷

　鞍瀬川は石鎚山の西方、鞍瀬ノ頭に源を発して北西に流下し、落合で中山川に合流する川である。上流は峻険な狭い地域に深く削られたいくつかの支流を有し、遡行の対象としては、鞍瀬谷右俣、堂ヶ森へ突き上げる松ヶ谷、鞍瀬谷本谷、夫婦左俣、奥夫婦左俣などが知られている。本書ではそのうち鞍瀬谷本谷を紹介するが、保井野をベースに各支流へとぜひ入渓することをおすすめする。

　鞍瀬谷本谷は西条市の観光スポット「鞍瀬渓谷」でもあり、夫婦滝と貝ノ口滝まで保井野から登山道が通じて、一般のハイカーの姿も見られる。ここでは松ヶ谷出合まで登山道をたどり、そこから入渓するガイドとする。遡行時間が長いので、日帰りの場合は早朝出発としたい。

・・・・・・・・・・・ アプローチ ・・・・・・・・・・・

　保井野から夫婦滝への登山道を歩き、入渓地点の松ヶ谷出合まで約1時間10分。

・・・・・・・・・・・ 下降ルート ・・・・・・・・・・・

　鞍瀬ノ頭から西へ向かい、堂ヶ森を経て、保井野分岐で右折し保井野登山口に下り、車道を歩いて保井野バス停に戻る。鞍瀬ノ頭から約3時間。

アクセス　行き・帰り：壬生川駅（せとうち周桑バス1時間2分）保井野
マイカー情報　松山道いよ小松ICから国道11号を松山方面へと走り、落合橋で左折して、県道153号を丹原鞍瀬方面へ向かい、保井野バス停付近の広場に駐車する。いよ小松ICから約40分。
参考タイム　松ヶ谷出合・入渓点（1時間30分）夫婦滝（1時間）奥夫婦滝（40分）東沢出合（2時間）二俣（1時間15分）鞍瀬ノ頭西肩の登山道
標高差　1200m（水平距離2.8km）
装備　基本装備＋登攀具、40mロープ
地図　石鎚山
温泉　①湯之谷温泉（不定休）☎0897-55-2135　②椿温泉こまつ（水曜休）☎0898-76-3511

谷は右に折れて貝ノ口滝2段25mを懸ける

スダレ状に流下する奥夫婦滝・雌滝2段70m

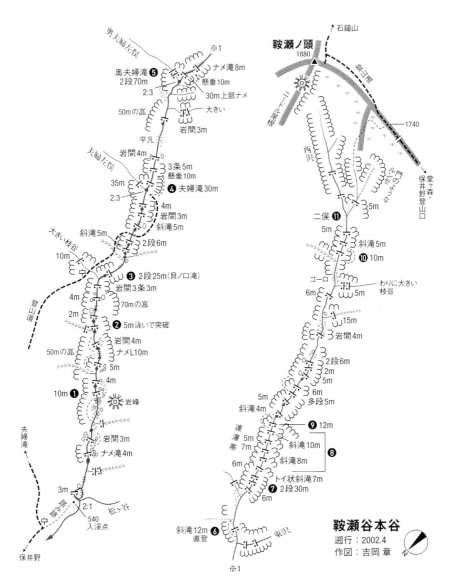

鞍瀬谷本谷

遡行：2002.4
作図：吉岡 章

❶ゴーロの上に懸かる10m滝は左岸を巻く。

❷2条5m滝は完全に行き詰まった感じで、釜を泳いで滝身を突破する以外手はない。

❸右岸から大きい枝谷が入り、本谷は右に曲がって2段25mの滝（貝ノ口滝）を懸ける。ここは岩峰の裏側にあるルンゼから高巻くと登山道に出る。夫婦滝まで登山道をたどってもよい。

❹夫婦滝は左岸から高巻き、懸垂下降10mで滝頭に立つ。

❺奥夫婦滝は右のリッジを灌木を頼りにモンキークライム。難しい箇所があるので、ロープを出して安全を期したい。あとは懸垂下降10mで滝頭に立つ。

❻斜滝12mは左側が直登できる。

❼2段30m滝はシャワーを浴びて直登も可能だが、右岸の草付から巻いてもよい。

❽6m滝に始まる連瀑帯はいずれも直登していける。

❾12mの滝は左から巻き登る。

❿10m滝は直登可能だが、無理なら左岸を巻く。

⓫二俣から上流は4月中旬ごろまで残雪がある年がある。右の谷をとり、次の出合では左をとって登りつめると枝尾根に出る。灌木のブッシュをこいで鞍瀬ノ頭西肩の登山道に出る。

235

吉野川水系 祖谷川　境谷（さかい）

百間滝をはじめ滝登攀の技術が問われる中級者向きの沢

中級　2級／Ⅳ
適期　4月上旬〜11月中旬
日程　1日（遡行5〜6時間）

剣山から西へ続く稜線の端に国見山がある。その北のピークから一気に祖谷川に落ちている谷が境谷である。下流部には地形図にも記載のある5段100mといわれる百間滝が懸かり、中流には伝説の蛇淵がある。剣山周辺にあって登りがいのある谷である。この谷は旧池田町と旧西祖谷山村との境界になっていて、南側の田丸から北の千足に至る山道が谷を渡り越えているが、今は歩く人も少なく草ヤブに埋もれている。

境谷の遡行は、ピークまでつめ上がると下降ルートの確保が難しく、1日では無理となる。通常は山道が横切るところで遡行を打ち切り、祖谷渓キャンプ村に引き返すのがよいだろう。

⋯⋯⋯⋯⋯ アプローチ ⋯⋯⋯⋯⋯

バス停からキャンプ村入口までは徒歩約45分。キャンプ村から河原に下りて、大滝から遡行開始する。

⋯⋯⋯⋯⋯ 下降ルート ⋯⋯⋯⋯⋯

遡行終了点の山道出合から千足方面へと草深い道をたどり、百間滝の上流あたりから山道を外れて、左岸枝尾根を境谷出合へと下り、駐車地点の祖谷渓キャンプ村に下山する。地図読みが要求される。約2時間。

アクセス　行き・帰り：阿波池田駅（四国交通バス32分）出合、または阿波池田駅（タクシー約25分、約17km）祖谷渓キャンプ場　※バス時刻によっては1泊2日となる
マイカー情報　徳島道井川池田ICから国道32号を大歩危方面へと南下。山城町下川で国道を離れ、祖谷川に沿う県道32号を祖谷温泉方面へ走り、境谷出合の集落を過ぎた先の祖谷渓キャンプ村に駐車する。井川池田ICから約30分。
参考タイム　祖谷渓キャンプ村（1時間30分）境谷出合（30分）百間滝直下（1時間30分）蛇淵（1時間45分）山道出合490m・遡行終了点
標高差　300m（水平距離2.0km）
装備　基本装備＋登攀具、40mロープ
地図　大歩危、阿波川口
温泉　①ホテル祖谷温泉（無休）☎0883-75-2311　②松尾川温泉（水曜休）☎0883-75-2322

百間滝5段100mの前面に立つ

祖谷川を下って境谷出合へと向かう

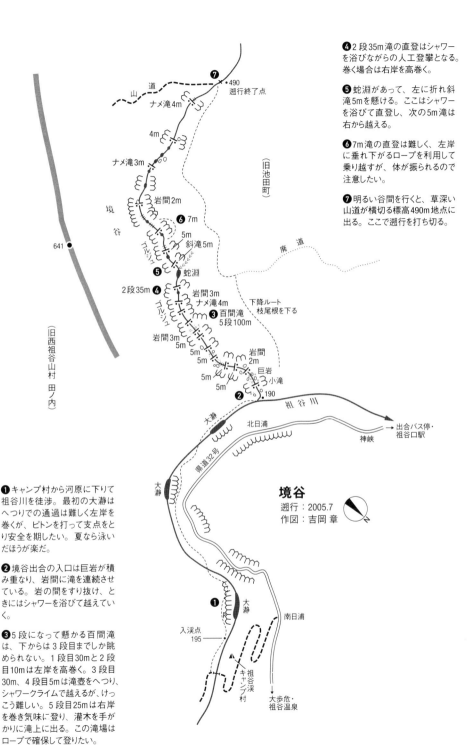

❹2段35m滝の直登はシャワーを浴びながらの人工登攀となる。巻く場合は右岸を高巻く。

❺蛇淵があって、左に折れ斜滝5mを懸ける。ここはシャワーを浴びて直登し、次の5m滝は右から越える。

❻7m滝の直登は難しく、左岸に垂れ下がるロープを利用して乗り越すが、体が振られるので注意したい。

❼明るい谷間を行くと、草深い山道が横切る標高490m地点に出る。ここで遡行を打ち切る。

山道

❼

490
遡行終了点

ナメ滝4m

4m

ナメ滝3m

（旧池田町）

岩間2m

❻ 7m

境

谷

5m

斜滝5m

廃 道

641

❺ 蛇淵

2段35m ❹

岩間3m

ナメ滝4m

下降ルート
枝尾根を下る

❸ 百間滝
5段100m

岩間3m

5m

岩間
2m

5m

巨岩

5m

5m 5m 小滝

❷

190

（旧西祖谷山村 田ノ内）

祖 谷 川

大滝

北日浦

神峡

→ 出合バス停・
祖谷口駅

県道32号

大滝

境谷

遡行：2005.7
作図：吉岡 章

N

❶

大滝

南日浦

入渓点
195

祖
谷
渓
キ
ャ
ン
プ
村

大歩危・
祖谷温泉

❶キャンプ村から河原に下りて祖谷川を徒渉。最初の大瀞はへつりでの通過は難しく左岸を巻くが、ピトンを打って支点をとり安全を期したい。夏なら泳いだほうが楽だ。

❷境谷出合の入口は巨岩が積み重なり、岩間に滝を連続させている。岩の間をすり抜け、ときにはシャワーを浴びて越えていく。

❸5段になって懸かる百間滝は、下からは3段目までしか眺められない。1段目30mと2段目10mは左岸を高巻く。3段目30m、4段目5mは滝壺をへつり、シャワークライムで越えるが、けっこう難しい。5段目25mは右岸を巻き気味に登り、灌木を手がかりに滝上に出る。この滝場はロープで確保して登りたい。

那賀川水系 沢谷川 菊千代谷

<ruby>菊<rt>きく</rt>千<rt>ち</rt>代<rt>よ</rt></ruby>

初級	2級下／Ⅱ
適期	4月上旬～11月上旬
日程	1日（遡行5.5～6.5時間）

派手さはないが、明るく美しい渓相で滝も多い

　北へ東へ北西へと向きを変えながら雲早山へつめ上がる谷で、派手さはないが、谷名からのイメージどおりに、明るく美しい渓相である。序盤のゴルジュを越えたあとは全体的に難しい箇所はなく、数十メートル級の大滝こそないものの、10m前後の滝を多く懸け、深い釜をもち、水質もきれいだ。支流から入るいくつかの滝も美しい。また、草原の中を気持ちよくつめ上がった雲早山では、最高の眺望が得られる。

雲早山
<ruby>雲早<rt>くもそう</rt></ruby>

················ アプローチ ················

　タクシー利用の場合、大釜ノ滝から出合まで徒歩5分ほど。橋手前から谷に沿った小道をたどって河原に下りる。

··············· 下降ルート ···············

　駐車地に戻るには、雲早山からP1283、P1158を通る南西尾根を使っての下山になり、所要2時間30分～3時間。車が2台以上あれば、入山時に雲早隧道を越えたところで剣山スーパー林道に入り、雲早山登山口に車をデポしておくと、山頂から約40分で下山できる。タクシー利用の場合は、雲早隧道（登山口から徒歩約30分）に呼ぶとよい。

（本文・遡行図ガイド＝上仲昭子）

アクセス　行き：阿波山川駅（タクシー約1時間10分、約41km）大釜ノ滝　**帰り：**雲早隧道（タクシー約55分、約35km）阿波山川駅　※距離が長く、適していない

マイカー情報　徳島道脇町ICで降り、国道193号を南下して進み県道253号に合流。右手に大釜ノ滝を見たのち、左手の林道菊千代線に入る。へんど谷との二俣あたりに架かる橋の手前に駐車地がある。大阪から約4時間30分。

参考タイム　菊千代谷出合（2時間）4条12m滝（1時間）二俣830m（2時間30分）登山道（10分）雲早山

標高差　933m（水平距離5.2km）

装備　基本装備　**地図**　雲早山

温泉　①四季美谷温泉（月曜休）☎0884-65-2116　②いやしの湯（第4火曜休）☎088-676-1117

美しい4条12m滝

10m滝の流芯の登りと岩くぐり

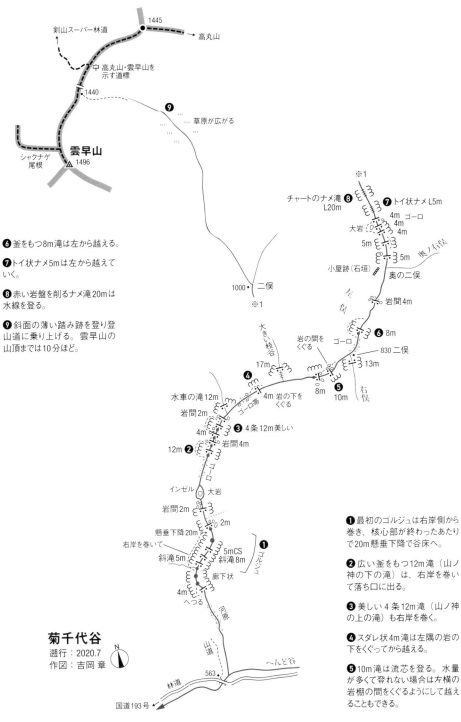

❻ 釜をもつ8m滝は左から越える。

❼ トイ状ナメ5mは左から越えていく。

❽ 赤い岩盤を削るナメ滝20mは水線を登る。

❾ 斜面の薄い踏み跡を登り登山道に乗り上げる。雲早山の山頂までは10分ほど。

菊千代谷
遡行：2020.7
作図：吉岡 章

❶ 最初のゴルジュは右岸側から巻き、核心部が終わったあたりで20m懸垂下降で谷床へ。

❷ 広い釜をもつ12m滝（山ノ神の下の滝）は、右岸を巻いて落ち口に出る。

❸ 美しい4条12m滝（山ノ神の上の滝）も右岸を巻く。

❹ スダレ状4m滝は左隅の岩の下をくぐってから越える。

❺ 10m滝は流芯を登る。水量が多くて登れない場合は左横の岩棚の間をくぐるようにして越えることもできる。

仁淀川水系 安居渓谷（やすい）

初級 2級下／Ⅲ
適期 5月上旬〜10月下旬
日程 1日（遡行5時間）

噂の仁淀ブルーに酔いしれる初級向きの谷

近年、四国の仁淀川流域は清流の川として注目されており、特に「仁淀ブルー」と呼ばれる独特の水色が人気の秘訣となっている。安居川は石鎚山脈の筒上山を源にもつ仁淀川水系の有力支流であり、「飛龍ノ滝」や「水晶淵」などの見どころも多く、年間を通じて多くの観光客が訪れている。そのなかでも安居渓谷の左岸支流（弘沢と記載する記録もある）は沢登りにも適しており、美しい渓相にフリクションのよい岩質と相まって人気が高い。悪場にはしっかりとした巻き道があって、初心者を交えたパーティでも爽快な遡行が味わえる。

アクセス　行き・帰り：佐川駅（黒岩観光バス38分）狩山口（タクシー約15分、約7km）安居渓谷
マイカー情報　国道439号から安居渓谷の案内に従い県道362号へと入る。そのまま8kmほど進んで千仞橋のたもとに駐車スペースがある。高知市内から約1時間30分、大阪からだと瀬戸中央道経由で約6時間30分。
参考タイム　千仞橋（1時間20分）ゴルジュの斜滝20m（1時間10分）逆くの字20m滝（30分）屏風ノ滝（1時間40分）遡行終了点
標高差　330m（水平距離3.0km）
装備　基本装備＋40mロープ
地図　筒上山、上土居
温泉　吾北むささび温泉（木曜休）☎088-867-3105

・・・・・・・・・・**アプローチ**・・・・・・・・・・
千仞橋（せんじん）から100mほど戻り、左側の山道に入って適当なところから谷へ下りる。

・・・・・・・・・・**下降ルート**・・・・・・・・・・
遡行終了点の橋から弘沢林道を下る。徒歩だと千仞橋までは2時間ほど必要だが、車2台で1台を回せるなら、下山の労からは解放される。

斜滝8mを快適に登る

仁淀ブルーが美しい屏風ノ滝15m

240

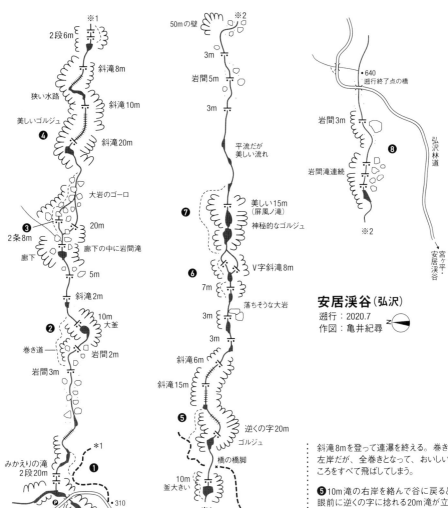

安居渓谷（弘沢）

遡行：2020.7
作図：亀井紀尋

図中のラベル

- ※1
- 2段6m
- 斜滝8m
- 狭い水路
- 美しいゴルジュ
- ❹
- 斜滝10m
- 斜滝20m
- 大岩のゴーロ
- ❸
- 20m
- 2条8m
- 廊下の中に岩間滝
- 廊下
- 5m
- 斜滝2m
- ❷
- 10m
- 大釜
- 巻き道
- 岩間2m
- 岩間3m
- みかえりの滝
  2段20m
- ❶
- *1
- P
- 千仭橋
- ・310
- 安居川
- →宮ヶ平・
  国道439号
- 50mの壁
- ※2
- 3m
- 岩間5m
- 3m
- 平流だが
  美しい流れ
- 美しい15m
  （屏風ノ滝）
- ❼
- 神秘的なゴルジュ
- V字斜滝8m
- ❻
- 7m
- 3m
- 落ちそうな大岩
- 3m
- 斜滝6m
- 斜滝15m
- ❺
- 逆くの字20m
- ゴルジュ
- 橋の橋脚
- 10m
  釜大きい
- ※1
- *1
- ・640
  遡行終了点の橋
- 岩間3m
- ❽
- 岩間滝連続
- ※2
- 弘沢林道
- →宮ヶ平・
  安居渓谷

❶ 入渓は千仭橋から100mほど下流側に進んで階段の山道へと折り返し、流れが見えてきたところで谷へと下降する。

❷ 最初の滝らしい滝は大釜をもつ10m滝。釜を泳いで左手から登ることも可能だが、けっこう悪いので慎重に。不安なら少し戻った右岸に明瞭な巻き道が通じている。

❸ 前方には薄暗いゴルジュ、その奥に白く光る滝が見える。ゴルジュの中は

巨岩が詰まっており一見難物そうだが、隙間を縫って登っていける。上は明るく開けて20m滝が登場、右岸側に2条8m滝もあって壮観だ。ここは右岸の8m滝を登って巨岩の間をすり抜ける。

❹ ゴルジュの斜滝20mから核心部が始まる。水量にもよるがフリクションを利かせて流れの中を直上、中間部がやや細かいので後続には確保が必要だろう。続いて水路のような淵、突っ張ったり泳いだりと進み方は自由だ。さらに

斜滝8mを登って連瀑を終える。巻きは左岸だが、全巻きとなって、おいしいところをすべて飛ばしてしまう。

❺ 10m滝の右岸を絡んで谷に戻ると、眼前に逆くの字に捻れる20m滝が立ち塞がる。両岸の壁も高く、ここは巻く以外にないだろう。右岸にしっかりとした踏み跡があって見た目ほどの苦労はない。さらに斜滝15m、斜滝6mと快適に越えてゆく。

❻ 7m滝とV字の8m斜滝はともに右岸を巻く。

❼ 屏風ノ滝は安居渓谷で最も美しい場所といわれており、どこか神々しさも感じる絶景だ。水線沿いは不可能で、右岸からの巻き一択となる。

❽ 谷の傾斜が緩んでもう終わりかと思ったころに、岩間滝が連続する。シャワーを交えて楽しく越えれば林道が横切って遡行の潮時となる。

四万十川水系 目黒川 滑床渓谷 _{なめとこ}

初級 1級上／I+
適期 4月上旬～11月下旬
日程 1日（遡行3～4時間）

12kmに及ぶ美渓、雪輪ノ滝は"日本の滝百選"のひとつ

清流四万十川の支流・目黒川の源流で、鬼ヶ城山系に源を発する渓谷。一般には万年橋から上流を滑床渓谷と呼んでいる。滑床渓谷には延々12kmにわたって見事な嵌入蛇行が見られ、花崗岩の川床は水が滑るように流れ、ブナを主体とした自然林が見事なコントラストを見せている。

沢自体は危険なところもなく、特に技術を要する場所もない。一般観光客のための展望台や探勝路も開かれ、容易に入渓してさまざまなナメの姿に接することができる。夏にはキャニオニングのツアーも組まれ、雪輪ノ滝周辺のナメで滝滑りを楽しむ光景も見られる。

•••••••••••••••••• **アプローチ** ••••••••••••••••••

遊歩道のどこからでも谷筋に入れる。適当なところから遡行開始。

•••••••••••••••••• **下降ルート** ••••••••••••••••••

登山道出合から南の八面山へと縦走し、熊のコルから檜尾根を御祝山経由で万年橋

アクセス　行き：松丸駅（タクシー約30分、約15km）万年橋　**帰り**：宇和島駅　※現地に前泊しないと日帰りは無理
マイカー情報　松山道三間ICで降り、3号宇和島中村線を松野町に至り、富岡で右折し、県道317号目黒松丸線で滑床渓谷へ。駐車場あり。大阪から約5時間30分。
参考タイム　万年橋（40分）雪輪ノ滝（1時間10分）奥千畳（40分）奥の二俣840m（40分）登山道
標高差　665m（水平距離5.3km）
装備　基本装備
地図　宇和島、松丸
温泉　①森の国ぽっぽ温泉（第2月曜休、8月は第1月曜休）☎0895-20-5526　①ユートピア宇和（第4月曜休）☎0894-67-0077

まで。または熊のコルから二ノ俣沿いの登山道を下り、滑床渓谷遊歩道を万年橋に戻ってもよい。どちらも約3時間20分。タクシー利用の場合は、鬼ヶ城山を経て宇和島駅へ下ってもよい。約3時間20分。

川幅いっぱいになって流れる奥千畳のナメ

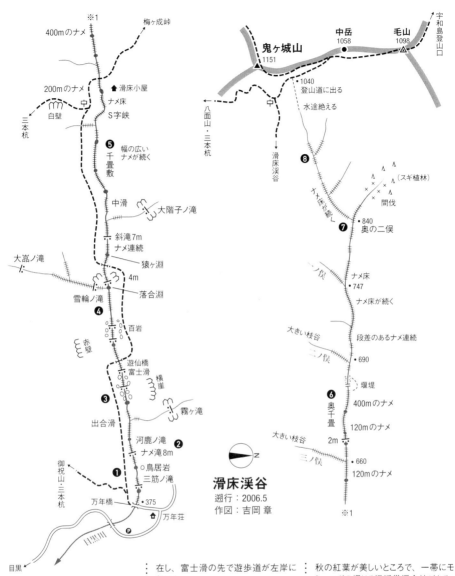

※1
400mのナメ
梅ヶ成峠
200mのナメ
滑床小屋
白壁
ナメ床
三本杭
S字峡
八面山・三本杭
❺ 幅の広い
千畳敷 ナメが続く
1040
登山道に出る
水涸絶える
鬼ヶ城山
1151
中岳
1058
毛山
1098
宇和島登山口
滑床渓谷
中滑
大階子ノ滝
❽
斜滝7m
ナメ連続
猿ヶ淵
（スギ植林）
間伐
4m
落合淵
大嵐ノ滝
雪輪ノ滝
❼ 奥の二俣
・840
❹
百岩
赤壁
・747
ナメ床
ナメ床が続く
遊仙橋
富士滑
横雀
❸
段差のあるナメ連続
大きい枝谷
・690
出合滑
霧ヶ滝
堰堤
河鹿ノ滝 ❷
ナメ滝8m
❻
奥千畳
400mのナメ
御祝山・三本杭
❶
鳥居岩
三筋ノ滝
120mのナメ
2m
大きい枝谷
万年橋
・375
・660
万年荘
120mのナメ
※1
P
目黒

滑床渓谷
遡行：2006.5
作図：吉岡 章

❶ 右岸に遊歩道があるが、適当なところから沢筋を遡上していくほうが楽しい。

❷ ナメ8mはフリクションを利かせて通過していけるが、水量が多いとやっかいだ。続く河鹿ノ滝は釜を回り込み通過する。夏なら釜を泳いで滝身を登るのも楽しい。

❸ 枝谷が左岸から入ると、出合滑が岩床を走る。ナメが尽きると巨岩が散

在し、富士滑の先で遊歩道が左岸に転じる。

❹ 左手から雪輪ノ滝が粉雪を落とすごとく静かに流れ下る。ここで川幅が狭まり落合淵の上に花崗岩が深く浸食された4m滝がある。谷通しに進めず、左岸の探勝路を進み、橋を渡って巻く。

❺ 千畳敷は幅広く流れるナメやトイ状ナメ、釜を従えたナメなどが長く続いている。

❻ 右岸からナメとなって出合う三ノ俣を過ぎると奥千畳の領域に入る。新緑と

秋の紅葉が美しいところで、一帯にモミ、ツガの混じる温暖帯混合林がある。二ノ俣を見送ると段差のあるナメが連続するが、フリクションを利かせて快適に遡上していける。

❼ 奥の二俣では左の谷をとって登る。

❽ 源流域は傾斜を強めたナメ床が段差をもって続き、スリップに注意。水が途絶え、樹林の中を登りつめると登山道に出る。

243

■大峰

[交通機関] R169ゆうゆうバス（下北山村役場総務課）☎07468-6-0001

R169ゆうゆうバス（奈良交通お客様サービスセンター）☎0742-20-3100

奈良交通バス（奈良交通お客様サービスセンター）☎0742-20-3100

北山村営バス（北山村観光センター）☎0735-49-2324

相互タクシー（大和上市駅）☎0746-32-4001

近鉄タクシー上市営業所（大和上市駅）☎0746-32-2961

千石タクシー（下市口駅）☎0747-52-2555

大淀タクシー（下市口駅）☎0747-52-2049

天川タクシー（天川川合）☎0747-63-0015

熊野第一交通〈タクシー〉（熊野市駅）☎0597-85-2155

クリスタルタクシー熊野営業所（熊野市駅）☎0597-85-2053

三光タクシー（十津川温泉）☎0746-64-0231

野原タクシー（五条駅）☎0747-23-2233

大紀福神営業所レンタカー部（福神駅）☎0747-53-2929

トヨタレンタリース奈良五條店（五条駅）☎0747-22-5101

ニッポンレンタカー大和八木駅前営業所（大和八木駅）☎0744-20-0919

榊本モータース〈レンタカー〉（十津川温泉）☎0746-64-0309

ニコニコレンタカー熊野井戸店（熊野市駅）☎0597-85-3468

[入浴施設] 湯盛温泉・ホテル杉の湯 ☎0746-52-0006　🕐11:00～17:30（最終受付16:30）🈺水曜日、臨時休業あり

上北山温泉・薬師湯 ☎07468-3-0001　🕐13:00～21:00（最終受付20:30）🈺第1・3週の火・水曜日、ただし繁忙期は営業

天の川温泉センター ☎0747-63-0333　🕐11:00～20:00（最終受付19:30）🈺火曜日、12/29～1/1

下北山温泉・きなりの湯 ☎07468-5-2001　🕐平日15:00～20:45、土日祝11:00～20:45（最終受付各30分前）🈺火曜日

おくとろ温泉 ☎0735-49-2575　🕐平日15:00～20:30、土日祝11:00～20:30（最終受付20:00）🈺木曜日

十津川温泉・庵の湯 ☎0746-64-1100　🕐8:30～20:00　🈺火曜日

洞川温泉センター ☎0747-64-0800　🕐11:00～20:00（最終受付19:30、夏季は21:00まで）🈺水曜日、12/29～1/1

ふれあい交流館 大塔温泉・夢乃湯 ☎0747-36-0058　🕐4～11月の土曜11:00～21:00、その他11:00～19:00（最終受付各1時間前）🈺火・水曜日（夏休み・年末年始は変更あり）

湯泉地温泉・滝の湯 ☎0746-62-0400　🕐8:30～20:00　🈺木曜日

湯泉地温泉・泉湯 ☎0746-62-0090　🕐10:00～20:00　🈺火曜日

■台高

[交通機関] 奈良交通バス（奈良交通お客様サービスセンター）☎0742-20-3100

大台町営バス（大台町役場企画課）☎0598-82-3782

三重交通松阪営業所 ☎0598-51-5240

東吉野村営バス（東吉野村総務企画課）☎0746-42-0441

R169ゆうゆうバス（下北山村役場総務課）☎07468-6-0001

R169ゆうゆうバス（奈良交通お客様サービスセンター）☎0742-20-3100

相互タクシー（大和上市駅）☎0746-32-4001

上村タクシー（三瀬谷駅）☎0598-82-1030

滝原西村ハイヤー大台営業所（三瀬谷駅）☎0598-82-1035

宮川タクシー（大台町江馬）☎0598-76-0112

クリスタルタクシー尾鷲営業所（尾鷲駅）☎0597-22-1418

尾鷲ハイヤー（尾鷲駅）☎0597-22-0238

介護タクシーたへや（相賀駅）☎0597-32-0020

福祉タクシーたまゆら（相賀駅）☎0597-32-1771

大紀福神営業所レンタカー部（福神駅）☎0747-53-2929

ニッポンレンタカー大和八木駅前営業所（大和八木駅）☎0744-20-0919

100円レンタカー尾鷲中川店（尾鷲駅）☎0597-22-4797

OSDレンタカー（相賀駅）☎0597-32-2570

[入浴施設] 湯盛温泉・ホテル杉の湯→大峰参照

宮川温泉・奥伊勢フォレストピア ☎0598-76-1200　🕐11:00～21:00（最終受付20:00）🈺無休

松阪わんわんパラダイス 奥香肌峡温泉・森のホテルスメール ☎0598-45-0003　🕐月曜日14:00～20:00、その他11:00～20:00（最終受付19:00）🈺無休

香肌峡温泉・いいたかの湯 ☎0598-46-1114　🕐10:00～20:45（最終受付20:00）🈺水曜日、12/31～1/1

たかすみ温泉 ☎0746-44-0777　🕐11:00～21:00、12/1～3/15は11:00～20:00（最終受付各30

分前） 休木曜日、年末年始（要問合せ）

入之波温泉・山鳩湯 ☎0746-54-0262 営10：00
〜17：00（最終受付16：00） 休4〜10月水曜日、
11〜3月火・水曜日、繁忙期は営業

吉野町立老人福祉センター・中荘温泉 ☎0746-
32-0501 営6〜9月11：00〜19：00、10〜5月11：
00〜18：00（最終受付各30分前） 休月曜日、毎
月最終火曜日、12/28〜1/4 ※2021年5月現在、
利用を吉野町民のみに制限中

小処温泉 ☎07468-3-0256 営11：00〜18：00（最
終受付17：30） 休夏季・紅葉期は火曜休、5月
と10月前半は火・水曜休、6・9・11月は月〜木曜
休、12月〜GW前は冬季休業

上北山温泉・薬師湯→大峰参照

下北山温泉・きなりの湯→大峰参照

きいながしま古里温泉 ☎0597-49-3080 営10：
00〜21：00、第4水曜日は13：00〜21：00（最終受
付20：00） 休無休 ※2021年5月現在、利用を
紀北町民のみに制限中

きほく千年温泉・ホテル季の座 ☎0597-46-2111
営12：00〜21：00（最終受付20：00） 休不定休

■南紀

[交通機関]　紀宝町民バス（紀宝町役場企画調
整課）☎0735-33-0334

熊野御坊南海バス新宮本社 ☎0735-22-5101

龍神バス（龍神自動車本社）☎0739-22-2100

奈良交通バス（奈良交通お客様サービスセン
ター）☎0742-20-3100

熊野第一交通新宮営業所〈タクシー〉（新宮駅）☎
0735-22-6311

熊野第一交通本宮営業所〈タクシー〉（熊野本宮・
請川）☎0735-42-0051

三光タクシー（十津川温泉）☎0746-64-0231

オリックスレンタカー新宮駅前店（新宮駅）☎
0735-23-0543

榊本モータース〈レンタカー〉（十津川温泉）☎
0746-64-0309

[入浴施設]　熊野川温泉さつき ☎0735-44-
0193 営11：00〜21：00（最終受付20：30） 休
月曜日

十津川温泉・庵の湯→大峰参照

高田グリーンランド・雲取温泉 ☎0735-29-0321
営11：00〜21：00（最終受付20：30） 休不定休

川湯温泉・河原露天風呂 ☎0735-42-0735（熊野
本宮観光協会） 営いつでも入浴可 休無休

川湯温泉公衆浴場 ☎0735-42-0735（熊野本宮
観光協会） 営6：30〜20：00（最終受付19：30）
休火曜日

湯泉地温泉・滝の湯→大峰参照

■奥高野

[交通機関]　奈良交通バス（奈良交通お客様
サービスセンター）☎0742-20-3100

野原タクシー（五条駅）☎0747-23-2233

有田鉄道高野山営業所〈タクシー〉（高野山）☎

0736-56-2634

高野山タクシー（高野山）☎0736-56-2628

トヨタレンタリース奈良五條店（五条駅）☎
0747-22-5101

[入浴施設]　ふれあい交流館 大塔温泉・夢乃湯
→大峰参照

■奥美濃

[交通機関]　岐阜バス高富営業所 ☎0581-22-
5010

板取ふれあいバス（関市役所基盤整備部都市計
画課）☎0575-23-7981

揖斐タクシー（揖斐駅）☎0585-22-1244

スイトタクシー池野営業所（池野駅）☎0585-45-
4321

揖斐レンタカー（揖斐駅）☎0585-22-1303

[入浴施設]　板取川温泉・バーデェハウス ☎
0581-57-2822 営4〜10月10：00〜21：00、11〜
3月10：00〜20：00（最終受付各30分前） 休水
曜日、12/30〜1/1

かすがモリモリ村リフレッシュ館 ☎0585-58-
0001 営10：00〜21：00（最終受付20：30） 休
水曜日

■鈴鹿

[交通機関]　東近江市ちょこっとバス（永源寺
タクシー）☎0748-27-1157

彦根市愛のりタクシー（近江タクシー彦根営業
所）☎0749-22-1111

三交タクシー菰野・湯の山配車センター（湯の山
温泉駅）☎059-393-5888

近江タクシー八日市（八日市駅）☎0748-22-0106

近鉄タクシー北勢配車センター（阿下喜駅・麻生
田駅）☎0594-72-2727

彦根タクシー（彦根口駅）☎0749-22-4500

近江タクシー彦根（ひこね芹川駅）☎0749-22-
0106

[入浴施設]　大河原温泉・かもしか荘 ☎0748-
69-0344 営平日11：00〜20：00（最終受付19：
00）、土日祝11：00〜17：00（最終受付16：30）
休無休 ※週末・連休・夏季期間などは日帰り
利用を制限する場合あり

永源寺温泉・八風の湯 ☎0748-27-1126 営10：
00〜22：00（最終受付21：00） 休無休

アクアイグニス片岡温泉 ☎059-394-7733 営
6：00〜24：00 休無休

ホテルウェルネス鈴鹿路 ☎059-392-2233 営
月曜日（祝日の場合は火曜日）16：00〜19：00、
その他14：00〜19：00 休不定休、整備・天候な
どによる（2021年5月現在、休業中）

彦根千乃松原温泉・かんぽの宿彦根 ☎0749-22-
8090 営11：00〜21：00（最終受付20：00）、GW・
お盆・年末年始などは変更あり 休無休

■比良

[交通機関]　京都バス運輸部 ☎075-871-7521

高島市コミュニティバス（江若交通安曇川支所）

☎0740-32-1371
高島市コミュニティバス(高島市都市政策課)☎
0740-25-8571
近江タクシー堅田(堅田駅)☎077-572-0106
DreamLink〈タクシー〉(堅田駅)☎077-536-5630
[入浴施設] くつき温泉てんくう☎0740-38-
2770 営10:00〜21:00(最終受付20:30) 休
8・9月は無休、その他は火曜日中心に休業(詳
細はHP参照)
宝船温泉・湯元ことぶき☎0740-32-1293 営9:
00〜20:00(最終受付19:30) 休不定休
天然温泉・比良とぴあ ☎077-596-8388 営10:
00〜21:00(最終受付20:30) 休不定休
おごと温泉・湯元館☎077-579-1111 営11:00
〜21:30(最長4時間まで) 休無休

■中国

[交通機関] 全但バス八鹿営業所 ☎079-662-
6151
全但タクシー(八鹿駅)☎0120-112779
あいあいタクシー(養父駅)☎0796-64-2833
八鹿レンタカー(八鹿駅)☎0796-62-4407
[入浴施設] 関宮温泉・万灯の湯☎079-663-
5556 営11:00〜21:00(最終受付20:30、季節
により変更あり) 休不定休、12/31〜1/1、ただ
し1/2〜3月中旬は無休
とが山温泉・天女の湯 ☎079-665-6677 営10:
00〜21:00(最終受付20:15) 休木曜日、ただ
しGW・祝祭日は除く

■四国

[交通機関] 別子山地域バス(新居浜市別子山
支所)☎0897-64-2011
別子山地域バス(光タクシー)☎0897-43-7563
JR四国バス松山支店 ☎089-943-5015
伊予鉄南予バス久万営業所 ☎0892-21-0018
せとうち周桑バス ☎0898-72-5639
四国交通阿波池田バスターミナル☎0883-72-
1231
黒岩観光バス ☎0889-22-9225
駅前タクシー(新居浜駅)☎0897-37-2308
三島交通土居営業所〈タクシー〉(伊予土居駅)☎
0120-028550
瀬戸タクシー(伊予西条駅)☎0897-56-1130
壬生川タクシー(壬生川駅)☎0898-64-2689
三協タクシー三野営業所(阿波池田駅)☎0883-
72-3300
山瀬観光〈タクシー〉(阿波山川駅)☎0883-42-
2075
明神ハイヤー(佐川駅)☎0889-22-0144
高木ハイヤー(仁淀川町)☎0889-32-1056
松野タクシー(松丸駅)☎0895-42-1108
駅レンタカー新居浜営業所(新居浜駅)☎0897-
37-2717
UMAレンタカー(伊予三芳駅)☎0896-24-1184
オリックスレンタカー西条カウンター(伊予西

条駅)☎0897-53-7522
オリックスレンタカー松山駅前店(松山駅)☎
089-932-2005
ピットインレンタカー事業部(壬生川駅)☎
0898-76-8001
西日本レンタカー(伊予三芳駅)☎0898-66-5454
山川レンタカー(阿波山川駅)☎0883-42-4583
高越レンタカー(山瀬駅)☎0883-42-3887
柴田運送レンタカー部(吾桑駅)☎0889-45-0061
ニッポンレンタカー四国宇和島営業所(宇和島
駅)☎0895-22-3827
[入浴施設] 新居浜温泉パナス☎0897-31-
8000 営6:00〜24:00(最終受付23:00) 休無
休、メンテナンス時休館あり
別子温泉・天空の湯☎0897-43-1801(マイント
ピア別子) 営10:00〜22:00(最終受付21:00)
休無休
鈍川温泉・武丈の湯☎0897-52-1126 営10:00
〜23:00(最終受付22:30) 休無休
道の駅・木の香温泉☎088-869-2300 営11:00
〜20:00(最終受付20:00) 休火曜日
ふるさと交流館さくらの湯☎089-960-6511
営6:00〜23:00(最終受付22:30) 休第4水曜
日
国民宿舎古岩屋荘☎0892-41-0431 営12:00〜
20:00(最終受付19:30) 休水曜日
湯宿・湯之谷温泉☎0897-55-2135 営8:30〜
22:00(最終受付21:00) 休不定休、メンテナ
ンス時休館
椿交流館・椿温泉こまつ☎0898-76-3511 営
10:00〜22:00(最終受付21:30) 休水曜日(祝
日は営業) ※2021年6月現在、臨時休館中
和の宿・ホテル祖谷温泉☎0883-75-2311 営展
望風呂11:30〜翌10:00、露天風呂7:30〜18:00
(最終受付17:00、露天風呂へはケーブルカー
で約5分) 休無休、展望風呂は水曜日10:00〜
15:00に清掃
松尾川温泉☎0883-75-2322 営4〜11月10:00
〜20:00、12〜3月10:00〜18:00 休水曜日(祝
日は営業)、12/30〜1/3
四季美谷温泉☎0884-65-2116 営土日祝10:00
〜21:00、平日10:00〜18:00(最終受付各1時間
前) 休月曜日(当面の間、火曜日も休館)
神山温泉・いやしの湯☎088-676-1117 営4〜9
月10:00〜21:00、10〜3月10:00〜20:00 休第
4火曜日(祝日は営業)、臨時休館あり
吾北むささび温泉☎088-867-3105 営10:00〜
21:00(最終受付20:00) 休木曜日
森の国ぽっぽ温泉☎0895-20-5526 営10:00〜
22:00(最終受付21:00) 休第2水曜日(祝日の
場合は翌日)、8月は第1月曜日
游の里温泉・ユートピア宇和☎0894-67-0077
営10:00〜20:00(最終受付19:30) 休第4月曜
日

吉岡 章 (よしおか・あきら)

1950年3月、奈良県吉野郡生まれ。11歳のときに叔父に連れられ大峰山登拝。高校時代から各地の山に登り、1976年大阪わらじの会に入会。大峰・台高の沢を中心に、奥美濃、四国、アルプスの沢にと、年間70日を超える遡行をこなす。2002年、当時代表を務めていた中庄谷氏の勧めで溯行同人「渓游会」に移籍。以後、郷土の山々を愛し、紀伊半島のほとんどの山と渓谷に足跡を残し、海外の山にも遠征。わらじの会に入会後、目標であった「千山、千谷」を達成。最近は「大人の桜旅」と称して、全国の桜を追いかけている。『日本登山大系10』（共著・白水社）、『近畿の山 日帰り沢登り』『近畿の山 日帰り沢登り（続）』（共著・ナカニシヤ出版）、『山と高原地図・大峰山脈』『山と高原地図・大台ヶ原』（昭文社）、『花の山旅・関西周辺』（山と渓谷社）など著書多数。

大峰・下多古川本谷

佐々木 尚弘 (ささき・なおひろ)

1961年生まれ。溯行同人 渓游会代表。1990年代から山登りを始めて、渓の魅力に取りつかれてからは、一年を通して紀伊半島の渓を中心に足繁く通っている。近年は、南紀と熊野の記録の乏しい渓を好んで徘徊しているが、未知との出会いはなかなか心を躍らせる。山菜、渓流釣り、キノコ採りにも夢中になっていて、渓の中で焚き火を囲んでの仲間たちとの時間をこよなく愛する。

亀井 紀尋 (かめい・のりひろ)

1966年生まれ。渓游会所属。学生時代に行った宝塚の惣河谷で谷歩きのおもしろさを知り、2000年から2020年まで沢と滝の情報サイト『さわナビ』を開設して、紀伊半島の谷を中心に沢登りの魅力を発信してきた。まだ見ぬ絶景や癒やしを求めて、現在も精力的に活動中。夏は沢登り、冬は岩登り、近年は山菜やキノコへの熱量も高く、季節を問わず山で過ごす時間を楽しんでいる。

上仲 昭子 (うえなか・あきこ)

渓游会所属。父や兄が沢登りをしていたことから、その世界に興味をもち、沢登りを始めて16年になる。年間を通して、ほとんどを渓の中で過ごすという山行スタイル。おもな出没場所は紀伊半島だが、奥美濃界隈の谷へ行くことも増えた。星空の下での焚き火も大好きで、「登れない」「担げない」「泳ぎが苦手」という三重苦を背負いながら、年中沢登りに明け暮れている。

溯行同人「渓游会」

　「渓游会」は、渓谷をフィールドにして自然を楽しむ同人組織の会として、1987年4月に中庄谷直を中心に結成されました。沢登りをはじめ、谷を遡って山頂へ登ったり、滝を登攀したり、渓流釣り、山菜採り、キノコ採りなどの活動をしていました。2002年に大阪府勤労者山岳連盟に加盟後は、「人の繋がりを大切にし、沢登りを中心に活動する」をモットーにしながら、活動範囲を広げて、沢登り、渓流釣り、岩登り、雪山、アイスクライミング、山スキー、ピークハント、ハイキングなどを楽しんでいます。

　2002年4月からは、中庄谷の後を引き継ぎ、吉岡章が代表を務めましたが、2017年9月より佐々木尚弘が現在の代表を務めています。

············[入会案内]············

入会は随時、受け付けています。
入会資格：
　　沢登りが好きな方、興味がある方
　　年齢性別は問いませんが健康な方
会費：入会金 1,000円　年会費 6,600円
　　（労山年会費 3,600円を含む）
　　※遭難対策保険料は別途必要

＊入会を希望する方、会の内容について知りたい方は、
　当会のホームページをご覧ください
http://keiyuu1987.sakura.ne.jp/

増補改訂 関西起点 沢登りルート**100**

2021 年 7 月 25 日　初版第 1 刷発行

編著者　吉岡 章
発行人　川崎深雪
発行所　株式会社 山と渓谷社
　　　　〒 101-0051
　　　　東京都千代田区神田神保町 1 丁目 105 番地
　　　　https://www.yamakei.co.jp/

印刷・製本　大日本印刷株式会社

■乱丁・落丁のお問合せ先
山と渓谷社自動応答サービス☎03-6837-5018
受付時間／10：00〜12：00、13：00〜17：30（土日、祝日を除く）

■内容に関するお問合せ先
山と渓谷社☎03-6744-1900（代表）

■書店・取次様からのお問合せ先
山と渓谷社受注センター
☎03-6744-1919　FAX03-6744-1927